新・道徳教育はいかにあるべきか

道徳教育学の構築/次期学習指導要領への提言

道徳教育学フロンティア研究会［編］

ミネルヴァ書房

はじめに

本書の刊行をもって道徳教育学フロンティア研究会は終了する。

これまでに本書と同様のタイトルの著作を二冊刊行した（二〇二一・二〇二二年）。その二冊の「はじめに」には本研究会の三つの方針が示されているが、やはり三冊目の本書においても改めて掲載しておきたい。

（一）「特別の教科・道徳」の理論的基盤構築に取り組むことにより、教科としての道徳に確かな学問的基礎を与え、学校教育全体を質的に向上させること。

（二）哲学・歴史学・心理学といった他分野の研究者と研究を進めることで、多面的、多角的視点で道徳教育学を捉え、学問分野自体を拡充・充実させていくこと。

（三）わが国の道徳教育のあり方を検証し、道徳の教科化に伴う新たな課題や今後の道徳教育政策について提言を行うとともに、現行の学習指導要領を検証し、次期学習指導要領のモデルを検討すること。

本書の第Ⅰ部は（二）に、第Ⅱ部は（三）に対応する内容となっている。特に二冊目の刊行以降、本研究会は（三）を基軸に据えてきた。そして本書及び前著二冊を合わせて（一）をねらいとしてきた。とりわけ二冊目、本書三冊目では、（三）にあるように、学習指導要領の批判的検討をふまえての次期学習指導要領のモデル提示を行った。それはこれまでの道徳教育研究において見ることのなかったものであることは、関係者ならば感ずるところではないだろうか。こうした一歩踏み込んだ提言は、近々行われるであろう学習指導要領の改訂に対して、少なからず何らかのインパクトを与えるものと本研究会メンバー一同考えている。もっとも本研究会の方針や研究内容が、どの程度達成、実現できたのかは、読者諸氏の判断に委ねるほかない。

六年間で三冊の研究成果を世に問うたことになる。そのもとになった研究会は九〇回を数える。単純計算で月一回以上、研究会を開催していたことになる。

今、ここで思うのは「研究会」とは何か、ということである。本研究会は途中コロナ禍を経て、「研究会」というものの新たな時代の一つのあり方（モデル）を確立できたように思う。オンライン開催（オンデマンド配信）などの形式面はもとより、個人発表の仕方や分科会とその共同研究の進め方、そして研究成果の出し方などの内容面で、「プロジェクト型研究会」ともいうべき形を成していった。こうした研究会がそのモチベーションとエネルギーを保ったまま走り抜けられたのは、なにより研究会のメンバーのメンバーシップによるものであった。メンバー全員に共通していたのは、「道徳教育・道徳科をよりよいものにしたい」という純粋な学的姿勢であり、それが本研究会が続いた原動力であった。ここには「今後の日本の道徳教育・道徳科を本当に変えていく人たち」が集っていたと個人的に思っている。

本研究会及びその成果物三冊は、「特別の教科　道徳」成立以降のその分野の研究を、文字通り「開拓」してきたのではないかとのいくばくかの自負を抱きつつ、今後の道徳教育研究が様々に展開していくことを願ってやまない。

江島顕一

新・道徳教育はいかにあるべきか——道徳教育学の構築／次期学習指導要領への提言

目次

はじめに

第Ⅰ部　道徳教育学構築に向けて

序章　これからの道徳教育の方向性

荒木寿友

1　学校教育に課せられた役割と道徳教育の位置づけ

世界はいま激しく揺れ動いている。多くの人たちが平和を強く待ち望んでいるにもかかわらず、まだそれは遠いところにあるようにみえるのである。国民はどこに向かって進んでいけばよいのであろうか。政治家も思想家もまだそれを明らかにすることができずにいる。現につづいている国内の混乱さえ、その解決のめどをつけるのは容易なことではないであろう。

これは、一九六九年に出版された『教育学全集一五　道徳と国民意識』の「はじめに」の言葉である（上田・村井 一九六九：二）。五〇年以上前の文章であるにもかかわらず、描かれている世の中の様相や課題は今と大きく異なっているわけではないことがわかる。今後ＶＵＣＡ時代を迎える（あるいはすでにその時代に片足を入れている）といわれているが、世界が激しく揺れ動いていること、社会が平穏ではないということ、課題解決に向けての歩みについて明確な指針がないこと等は、昨今も同じといえるのかもしれない。

では、現代に少しだけ目を向けてみよう。学習指導要領の改訂にあたり、二〇一五年に中央教育審議会教育課程企画特別部会が提出した論点整理では、社会の先行きが不透明であるからこそ、「社会の変化に受け身で対処するのではなく、主体的に向き合って関わり合い、その過程を通して、一人一人が自らの可能性を最大限に発揮し、よりよい社会と幸福な人生を自ら創り出していくことが重要である」（中央教育審議会 二〇一五：二）と述べられた。現在も未来も混沌の中にある状況においては、どこかの誰かが進むべき道を標してくれるわけではなく、自らでよりよい社会と幸福な人生を切り開いていく重要性が改めて強調され、小・中学校学習指導要領はこの理念に基づいて二〇一七（平成二九）年に告示、改訂された。それはコンピテンシーベースで構成され、知り得た知識や技能をどう活用していくかということ、そしてそういった資質・能力を育成するために「主体的、対話的で深い学び」による授業改善が目指された。

ところが、道徳教育についてはどうだろうか。道徳は教科化に向けての議論が学習指導要領本体の改訂よりも先に進み、二〇一五（平成二七）年三月に学習指導要領の一部改正という形で「特別の教科 道徳（道徳科）」が位置づけられた。つまり、学習指導要領本体よりも先に道徳科の改正が行われたため、道徳科は資質・能力といった二〇一七（平成二九）年告示の学習指導要領の本質的な議論が十分に反映されていないのが現状である。

この学習指導要領と道徳科の逆転現象は、数々の教育書にも影響を与えているといえる。学習指導要領改訂、そしてその後中央教育審議会により提出された「『令和の日本型学校教育』の構築を目指して（答申）」（二〇二一年）（以下、令和の日本型学校教育答申）に基づいた教育書は多数出版されており、そこから私たちは具体的な教育実践の方法など多くのことを学ぶことができるが（例えば、田村 二〇一八、西岡・石井 二〇一九、奈須・岡村 二〇二三など）、残念なことに、これらの書籍には道徳教育、あるいは道徳科についての記述はほとんど見られない。例えば「見方・考え方」や「パフォーマンス課題」「学習の転移」等について、他教科の具体的な実践を知ることができる一方で、道徳に関する事柄についてはほとんど論じられていない（道徳科単体を扱う書籍の中ではそういった記述は見出されるが、一冊の書籍の中で他教科と並んで道徳科も記述されることはほとんどない）。

そこで本章では、道徳教育や道徳科が学習指導要領本体の特質に足並みを揃えるという前提のもとで、やや大局的にではあるが、道徳教育あるいは道徳科が何を強調していく必要があるのか、どういった点を考えていく必要があるのかということ等を考えながら、今後の方向性について捉えてみたい。

2　学校で身につける知識や技能をどう用いるのか

私たちは学校教育で実にたくさんのことを学んできたし、現に今学校に通っている子どもたちも多くのことを学んでいる。しかしながら、どれだけのことを学んだのかというその量のみを教育効果の対象にするだけではなく、そうやって学んだことを「何のために使っていくのか」「どのように用いていくのか」という「知識の活用目的」もまた重要な点である。この点について、かつてイギリスの哲学者スペンサー（H. Spencer）は *Education; Intellectual, Moral, and Physical*（1861）において、知育・徳育・体育を教育の基本原理として示したのは有名な話である。日本はこの思想に影響を受けて、一八九〇年の学制発布と共に「知徳体の三位一体」という言葉で「カリキュラムの内容が拡張・体系化され、学校の共同体としての性格が強まった」（文部科学省 二〇二一b）とされている。令和の日本型学校教育答申では「子供たちの知・徳・体を一体で育む『日本型学校教育』」、「全人格的な陶冶、社会性の涵養を目指すのが日本型学校教育」（文部科学省 二〇二一b）であると紹介されている。教育基本法においても「幅広い知識と教養を身に付け、真理を求める態度を養い、豊かな情操と道徳心を培うとともに、健やかな身体を養うこと」（教育基本法第二条第一号）と述べられ、知・徳・体のバランスは今なお日本の学校教育の根幹にあるといえる。

しかしながら、知・徳・体が「三位一体」、つまりどれも欠くことなく調和的に機能してきたといえるかどうかは、また別問題である。学制が発布されてからしばらくは、富国強兵政策の中で西洋に追いつかんとばかりに知育に偏重した教育がなされていたことは広く知られているし、徳育に関しては、修身科が筆頭教科になるなど、教育勅語の登場によって国家を支える人格をもった人物（国民）を育てていくことに注目が集まったといえる。また体育に関しては、日清・日露戦争を契機として子どもたちに体力をつけていくことが重要視された（木村 二〇一五）。つまり、それぞれの時代の要請に応じて力点が変わってきており、必ずしも「三位一体」としてカリキュラムの中に位置づけられたとはいえない。

実際、かつての「道徳の時間」は「要」として教育課程の中核に位置づけられ、道徳教育を学校の教育活動全体を通して実施することが決められたにもかかわらず（二〇〇八〈平成二〇〉年告示学習指導要領）、二〇一二年の調査では、「道徳の授業が十分に行われていない」とする小・中学校の教員は全体の六〜七割を占めていることが明らかになった（東京学芸大学「総合的道徳教育プログラム」推進本部第一プロジェクト 二〇一二）。つまり、理念としての知・徳・体のバランスをとった教育課程編成と、実態としてのカリキュラムは異なっていたといえる。このような「歪み」の解消の手立てとしても道徳科の設置は効果を発揮しているといえるが（例えば、文部科学省 二〇二一 a）、道徳教育は今後ますますカリキュラムの中核に据えられていく必要がある。その理由について考えてみたい。

やや古い話であるが、二〇〇二年に爆弾をつくった少年の話を紹介しよう。それは高校二年生の生徒が、東京臨海新交通臨海線（通称ゆりかもめ）の国際展示場駅の消火用ホースに手製の時限式爆発物を仕掛け、爆発させた事件である。深夜に爆発したことで幸いにも死傷者はいなかった。少年は爆発物に関する情報をインターネットで収集し、花火の火薬やスプレー缶、乾電池といった身近な素材を使って爆発物を製作したのだ。少年は爆弾を仕掛けた理由を、「試したかった」「目立ちたかった。東京でやればテレビニュースや新聞で大きく取り上げられると思った」と供述したという（碓井 二〇〇二）。

この少年の「探究する力」が相当なレベルであったことは想像に難くない。爆弾をつくりたいという欲求、そしてその課題解決に向けて自ら情報を収集し、爆弾を製作し、実際に爆発させるというプロセスは探究のプロセスそのものであるが、爆弾を爆発させるという「表現行為」が成功したがゆえに犯罪行為となり（未遂でも犯罪行為かもしれないが）、逮捕という結果になった。私たちが学んでいるあらゆる知識や技能などは実は諸刃の剣であり、例えば「他者に寄り添う」という対人援助の力でさえ詐欺に用いることもできるし、「論理的な文章を書く」という能力も、人を欺くための文章作成能力に繋がる。学んだ知識や技術を何のために用いていくかという「善さ」に関する判断をふまえてこそ、私たちは学んだことをよりよい方向に活用していけるのである。

今後さらにＡＩが台頭してくる社会について考えてみるとどうだろうか。ＡＩが加速度的に発展していくようになり、今や大人世代よりも子どもたちの方がデジタルネイティブになり、デジタル分野に関してはもはや大人は子どもに太刀打ちできなくなっている。そういった中で、ＡＩ等の使用そのものを制限することは現実的ではなく、むしろ、そういったものを「どのようにより良い生活や幸福のために用いていくのか」という倫理観に注意を向けて子どもたちを育てていかねばならない。ＡＩは、人々を幸せにするものもあれば、人々を貶めていくものにもなり得る。ＡＩに限らずあらゆる知識や技能などをどういった方向で用いていくのかという倫理観を、道徳教育や道徳科を中心に育んでいくことこそが、道徳教育に課せられた大きな役割なのである。

今回は知・徳・体の一つである体育については詳述しないが、体育における道徳的側面として近年「スポーツ・インテグリティ」が提唱されていることだけ紹介しておきたい。これはスポーツにおける誠実性や健全性、高潔性を表す言葉であり、スポーツや体育においても倫理的な側面が重要視されてきていることを示している。詳しくは藤井（二〇二二）を参照してほしいが、体育においてもまた道徳的な側面が重要視されていることを鑑みると、知・徳・体という三位一体の捉え方ではなく、知育と体育の根本部分に働きかけるもの、それらの活用の方向性を示すものとして徳育を位置づけていくことも考えられる。

3　コンピテンシーとしての批判的思考と道徳との関連

さて、育成すべき資質・能力の点から考えると、「知識、技能」だけではなく、「思考力」といった汎用的なスキルにおいても道徳と結びつけて育成していく必要性を述べたのがノディングス（N. Noddings）である。彼女は批判的思考といった能力は、道徳的責務（moral commitment）と結びつかねばならないことを主張した。それは例えば下記のように表現されている。「私たちは道徳的責務が批判的思考を方向づけることを望むべきでしょう……批判的思考は真理と人間のウェルビーイングに寄与するために活用されるべきであり、そのためには道徳的責務が必要となります」（ノディングス・ブルックス 二〇二三：五六）。彼女は高い批判的思考力を有しているにもかかわらず、その力を他者を騙す方向で活用し、莫大な利益を得ている人がいることを引き合いに出しながら、学校教育は単に批判的思考力を育成するだけでは不十分であると指摘する。ノディングスは「批判的思考は今やほぼ世界的に教育目標として推進されていますが、それ自体は道徳的徳ではありません。知的な徳であることは明らかであるものの、『よりよい』市民を育てるという主な教育の目的に貢献するためには、道徳面でも物事を前進させる必要があります」（ノディングス・ブルックス 二〇二三：二六九）と述べるように、批判的思考といった汎用的なスキルもまた道徳や倫理によって方向づけていく必要があることを指摘している。

アメリカの哲学者ヌスバウム（M. C. Nussbaum）は、別の角度から批判的思考について述べている。彼女は科学や技術と同じくらい重要な諸能力として、批判的に思考する能力、世界市民として世界の諸問題に取り組む能力、そして、他人の苦境を共感をもって想像する能力の三つを取り上げる。そしてこれらの諸能力が民主主義社会の内的な健全性のためには不可欠であるとする（ヌスバウム 二〇一三：九）。ノディングスが批判的思考を道徳的責務によって方向づけすることの必要性を述べたのに対して、ヌスバウムは民主主義社会、すなわち「責任ある主体としての私たちがお互いに弱さを認め合いながら敬意を払い、それぞれの声を活かした相互依存の社会」を形成していくために批判的思考などが必要であるとする。ノディングスにとって批判的思考はウェルビーイングに寄与するために用いられるものであり、ヌスバウムにとっては民主的な社会を実現するために批判的思考が求められると解釈できるであろう。より善き生、より良い世の中を形成していくために、批判的思考が必要とされるのである。

このように考えると、コンピテンシーベースの中で道徳をどのように位置づけていくのか、さらにいえば、コンピテンシーを道徳によってどう方向づけていくかが重要なポイントになってくる。二〇二四年現在、三つの資質・能力の一つに「学びに向かう力、人間性等」が設定されており、「小・中学校学習指導要領総則編　解説」では、知識・技能や思考力などを「どのような方向性で働かせていくかを決定付ける重要な要素」であると示されている（本書第10章参照）。しかしながら、人間性に対する記述は決して充実しているとはいえず、さらにはそれと道徳教育や道徳科との関連性も十分に示されているとはいえない。知識や技能、そして批判的思考力を方向づける重要な要素としての道徳、さらにはそれによってウェルビーイングや民主的な社会を実現していくという構成に学習指導要領を組み替えていく必要がある。

4　学校に文化としての道徳教育を位置づけていくということ

これまでの議論は、どちらかといえば教育政策、ないしは学習指導要領の観点から行ってきた。ただ、東京学芸大学「総合的道徳教育プログラム」推進本部第一プロジェクト（二〇一二）で示されたように、教育政策として明確に道徳教育を位置づけたからといって道徳教育が充実するとは限らない。道徳を教育課程編成やコンピテンシーの構造に明確に位置づけていくと同時に、教育現場における道徳実践の意識改革も視野に入れていくことで、道徳教育がより充実したものになる。

その意識改革の例の一つとして、二〇〇〇年に開学した High Tech High というアメリカのチャーター・スクールを取り上げたい。二〇一五年に公開された映画 Most Likely to Succeed で一躍有名になった High Tech High は、一般的にはＰＢＬ（Project-Based Leaning）という課題解決能力を育成する先見的な学校として広く知られているが、学校教育の中核に「公正」（equity）を実現することを置いている。ここでいう公正とは、「誰もが、人種や性別や、性的な意識や、身体的、もしくは認知的能力にかかわらず、同じように価値ある人間だと感じることができること」（藤原 二〇二〇）であり、このような公正が実現された社会をつくっていくためにＰＢＬという教育プロジェクトが行われている。これはつまり、ＰＢＬを実践することが即、社会貢献に繋がるということを意味しており、課題解決をすること、あるいはその能力を培っていくことのみが High Tech High の教育目的ではなく、それを通じた公正な社会の実現を目指すことが目的なのである。

公正とともに High Tech High を特徴づけるのが、自分だけではなく、友人や教師、学校、そして学校の外の世界にとって、「意味のある美しい真正な学び」を実現するというクラフトマンシップ（職人）の教育である。子どもたちは単にドリルを解くのではなく、現実社会の中で出会うリアルで複雑な課題に触れ、その課題解決を行っていくのが真正の学び（authentic learning）である。そして、その結果として表現される作品の美しさ（beautiful work）を求めるからこそ、それはクラフトマンシップと称される。

このクラフトマンシップという教育思想の理論的支柱となっている人物がバーガー（R. Berger）である。ガードナー（H. Gardner）のプロジェクト・ゼロの共同研究者でもあり、アメリカの教育実践者のレジェンドの一人として位置づけられる彼は、クラフトマンについて次のように述べている。「クラフトマンという言葉が意味するのは、誠実さと知識を兼ね備えた、自分の仕事に誇りを持って一心に取り組む人の姿」（バーガー 二〇二三：一一）であり、仕事に誇りをもち、自分と仲間を大事にしながら、美しい作品をつくり上げる精神がクラフトマンシップである。授業が終われば捨てられるだけの運命にあるドリルをこなすことが教育の役目ではなく、最終的に出来上がる作品の美しさを追求することで、自分の探究の成果に誇りをもつことができることが「エクセレンスの倫理観」であり、優れたものを生み出したい、つくり出したいというエクセレンスの文化が学校には必要なのである。バーガーはさらに、学校文化の重要性について次のように述べている。「学校は子どもたちの価値観を形づくるのに非常に重要な役割を担っています。学校が子どもたちに価値観を教えるべきかという議論がしばしば起こりますが、学校教育のプロセスそのものが価値観を植えつけるものです。そこに選択の余地はないのです。誠実さ、自分や他人を尊重すること、責任感、思いやり、勤勉さを大切だと思う人を育てたいのだったら、そのモデルとなるような学校の文化を構築するべきです」（バーガー 二〇二三：二一～二二）。このように、エクセレンスという価値を学校文化の中心に据えて、子どもたちを育んでいく重要性を説いている。

エクセレンス（卓越性）はあまり馴染みのない言葉であるが、藤原は古代ギリシアの「アレテー」（徳）とエクセレンスの関係性から、バーガーのエクセレンスを追求する教育は、他者よりも優れた存在になることを目指した教育ではなく、善き生を目指し、倫理観を養うことを含意していることを指摘している（藤原 二〇二三：二五四）。つまり、子どもたちに徳を身につけた魂としてのエクセレンスを涵養していくためには、単に子どもたちに価値を伝えて終わりなのではなく、子どもたちの学校生活、学校文化そのものがエクセレンスで満たされた文化になっていかねばならず、それが学校における公正の実現とに繋がるといえよう。

同様の主張はコールバーグ（L. Kohlberg）が晩年実践したジャスト・コミュニティアプローチ（Just Community Approach）にも通じる（Power et al. 1989）。学校の運営を民主的に行い、実際に生じた現実的な道徳の問題を、生徒と教師が共に解決する中で道徳性の発達をねらったこの実践は、まさに個人の道徳性発達のみに焦点を当てることに限界を感じたコールバーグが、学校の文化そのものを道徳的にすること（民主的な道徳的雰囲気の醸成）によって、個人の道徳性発達を促そうとしたものである（荒木 二〇一三）。

この文化としての道徳教育実践は、学校の教育活動全体を通じて行う道徳教育との相性はよいといえる。教室だけではなく、学校の文化そのものが道徳的な共同体になっていくことによって、子どもたちの道徳性は育まれていく。これまでは、どちらかといえば道徳科の授業をいかに展開するかという点に着目されがちであったが、学校の教育活動全体で行われる道徳教育が学校や学級の文化となっていくことで、道徳科の授業はさらに相乗効果を発揮するといえるだろう。

学校文化を道徳的な共同体にすることとは、すでにこれまでの学校においても実践されてきたはずである。これからの道徳教育は、学校の文化そのものが子どもたちの道徳性を育んでいくという環境の影響力を最大限に生かしながら、学校の文化や環境から学んだことを改めてじっくりと捉えていくために道徳科の授業が実施されるというような、道徳教育と道徳科の絶えざる往還がなされることが求められる。この際の道徳的な共同体は他の共同体を貶めたり、身内のみで固まった偏狭で排他的な共同体になることでは決してないことだけ加えておこう。

参考文献

荒木寿友（二〇一三）『学校における対話とコミュニティの形成——コールバーグのジャスト・コミュニティ実践』三省堂。

上田薫・村井実（一九六九）「はじめに」大川内一男・海後宗臣・波多野完治監修、海後宗臣・吉田昇・上田薫・村井実・長尾十三二・東洋編『教育学全集一五　道徳と国民意識』小学館。

碓井真史（二〇〇二）「心理学総合案内こころの散歩道」「ゆりかもめ線駅爆破事件」。https://www.n-seiryo.ac.jp/~usui/news2/2002/yurikamome.html（最終閲覧日：二〇二四年三月三一日）

木村元（二〇一五）『学校の戦後史』岩波書店。

田村学著、京都市立下京中学校編（二〇一八）『深い学びを育てる思考ツールを活用した授業実践』小学館。

中央教育審議会（二〇一五）「教育課程企画特別部会　論点整理」。https://www.mext.go.jp/b_menu/shingi/chukyo/chukyo3/053/sonota/1361117.htm（最終閲覧日：二〇二四年九月二〇日）

東京学芸大学「総合的道徳教育プログラム」推進本部第一プロジェクト（二〇一二）「道徳教育に関する小・中学校の教員を対象とした調査——道徳の時間への取組を中心として〈結果報告書〉」。https://www2.u-gakugei.ac.jp/~kokoro/databank/data/report_2012houkokuALL.pdf（最終閲覧日：二〇二四年九月二〇日）

奈須正裕・岡村吉永編著、山口大学教育学部附属山口小学校著（二〇二三）『転移する学力』東洋館出版社。

西岡加名恵・石井英真編著（二〇一九）『教科の「深い学び」を実現するパフォーマンス評価——「見方・考え方」をどう育てるか』日本標準。

ヌスバウム、M・C（小沢自然・小野正嗣訳）（二〇一三）『経済成長がすべてか？——デモクラシーが人文学を必要とする理由』岩波書店。

ノディングス、N／ブルックス、L（山辺恵理子監訳、木下慎・田中智輝・村松灯訳）（二〇二三）『批判的思考と道徳性を育む教室——「論争問題」がひらく共生への対話』学文社。

バーガー、R（塚越悦子訳、藤原さと解説）（二〇二三）『子どもの誇りに灯をともす——誰もが探究して学びあうクラフトマンシップの文化をつくる』英治出版。

藤井基貴（二〇二二）「スポーツを題材とした道徳教育の実践開発に向けて」道徳教育学フロンティア研究会編『続・道徳教育はいかにあるべきか——歴史・理論・実践・展望』ミネルヴァ書房。

藤原さと（二〇二〇）『「探究」する学びをつくる――社会とつながるプロジェクト型学習』平凡社。

藤原さと（二〇二三）「解説　美しい作品をつくりだす人生」R・バーガー著、塚越悦子訳、藤原さと解説『子どもの誇りに灯をともす――誰もが探究して学びあうクラフトマンシップの文化をつくる』英治出版。

文部科学省（二〇二一ａ）「令和三年度　道徳教育実施状況調査報告書」。https://www.mext.go.jp/a_menu/shotou/doutoku/chousa/mext_00080.html（最終閲覧日：二〇二四年九月二〇日）

文部科学省（二〇二一ｂ）「『令和の日本型学校教育』の構築を目指して――全ての子供たちの可能性を引き出す、個別最適な学びと、協働的な学びの実現（答申）」。

Power, F. C., Higgins, A., & Kohlberg, L. (1989). *Lawrence Kohlberg's Approach to Moral Education.* Columbia University Press.

第Ⅰ部　道徳教育学構築に向けて

第1章　昭和戦前期における修身教授改革論の諸相

——松本浩記の修身教育認識——

江島顕一

1　修身教授改革論——問題の所在

戦前の修身教育・修身科に関しては、修身教授改革論なるものが展開されたといわれている。とりわけ修身教授改革の機運の醸成には、一九二一（大正一〇）年の「八大教育主張講演会」の論者の立論にもその要素が含まれていたように、いわゆる大正新教育運動が大きな影響を及ぼした。もっとも大正新教育運動は、一九二四（大正一三）年に起こった「川井訓導事件」以降、退潮の方向を辿り、その名称通り大正期をもって終焉したといわれている。しかし、その中で展開された修身教授改革論の流れは必ずしも同様の道筋を辿ったわけではなく、昭和戦前期にも継承され、戦時体制との距離を意識しながら新たな模索が拡大していったとの指摘がある（貝塚 二〇一三a：一七）。そしてこの昭和戦前期の修身教授改革論を正面から取り上げて、その特質を明らかにした研究成果も現れている（貝塚 二〇二二）。

本章は、これらの指摘と成果をふまえつつ、そもそも明治期以降行われてきた修身教育・修身科が昭和戦前期においてどのように評価されていたのか、またその実践や研究の動向はどのように整理されていたのかを探ることを目的とする。具体的には、松本浩記の「現代修身教育の諸相と其の批判」（『修身教育』八月号、一九三四年）と『新修身教育論』（一九三〇年、文化書房）の内容から、松本の目を通じて認識されていた当時の修身の実践や研究の動向を把握することを試みる。松本に着目するのは、彼が修身教授改革論の先鞭をつけた成城小学校にて修身の実践と研究に取り組む実践者及び研究者であったこと、それと同時に昭和戦前期の修身教授改革論を促した雑誌『修身教育』(一九三二～一九四一年)の刊行に従事した編集者であり、その動向を最前線で見ることができる立場にあったことからである。

修身教授改革論と一言でいっても、それは状況が一変する時代をまたいで展開され、さらに理論や実践の側面で展開されたことなどから、その全体像を捕捉することは容易ではない。昭和戦前期に至ってもなお修身教授改革論が展開され、多様な研究や実践が主張される背景や前提はどのようなものであったのか。本章ではこのような問題関心から、修身教授改革論の諸相の一端を通じて、その輪郭をつかむことを目指す。なお本章では、修身教育・修身科の改革に関する所論を「修身教授改革論」と総称する。

2　松本浩記の修身教育認識——一九三〇年前後

松本の略歴

松本の略歴については、「社会的修身教育論」(『修身教育』八月号、一九三二年)において自身で次のように語っている。一八九八(明治三一)年生まれ。一九一八(大正七)年に熊本第二師範学校を卒業し、熊本県・市に七年奉職する。一九二四(大正一三)年に上京して雑誌『明日の教育』の編集に従事し、二年後に成城小学校の訓導となる。成城では、修身、国語の研究に取り組み、自らの役割を、①澤柳政太郎の提唱した「修身科の始期に関する研究」を解決すること、②小原國芳の提唱した修身教育の革新的研究に対して体系ある組織を与えること、であったとしている。そうして完成させた松本自身の研究と実践の集大成が『新修身教育論』(一九三〇年、文化書房)であった。また一九三二(昭和七)年三月に教育者を対象に修身教育に対する関心を高揚することを目的として、曾根松太郎(文化書房設立者)の援助により、雑誌『修身教育』(1)を創刊した。

このように松本は、大正新教育運動を牽引した澤柳や小原がいた成城小学校で修身科の主任として教鞭をとっており、一方で当時の修身教育の研究と実践を促進し、道徳教育専門の雑誌として刊行された『修身教育』の編集を中心的に担っていた。

「現代修身教育の諸相と其の批判」に見る松本の修身教育認識

松本は、「現代修身教育の諸相と其の批判(2)」の冒頭で「今日は、修身教育に対する研究熱の極めて旺盛なる時代である」と書き出している。「それは、過去の如何なる時代にも見られなかった新しい現象であって、理論的にも、実際的にも、今日ほど修身教育に対する関心の深い時代は、未だ嘗て知ることは出来ないのである」とし、「今日は特に、修身研究の時代であるといっても、敢へて過言であるとは思はれない」と述べている。その理由を松本は、①教育それ自身に対する研究の発展（各科教授法の進展）、②時代の要求としての修身教育の興隆（非常時日本）、③社会の変動に伴う新道徳の時代、④文部省による新たな修身教科書の刊行（第四期）の四つに求めている。その上で、現代の修身教育の動向を六つに整理するとともに（表1-1）、その長所と短所を示している（表1-2）。

六つの動向のうち、「日本主義の修身教育」を除く五つは、大正期以降の修身教授改革論に由来し、松本はこのうち「労作的修身教育論」に共鳴していたとされる（貝塚 二〇一三b：一四）。もっとも紙幅の関係上、ここではその内実に踏み込むことはせず、松本の明治期以降の修身教育認識を取り上げることとする。

まず松本は、「従来の修身教育は所謂思想的訓練であった。主知的、概念的な教訓を与へて、思想を以て訓練しようとする演繹体系であった。然も此の体系は、それ自身孤立的な教科として、道徳知識を授け、例話によって具体化と称し、而して訓練へと天降って行った」と述べ、「斯かる結果から、徒に空漠たる道徳概念を多く持ちつつも、自ら労作実現する能力を持たない人間が多くなって行った。勿論之は直ちに教育のみに罪を負はすべき問題ではないであろうが、少く共思想による修身教育が如何に微弱なる浸透力しか有せないか、如何に無生命であるかは世の事実が証明して居り、又吾人の教育体験に於ても数多く存するものである」というように、それまでの修身教育の全体的傾向を思想的な訓練であり概念的な教育であったと表現している。

表1－1　松本が整理した修身教育の6つの動向

1　人間的修身教育論	人間生活そのものの本質（二元の葛藤〈理性と本能〉）に立脚してそれに徹する意図をもつ教育。（小原國芳『修身教授革新論』、松本浩記『新修身教育論』）
2　生活修身教育論	生活指導の教育の上に立って、実践的生活を意識しつつ他の生活を統制する教育。生命の哲学に根拠を置く生活教育の原理に従って道徳教育を施すもの。「生活の道徳化」を目指す。（岩瀬六郎『生活修身原論』）
3　労作的修身教育論	自ら骨を折って自分の考えを加えて創造・創作・構成する労作という身体を通しての道徳的実践を促す教育（↔従来の修身教育は思想的訓練）。（小西重直『労作教育』、西治公『日本道に立脚せる労作教育の新構成』、北澤種一『作業主義学級経営』）
4　郷土主義修身教育	特定の土地の自然的並びに文化的事象に対して生じる感情、意欲、認識の全一的意識の醸成を各郷土の特性を有した補助的教材を用いて行う教育。（「郷土修身の実践」『修身教育』1月号、1934年）
5　日本主義の修身教育	よき日本人を養成する目的のもと、国史の上に創造され、実現され、発展すべき建国以来の日本精神を生成発展のもとに全一的に把握し、それに基づいて行われる教育。
6　社会的修身教育論	道徳は社会的なものであり、社会の変動によって道徳の内容も必然的に変転し、社会的潮流の上に創造されて進展していかなければならないという認識を前提に、新道徳の方向性を明確に把握してそれを提示する教育。（松本浩記『社会的修身教育論』）

注：各欄の末尾の括弧内は、松本がその動向を代表する書籍・論説（あるいは人物）として挙げたもの。

さらに松本は、修身科の教科としての意義について、「修身科が若し以上の様な孤立であるならば、寧ろ害あって益ないものであり、吾人は先づ修身科を徹底的に否定する。それは小学校令第一条に明快に指示してある通り、道徳教育及国民教育は、教育のあらゆる部面に浸透していなければならない。独立一教科としての修身科に終わることは無価値であって、全教育への道徳原理に止揚されねばならない」と述べる。その上で「教育の全部面の原理であることを根本とし」、「自己生活構成としての道徳であること。即ち、教訓とか規範とかは、自らの労作によって生産し、創造する所の作為と実行を先決問題とする」として、労作的修身教育の意義を展開するのである。松本の修身科特設論については後に詳述するが、ここには思想的訓練、概念的教育としての修身科であるならば、また全教科を通しての修身教育が行われないのであるならば、一教科としての修身科の意義はない

表1-2　松本が整理した修身教育の6つの動向の長所・短所

	長　所	短　所
1 人間的修身教育論	• 修身教育の理論的研究に多くの貢献を果たした。 • 人間生活の内面に肉迫する修身教育を建設した。 • 人間生活の全体性に着目した。	• 形式的修身教育であるという批判を免れない。 • 人間の社会性に対する考慮が欠如している。 • 修身教育の実際的方面への工夫が足りない。
2 生活修身教育論	• 現代修身教育の進むべき大道を示した。 • 児童の生活を深く内省させ、道徳的に発展させせることができる。 • 修身と訓練の一致を見て教育効果を向上させた。	• 生活指導の真義を的確に把握した者が少ない。 • 教科書を生かしていく工夫をしない。 • 方法上に考慮の余地がある。
3 労作的修身教育論	• 労作教育思想とともに最も進歩的な現代修身教育の理念である。 • 教育実際家は皆この立場を把握して実践すべきである。	• 直ちにこれを全体的に実施するのは困難である。 • 教育実際家にはあまり実施されていない。 • 労作教育の日本的実現には日本に立脚した新しい組織が必要である。
4 郷土主義修身教育	• 画一的、形式主義の修身教育の弊害を除くことができた。 • 郷土人としての覚醒を促した。	• 郷土にとらわれて進取発展の気性を失わせた。 • 実際取扱上の困難点が少なくない。 • 全体と部分の関係を考えなければならない。
5 日本主義の修身教育	• 非常時日本の警鐘としての任務を果たした。 • 日本人的修身教育を確立した。 • 日本人の偉大さに対する反省を深めた。	• 単なる反動的傾向を助長するだけではかえって日本主義を誤る結果となる。 • 教育勅語の旨趣を徹底することに不十分か。 • 日本の日本人を養成するのではなく、世界の日本人を養成する目標を確立しなければならない。 • 日本精神の現代的意義を明らかにすることが大切である。
6 社会的修身教育論	• 生きた社会人の陶冶を図る修身教育論である。 • 個人即社会の一体的立場の正しさを有し、いずれかに偏っていない。	• 教育実際の諸方面に開拓すべき余地が多い。 • 全一的な統一原理としての組織が不全である。

とまで言い切っている。

こうした松本の分析から、大正期以降にはこれまで広く知られていた個別の立論も含めて、多様な修身教授改革論が打ち出されていたこと、そしてそれぞれの立論が現状の修身教育・修身科のあり方に批判的な課題意識をもってそれを乗り越えるべくして現れていたことがわかる。

3　松本浩記の修身教育論――『新修身教育論』

松本の修身教育論の核心

松本は、『新修身教育論』[3]の「序」で「これまでの私の修身教育研究の総決算であり、また、その途上に於ける意味深い一つの記念塔でもある」と述べているように、『新修身教育論』は全一一章六六五頁にわたる大部の著作である。ここではその各章において、明治期から昭和戦前期までの修身教育・修身科の実践や研究の動向に関する叙述やそれに対する松本の評価と対応についての叙述を中心に見ていくこととする。

まず、「第一章　現代修身教育の実相」では、修身教育の特に方法面の欠陥というものについて、小原國芳の『修身教授の実際』（上下、一九二一～一九二二年、集成社）において指摘されている修身教育不徹底の三つの原因（善に対する諸種の重要問題、教師の生きた道徳的体験の欠乏、修身教育の方法上の諸問題〈枝葉の問題と根本的な問題〉）を参照しながら、特に三つ目の原因について、次のように自らの見解を述べている。松本は、まず枝葉の問題について、①従来の修身教授は教科書を唯一の経典としてその教授法の研究のみに没頭していた、②他律的な教師の権力をもって児童の上に君臨し、命令や禁止が道徳的に絶対に価値あるものとして扱われ、児童が自律的な道徳の恩恵に浴する機会が与えられていなかったのではないか、と述べる。また根本的な問題については、①児童そのものを識るという点において著しく欠くところがあり、児童の心理や意識、個性や境遇などが等閑に付されていた、②児童の知的方面の陶冶にのみ走って人格の陶冶という点において甚だしく欠くところがあり、真の人間としての完美なる理想というものが考えられていなかったのではないか、というのである。ここで述べられている修身教育の問題点は、教授にあたっての発達段階の理解や目的としての人格の陶冶など、本質的な内容を含んだものが示されている。

この修身教育の目的としての人格の陶冶については、「第二章　修身教育の根本問題」にて、松本はこれまでの倫理学説を権力説、直覚説、快楽説、合理説、人格説の五つに分けて各々の長所・短所を整理し、自らは人格説の立場に立つことを明らかにする。松本によれば、「人格説」とは「感情と理性とは、共に人性の根本的事実として、この両者を完全に発達せしむることを以て、人生の最高目的となすもの」と捉えている。そして「第三章　道徳の本質」では、人格とは「自覚による反省の無限の統一」であり、「自己自らの本質から発展して止まぬ理想によって、自覚的に自己の現状を統一せんとするところに、道徳的自由の生活を見出すことが出来る」とし、「道徳生活とは、実に人格実現の活動」と述べる。また「第四章　道徳教育の意義」では、教師と児童の関係性を上下や前後、対立ではなく、「一直線に同一方向に向って限りなく進行せんとする同行者として考えなければならない」ものであり、「両者の進むべき道は、無限なる理想に向って、統一的に発展せんとするものである」とし、ここに教育の真髄があるとしている。そして「『修身』とは、要するに人の人たる所以の意味を自覚することでなければならないのである。されば『修身』とは、これを極言するならば実に『人格の修養』であり、また『人格の実現』でなければならないのである」というのであった。ここには松本の修身教育論の核心ともいうべきその目的論が人格概念に基づいて説明されている。

修身教育の目的に関する動向の整理と認識

『新修身教育論』「第五章　修身教育の目的論」は、小学校令施行規則の修身教育の目的の記述内容が不完全、不明瞭であるとの批判から始まる（第二条「修身ハ教育ニ関スル勅語ノ旨趣ニ基キテ児童ノ徳性ヲ涵養シ道徳ノ実践ヲ指導スルヲ以テ要旨トス」）。こうした形式的、抽象的な規定のために修身教育に関する目的の研究が区々に行われ、様々な

表1－3　松本が整理した修身教育の目的に関する６つの研究動向

品性陶冶説	品性の陶冶は修身教育はもとより、道徳教育、教育の目的としても用いられる（欧米諸国でも同様）。品性陶冶説は道徳教育の目的が厳密に規定し難い場合に概括的に使用されやすい。しかし、品性の意味については論者によって必ずしも一致していない。（高嶺秀夫「修身科の教授を適切有効ならしむる方法」（1908年）、英国道徳教授協会「道徳教授要項」、アドラー「倫理教化学校の目的」）
道徳的知識伝達説	知識伝達の知的な修身教育は、とかく感情に走りやすい我が国民にとっては極めて必要な事柄である。（澤柳政太郎『実際的教育学』（1909年）。もっとも、澤柳の真意は決して知に偏して感情方面を阻害するものではなかった。コンペーレー『道徳教育』）
道徳的感情涵養説	修身は単なる知識の伝達を目的とするものではなく、人間の情操を陶冶することを目的とする。（山本良吉、シジウィック）
道徳的意志鍛錬説	人間生活の根底を意志にあるとして、意志の鍛錬を人間教育の根本とする。（吉田熊次、エルトン、ブランドフォード「道徳の修練」）
国民道徳教養説	修身教育の目的を実質的方面、内容的方面から規定する。国民行為の準則が教育勅語にあってそれが国民道徳の真髄であるということは一般的に考えられている。しかしその国民道徳と言われているものの意義については不明瞭なところもある。（森岡常蔵『各科教授法精義』（1905年））
人格実現説	修身教育の目的を人格説の立場から解決しようとする。（小西重直『現今教育の研究』（1912年）、佐々木秀一『修身教授研究』（1923年）、小原國芳『修身教授革新論』（1920年））

注：各欄の末尾の括弧内は、松本がその動向を代表する書籍・論説（あるいは人物）として挙げたもの。

説が現出しているとし、それを六つに整理している（表1－3）。ここでは修身教育の目的はもとより、そもそも道徳教育というものがどのような目的で行われてきたかを日本の代表的論者を挙げつつ、主に西洋の学説も含み入れて解説している。

その上で自らの目的論は人格説の立場にあるとし、「修身教育の目的は、これを形式的にいうならば、人格の遺憾なき実現になければならない。その偏頗なき陶冶を目的としなければならない」という。また別言して、「修身教育の目的は、道徳そのものによって、児童のあるがままなる生活を刺激し、その魂を覚醒して、そこに人間の本然の性たる純真なる愛を発現せしめ、以て現世を浄土化するの根源を養うにある」と述べる。そしてこれは修身教育の最高目標であり、教育それ自身の本質でなければならないとも述べている。

表１－４　松本が整理した世界の修身教育のあり方と各々の長所・短所

	長　所	短　所
①学校教育全体	• 全教科目をあげて道徳生活の指導をなさんとするものであるから、自ずと教師の人格を中心として総合的、統一的に道徳教育の目的を達成できる。 • いかなる教科を教授するに際しても、それが人格教育たる所以を理解して、あらゆる場合にゆくりなき徳育が施される。	• 各教科には各教科に固有の特殊な目的をもっているため、系統的な独自の道徳教育が不可能になる。
②宗教科	• 宗教が伝統的な国家の国情と合致してきわめて力強い権威をもつものであるから、その及ぼすところの効果もきわめて著しい。 • 被教育者の感情を動かして、非常に深い感銘を与える。	• 宗教は神と人との関係を説くことが本領であり、道徳は人と人との関係を説くことが本領であり立場を異にするため、相矛盾するところが少なくない。 • 国情によって宗教科を設けにくい（あらゆる宗派の教義を教えるクラスをすべて揃えるか、宗派別の教義を教える学校を設けなければならない）。
③修身科	• 修身科に特有の目的を達成することができる（道徳的知識を系統的に秩序立てて与え道徳的判断を修練する。〈林博太郎『修身科新教授法』より〉）。	• ともすると道徳の教科では道徳の講話をするが、それ以外の教科では、全く徳育を軽視する傾向に堕しやすい。

ここで松本が取り上げている日本の文献は、一九〇〇～一九二〇年代までに出版されたものであることから、およそ明治後期から大正期までの動向から行った分類であるといえる。また松本は、本書全体にわたって随所で西洋の文献を参照しており、幅広く文献を渉猟していたことがうかがえる。

修身科特設論に関する動向の整理と認識

修身科特設論は、明治後半期から論じられていたトピックであり（江島 二〇二一）、さらに大正期の修身教授改革論においても内包されていたように（貝塚 二〇二二）、継続的に議論されてきたものであった。松本の見解を先取りすれば、松本は修身科特設に賛成の立場をとっている。

『新修身教育論』「第六章　修身科特設論」では、世界各国の修身教育のあり方は次の三つに分類されるとする。①学校教育全体で道徳教育を行う、②宗教科によって道徳教育を行う、③修身科、道徳科というものを特設して道徳教育を行う。そしてそれぞれを採用している国々を、①アメリカ、オランダ、②オーストリア、ハンガリー、ベルギー、スイス、③フランス（一八八一年～）、イギリス、イタリア、ドイツ、アルゼンチン、メキシコとしてそれぞれの長所と短所を挙げている（表1-4）。

このような世界の修身教育のあり方と長所・短所をふまえた上で、松本は次のように結論づけている。一つは、教師たるものは教育そのものが本質的に人格完成への一つの分野を担っていることを忘れてはならないこと。もう一つは、日本に宗教科を置くことは不可能であること。もう一つは児童に道徳的知識を授けてその人格を陶冶していくためには修身科を特設して特別な時間をとる教育がきわめて肝要であること、の三点である。ここから松本の考える修身教育のあり方とは、全教科を通じた修身教育を行いつつ、教科としての修身科を通じて、児童を人格の陶冶に導いていくとするものであったといえる。

松本の修身教育方法論

ここまで主として松本の修身教育認識を見てきたが、松本自身の修身教育方法論についても見ておきたい。松本の修身教育論は、自らが勤務する成城小学校での実践に基づく内容となっているが、それは言い換えれば、大正期の修身教授改革論を惹起した澤柳政太郎の論説「修身教授は尋常第四学年より始むべき」が成城小学校において実際にどのように展開されていたのかを明らかにすることに繫がっている。

『新修身教育論』「第七章　修身科の始期に関する考察」は、「序」で松本自身が「特異なる所論」と述べる部分に該当する。この題目に対する松本の考えを端的にいえば、修身教育は低学年では教師の人格を中心とし、児童の生活を対象として学校生活のすべてで行われ、中学年である尋常第四学年より修身科を特設して道徳的知識を組織的に授け、人間教育の究極の理想すなわち人格の実現を果たすことが重要である、とまとめることができる。

このように松本は、ある意味では当然ながら澤柳の提唱した尋常第四学年からの修身科の設置と実践に取り組んだわけであるが、「第八章　児童の道徳生活」での発達段階論、「第九章　国定修身教科書論」での国定修身教科書批判、「第一〇章　修身教材論」での修身教材観での所論を整理すると、松本の修身教育方法論は次のように表す

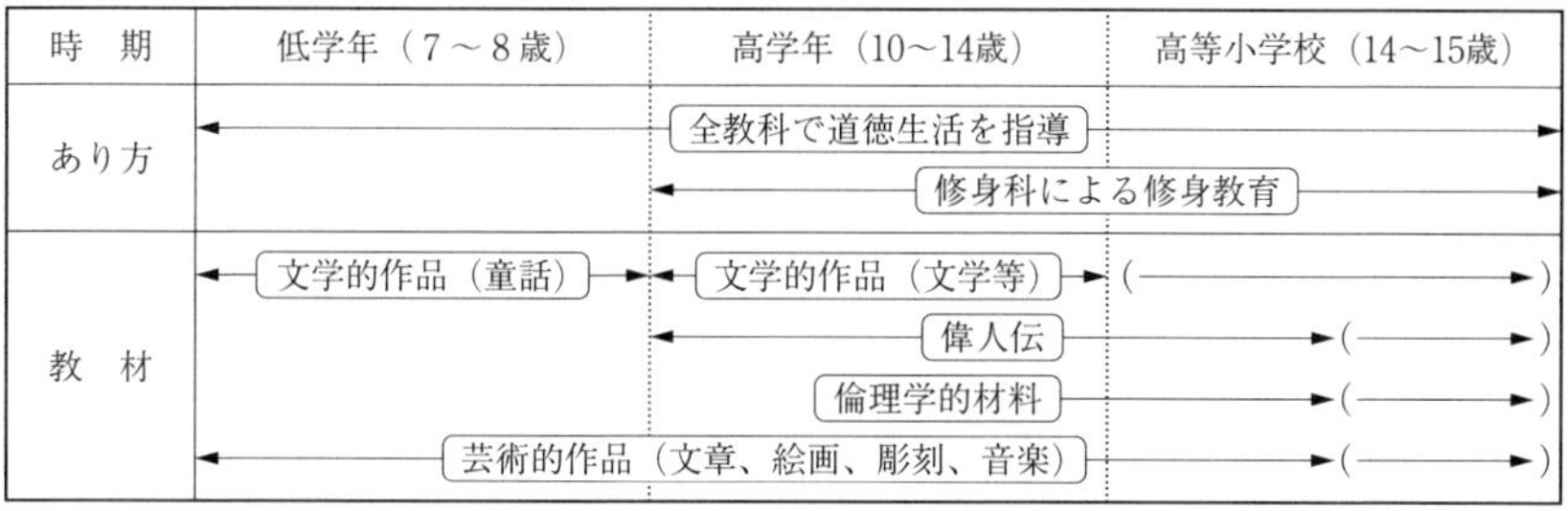

図1－1　松本の修身教育方法論

表1－5　松本が整理した国定修身教科書の欠点と不備

題　材	非現代的で児童の生活から縁が遠い。人物に日本人が多く世界に求めていない。
根本思想	あまりにも忠孝道徳を鼓吹しており、かえってその観念を偏狭なものにし、一切の道徳観念をこれに束縛している。
徳　目	国際道徳が少ない。徳目中心であって人物中心ではない。個人道徳に真に深く人間の内面生活を刺激するに足る材料がない。下から上に対する道徳のみで、上から下に対する道徳がほとんどない。徳目の背後にある統一を予想することが困難（全徳目の融合、統一がつかめない）。
例　話	一徳目一例話の編纂のため、真にその徳目の根底を把握することが困難（一徳目数例話）。例話が著しく非現実的。例話が地方的であり、都会的ではない。不適切な例話が少なくない（「元気よくあれ」を元気そのものの児童に説く意味とは）。
文　章	文章が無味乾燥で、高学年になるに従い、難解となり、字句の解釈を与えなければならないものさえある。

ことができる（図1－1）。

まず修身教育のあり方と時期については、「第八章　児童の道徳生活」にて、当時の児童研究の成果をふまえて、七～一五歳までの児童の発達段階を三期に分けている。低学年は修身科を特設せず、全科目で道徳生活を指導する時期であり、高学年は修身科を特設してその教育に力を入れる時期であり、高等小学校ではさらにそれを発展させて最も力を注ぐ時期であると論じている。

次に教材については、「第九章　国定修身教科書論」にて、国定修身教科書の二つの研究の方向（横断的・縦断的）の紹介と国定修身教科書の批判を示している。後者では、題材、根本思想、徳目、例話、文章について、それぞれ欠点と不備を指摘する（表1－5）。

このような国定修身教科書批判に

表1-6　松本が整理した修身教材の道徳領域の改善点

個人道徳	個人の人格価値を自覚させ人間性の尊さを知らしめること。個人の人格をその権利を重んじ、またその義務を怠らないように力説すること。自由、平等に関する思想を正確にして、責任の観念を敏感にしなければならないこと。経済思想を涵養して各人の経済的独立を図らなければならないこと。労働が神聖なものであるということを自覚させる必要があること。
家族道徳	家族の年長者が子どもの人格を認めてその正しき立場を容認して、あくまでその個性の尊重を助けるという態度になること。家族が自主独立の精神を発揮して、依頼心を生じないような態度を養成すること。敬神崇祖の精神を自然な感情として体認させること。家族が相互に人格を尊重してその個性を生かすことを念願とする正しい意味の家族生活を営むように導くこと。
国家道徳	個人の国家的意義を明らかにして、国家奉仕の精神を涵養しなければならないこと。個人の政治的意識を明確にして政治道徳の改善を期するようにしなければならないこと。上層階級の覚醒を促さなければならないこと。
社会道徳	社会の観念を明らかにして社会道徳の養成に努力しなければならないこと（正義、協同等）。公共心、犠牲心を要請して共存共栄の精神を養成すること。社会的公正の観念を明らかにして、富の分配の公平を記さなければならないこと。
国際道徳	国際観念を明らかにして、世界文化の向上と均霑とを図らなければならないこと。国際的正義の観念を明らかにして、列国の共存、人類の共栄を図ることを念頭に置かなければならないこと。人道博愛の観念を明らかにして、国際道徳の発展に努力しなければならないこと。

基づいて、「第一〇章　修身教材論」では松本の修身教材観が示される。松本によれば、「修身教材たるものは、真に深く人間生活の根底を揺り動かすだけの力を持つ材料でなければならないのである。真に善く児童生活を刺激するだけの強さを持つ材料でなければならないのである」とその理想を述べる。

具体的には、まず修身教材は、児童の日常生活において、交際する人物や経験する人格的出来事を取り上げなければならないという。次に修身教材は、児童の直接経験を超えた偉人伝を取り扱わなければならないという（現行の教科書では、偉人は徳目に従属させられている）。偉人の条件は、道徳人であること、児童の生活に関係深い人物であること、国家的要素を考慮することの三点を示している。次に修身教材は、芸術的作品（文章、絵画、彫刻、音楽）も取り扱うべきであり、高学年においては倫理学的な材料も取り扱うべきという（帰一、統一するために必要）。修身教材の配当については、七、八～一〇歳は童話が中心の時期であり、一〇～一四歳は歴史的事実や偉人伝等を扱う時期であり、一四歳及び一五歳は教材に配慮すべき時期であるとしている。

また松本は、現代思潮の傾向を整理し（個人主義的傾向、物質主義的傾向、社会主義的傾向、世界主義的傾向、保守主義的傾向）、こうした思潮は日本の国民を不徳と不正に導くものであるから、修身教材、修身教科書の具体的な改善点について、道徳を五つの領域に分類してそれぞれ論じている（表1-6）。

このような修身教育認識と修身教育論を論じる松本は、「第一一章　修身教育方法論」にて、自らの成城小学校での実践を紹介している。概略を述べれば、児童生活を通じての修身教育と文学作品・偉人伝・倫理学的材料を通じての修身教育の実際を記している。成城小学校独自と思われる取り組みは、文学作品を通しての修身教育と思われるが、そこでは聴方教育という特設の時間にて、「お噺」による耳からの教育実践が叙述されている。

今後の課題——昭和戦前期の修身教授改革論

以上、本章では明治期以来の修身教育・修身科の実践や研究がどのように整理され、評価されていたのか、昭和戦前期に展開される修身教授改革論の前提や背景を、松本浩記の認識を通して把握しようと試みた。

本章で見てきた松本の所論からいえることは何か。本章で示してきた七つの図表からわかるように、松本は当時の修身教育の特質や傾向の分類、整理を相応の質量で行った人物であったと評することができよう。特に大正期に打ち出された様々な修身教授改革論は個別に知られるところではあるが、松本はそうした修身教育・修身科の実践や研究の全体的な動向の優れた分析を行った第一人者であるといえる。また松本の所論からわかるのは、昭和戦前期においても、当時の修身教育・修身科の政策（目的、教科書、徳目等）に対する批判的な言説があり、各々の課題意識からその対応や改善を図り、その本質的なあり方をも探ろうとしていたことである。もちろん、松本の修身教育認識がすべて妥当で正確なものかは、当然ながら個々に慎重に吟味する必要があることはいうまでもない。

以上をふまえて今後の課題としたいのは、松本の論調の行方を見ていくと同時に、松本が深く関与する雑誌『修身教育』自体の分析である。[4]昭和戦前期の修身教授改革論の諸相の輪郭をいっそう浮き彫りにするには、この作業が不可欠であると考える。そしてそれは、従来の日本道徳教育史研究における昭和戦前期への評価、例えば「国民を戦争へと動員していった時期における道徳教育」（梅根 一九七七：二四九）や第五期について「修身教科書に現れた超国家主義・軍国主義」（唐澤 一九五六：四八五）といった表現に代表される歴史的評価に必ずしも回収され得ない知見を提示できる可能性を有していると考えている。

注

（1）修身教育の理論と実際の研究を目的として結成された会員制の修身教育研究会の機関誌。一九三二（昭和七）年四月の創刊から月刊で文化書房から刊行され、一九四一（昭和一六）年までに一一〇号を刊行。顧問は小西重直（京都帝国大学総長）、西晋一郎（広島文理科大学教授）、友枝高彦（東京文理科大学教授）、小原國芳（玉川学園総長）、佐々木秀一（東京高等師範学校教授）、特別賛助員には川島次郎（東京高等師範学校訓導）、岩瀬六郎（奈良女子高等師範学校訓導）、堀之内恒夫（広島高等師範学校訓導）、野村芳兵衛（池袋児童の村小学校訓導）、野瀬寛顕（成蹊学園訓導）ら一五人が就任している。

（2）「現代修身教育の諸相と其の批判」『修身教育』八月号、一九三四年。引用文の旧字等は適宜新字体に改めた。なお本論説は、同年一二月に修身教育研究会編として、文化書房出版から出版された。

（3）『新修身教育論』一九三〇年、文化書房。引用文の旧字等は適宜新字体に改めた。

（4）なお、同時期には雑誌『道徳教育』（全七巻計七四冊、一九三二年一一月〜一九三八年一二月、道徳教育協会）が刊行されている。本誌は一九九九年に国書刊行会より復刻され（全一二巻）、別巻として貝塚茂樹による解説がある。貝塚によれば、松本の関わった『修身教育』は授業実践に比重を置いた編成であり、『道徳教育』は理論的論考が多いが実践的論考もあり、バランスのとれた構成と両誌を特徴づけている（別巻、一八頁）。筆者としては、手つかずといってよい『修身教育』を分析し、ひいては両誌の比較検討を行い、昭和戦前期の修身教育・修身科に関する言論空間がどのようなものであったのかを明らかにしたいと考えている。

参考文献

梅根悟監修、世界教育史研究会編（一九七七）『世界教育史大系三九　道徳教育史Ⅱ』講談社。

江島顕一（二〇二一）「明治後期における修身科の諸相──その教授法をめぐる課題の生起と対応」道徳教育学フロンティア研究会編『道徳教育はいかにあるべきか──歴史・理論・実践』ミネルヴァ書房。

貝塚茂樹監修（二〇一三a）『文献資料集成　日本道徳教育論争史第六巻　修身教授改革論の展開』日本図書センター。

貝塚茂樹監修（二〇一三b）『文献資料集成　日本道徳教育論争史第七巻　修身教育の実践と国定修身教科書（第三期〜第五期）』日本図書センター。

貝塚茂樹（二〇二二）「昭和戦前期の修身教授改革論の展開──第四期国定修身教科書と『日本精神』をめぐって」道徳教育学フロンティア研究会編『続・道徳教育はいかにあるべきか──歴史・理論・実践・展望』ミネルヴァ書房。

唐澤富太郎（一九五六）『教科書の歴史──教科書と日本人の形成』創文社。

松本浩記（一九三〇）『新修身教育論』文化書房。

松本浩記（一九三二）『社会的修身教育論』文化書房。

松本浩記（一九三四）「現代修身教育の諸相と其の批判」『修身教育』八月号。

［付記］　本章は、JSPS 科研費 21K02609 の助成を受けたものである。

第2章　戦後中学校道徳副読本の変遷
——道徳教科書の前史として——

緒賀正浩

1　副読本研究の現状と本章の問題設定

本章の問題設定

「道徳の時間」（以下、特設道徳）が「特別の教科　道徳」となってすでに一〇年近い年月が経過した。道徳教科化に際して導入された道徳教科書についても、中学校については二〇二五年度以降使用予定の教科書採択を迎えている。道徳副読本（以下、副読本）を道徳教育の主たる教材に用いていた時代はすでに歴史となりつつある。(1)江島は「『特別の教科　道徳』の成否は、ある意味では『道徳の時間』の歴史的な研究、つまり戦後道徳教育史研究にかかっているといっても過言ではない」（江島 二〇二三：二〇二）と指摘しているが、その「『道徳の時間』の歴史的な研究」の中には、副読本の研究も含まれる。

馬場（二〇二一：二八）は「初期道徳科教科書」に「『読み物資料』を中心とする伝統的な授業論（教材論）」が継承されていることを指摘している。ここで言及される「読み物資料」には少なからず、特設道徳の時代に副読本を出版していた教科書会社、教材会社などによって開拓されてきた資料も含まれる。しかし、それらの副読本は、原則として学校外には流通しなかったこともあって、他教科の教科書史研究に比べても、歴史研究の対象とするのが相当困難な状況である。それゆえに、副読本に掲載されてきた「読み物資料」の歴史的検討なども困難である。

そこで、本章では、「読み物資料」の歴史的検討を含め、今後の道徳副読本史研究進展のための基礎的な段階として、戦後中学校道徳副読本がどのような変遷を辿ってきたのかを検討していく。

副読本に関する先行研究

副読本についての研究は、特定の地域、もしくは、使用年度で限定した形での研究がほとんどであった[2]。その中でも最大規模のものとしては、中央教育研究所が一九六二～一九八八年まで、ほぼ三年ごとに計九回実施していた「小学校・中学校における道徳の時間に使用する資料・副読本等についての研究」、及び、柄本・永田によって二〇一三年に行われた副読本の調査（柄本・永田 二〇一三）が挙げられる。

中央教育研究所の研究は、第一回（一九六一年）が海後宗臣著作集の第六巻に、第四（一九七三年）～九（一九九〇年）回が中央教育研究所の報告書として公開されている。また、一九九一年には『データに見る道徳教育二七年の軌跡』として九回分の調査を再整理したものが作成されている。この調査は、調査時に発行されていた副読本を直接収集したものではないが、それでも、調査時に流通していた副読本の多くを知ることができる点で、副読本の歴史を研究する際に有意義である[3]。

柄本・永田（二〇一三）は、二〇一〇年前後に流通していた副読本を網羅的に調査している。そこでは、中学校道徳副読本として八社九種類が挙げられている（柄本・永田 二〇一三：三二）。この調査は、道徳教科化直前に流通していた副読本の全体像を結果的に示す形となっている[4]。

次に、特設道徳が文部省（文部科学省）の政策に大きな影響を受けつつ、「『物語』様式の『読み物資料』を媒介として、児童生徒の道徳性や道徳的実践力を養い培うものとして歴史的に形成されてきた」（江島 二〇一二：二九四）ことを整理している江島の研究を挙げる。江島（二〇一二）は副読本そのものの研究ではないものの、副読本の歴史を検討する際の背後事情を勘案する上で、現状では最も整理されたものと思われる。本章では、この江島による整理を参考にしつつ、副読本の変遷を以下の四つの段階に分けて検討する。

第一は、特設道徳が開始される一九五八年前後から文部省が『指導資料』の発行を開始する一九六四年までの期間である。この時期は、収録する読み物資料や副読本の形式そのものをめぐって、各社が試行錯誤を行っている状況が見られ、いわば、副読本の黎明期と形容してよい時期である。

第二は、文部省『中学校道徳の指導資料』（以下、『指導資料』）が公刊されてから、一九八〇年代中頃までの期間である。この期間は、各社が黎明期に掲載していた資料を一定程度引き継ぎながらも、『指導資料』に掲載された「読み物資料」、あるいは、『指導資料』に掲載された資料原著者の別の資料などを取り込んでいった期間である。また、後述するように、この時期の副読本は、「読み物資料」に加えて、多数のことわざ、格言の掲載が主流となっていた時期でもある。

第三は、一九八九（平成元）年学習指導要領の告示後から二〇〇二年前後までの時期である。この時期には、副読本のB5版からA4版への変更といった外形的な変更の他に、それ以前の副読本で掲載していたことわざ、格言の掲載とりやめ、副読本資料掲載数の三五回分化が漸進的に進んだ時期である。本章では、日本文教出版がことわざ、格言の掲載を止め、また、教育出版、大阪書籍が三五回分の資料を掲載するようになった二〇〇二年までとする。

第四は、二〇〇二年から、二〇一六年に教科書化前最後の副読本が作成されるまでの時期である。この時期は、一時間一資料を想定した三五回分の資料掲載など、現在の道徳教科書に引き継がれている基本的な要素がほぼ出揃った時期と見なしてよいと思われる。

2　副読本の残存状況と本章で使用する範囲

中央教育研究所が「経緯をたどることは不可能」（中央教育研究所 一九九一：三〇）としたように、現在、完全な形で特設道徳時代に使われていた副読本を復元するのはきわめて困難だと思われる。しかしながら、不完全な形であっても、現時点で整理復元しておくことによって、最低限、今後のさらなる散逸や喪失を避けられる。そこで、変遷の検討に入る前に、まずは現存する副読本の状況を確認する。

表2－1　東書文庫及び教科書図書館に所蔵されている1957年から1990年までの中学校道徳副読本一覧

発行年	書名（出版社）、筆頭編著者等（筆頭2名）、＊備考
S 32	『道徳　中学生の生きかた』（文理書院）原富男（編著）、藤野登
S 33	『新しい生活』（東京書籍）海後宗臣、勝部真長 『中学　明るい道』（大阪書籍）高坂正顕、天野利武 『中学生の新しい道徳　正しい生き方』（清水書院）石三次郎、小山文太郎、＊学年の区別なし 『わたしたちの生きかた』（中教出版）長島貞夫、津留宏 『中学生の生活』（日本書籍）安倍能成
S 36	『新しい生活』（東京書籍）海後宗臣、勝部真長
S 37	『道徳』（教育出版）牧野巽、古川哲史 『中学生の生活』（日本書籍）安倍能成
S 38	『新しい生活』（東京書籍）海後宗臣、勝部真長 『中学　明るい道』（大阪書籍）高坂正顕、天野利武 『改訂　道徳』（教育出版）牧野巽、古川哲史、＊中二の所蔵なし 『中学生の正しい生き方（改訂版）』（清水書院）石三次郎（編著）、梶哲夫 『わたしたちの生きかた　改訂版』（中教出版）安藤堯雄（監修）、長島貞夫（監修）
S 39	『中学生のあゆみ　1年用』（暁教育図書）松下正寿（監修）、沢田慶輔（監修）＊中二、中三の所蔵なし 『中学生の道徳　理想に向かって』（学校図書）高坂正顕（監修）、坂西志保（監修） 『わたしたちの生きかた』（中教出版）安藤堯雄（監修）、大島康正（監修）
S 40	『新しい生活』（東京書籍）海後宗臣、平野武夫 『中学生の正しい生き方　改訂一六五版』（清水書院）石三次郎（編著）、梶哲夫 『中学道徳』（日本書籍）安倍能成
S 42	『中学生の正しい生き方　三訂版』（清水書院）石三次郎（編著）、梶哲夫
S 44	『新しい生活』（東京書籍）海後宗臣、池尾健一 『中学生のあゆみ』（暁教育図書）松下正寿（監修）、沢田慶輔（監修）、＊中一の所蔵なし 『新訂　中学道徳』（大阪書籍）玖村敏雄（監修）、天野利武（監修）、＊中一の所蔵なし 『新編　中学生の道徳』（学校図書）高坂正顕（監修）、坂西志保（監修） 『中学生の正しい生き方　四訂版』（清水書院）渡部正一（編著）、井坂行男（編著） 『これからの生きかた　生活指導研究連盟編』（大日本図書）井坂行男、青柳正一 『新訂　わたしたちの生き方』（中教出版）大島康正（監修）、長島貞夫（監修）
S 45	『新訂　わたしたちの生き方』（中教出版）大島康正（監修）、長島貞夫（監修）
S 46	『新訂　わたしたちの生き方』（中教出版）大島康正（監修）、長島貞夫（監修）、＊中一、中三の所蔵なし 『改訂　明るい心と生活』（日本文教出版）稲富栄次郎（監修）、柴谷久雄、＊中一の所蔵なし

	『新版　道徳の学習』（日本文教出版）学校と家庭を結ぶ　道徳教育研究会、＊中二、中三の所蔵なし
S 47	『新しい生活』（東京書籍）海後宗臣（監修）、勝部真長 『中学道徳　生きる力』（大阪書籍）内海巌、ほか6名、＊中一の所蔵なし 『中学生の正しい生き方　五訂版』（清水書院）渡部正一（編著）、井坂行男（編著）
S 48	『伸びゆくわたくしたち　中学生活』（清水書院）小牧治、堀井登志喜、＊中三 『伸びゆくわたくしたち　中学生活』（清水書院）小牧治、川瀬明徳、＊中二 『伸びゆくわたくしたち　中学生活』（清水書院）小牧治、山田英世、＊中一 『新訂　わたしたちの生き方』（中教出版）大島康正（監修）、長島貞夫（監修）、＊中二、中三の所蔵なし
S 50	『新しい生活』（東京書籍）海後宗臣（監修）、勝部真長
S 51	『新版　中学校の道徳　明るい生活』（学校図書）鯵坂二夫、大平勝馬、＊中三の所蔵なし
S 53	『新しい生活』（東京書籍）海後宗臣（監修）、勝部真長
S 56	『改訂　新しい生活』（東京書籍）海後宗臣（顧問）、勝部真長（監修） 『中学校道徳　明るい生活』（学校図書）平塚益徳、波多野述麿、＊中一の所蔵なし 『中学道徳』（教育出版）村井実、尾田幸雄
S 59	『新しい生活』（東京書籍）海後宗臣（顧問）、（顧問）宮田丈夫
S 62	『新編　新しい生活』（東京書籍）勝部真長（監修）、池尾健一（監修） 『生きがいのある生活』（暁教育図書）宇留田敬一（監修）、高橋幸三郎 『中学道徳　生きる力』（大阪書籍）山本政夫、上寺久雄 『わたしたちの道徳』（学習研究社）山田栄、沢田慶輔 『中学　これからの道徳』（精華堂）山田栄（監修）、中学校道徳教育研究会 『道しるべ』（正進社）神保信一（代表）、北村源太郎 『私たちの生き方』（創育社）創育道徳編集委員会 『みんなで生き方を考える道徳』（日本標準）藤原喜悦（監修）、藤田昌士（監修） 『中学校道徳　明るい心と生活』（日本文教出版）柴谷久雄、「明るい心と生活」編集委員会 『中学生の新しい道』（文教社）佐藤俊夫（指導）、岩崎達郎
H 1	『きみがいちばんひかるとき』（光村図書）今道友信（監修）、河合隼雄（監修）
H 2	『明日をひらく』（東京書籍）池尾健一（監修）、石川佾男 『中学道徳　生きる力』（大阪書籍）山本政夫、上寺久雄 『わたしたちの道徳』（学習研究社）村田昇（監修）、神保信一（監修） 『中学生の道徳　道しるべ改訂版』（正進社）神保信一（代表）、北村源太郎 『中学生の道徳』（文溪堂）村上敏治（監修）、加藤隆勝（監修） 『きみがいちばんひかるとき』（光村図書）今道友信（監修）、河合隼雄（監修）、＊中二の所蔵なし

注：下線は教科書図書館のみ所蔵。

現在、戦後中学校道徳副読本を最も豊富に所蔵し、公開しているのは、東京書籍株式会社が運営している東書文庫である。東書文庫には、母体である東京書籍の副読本がすべて揃っている。また、他社副読本も多数保有しているが、東京書籍以外の副読本の所蔵は断片的である。なお、年度としては一九六九・一九八七年に発行された副読本の所蔵が多い。

次に、公益財団法人教科書研究センターでは、一九九二年以降の副読本を相当数保有し、公開している。また、それ以前の副読本についてもわずかながら保有している。しかし、平成期以降も含め道徳教科化の際に教科書発行に移行しなかった教材会社などが発行していた副読本については保有していない。このうち、一九九二年以降については、バンキンによってデータリストが作成公開されている（バンキン 二〇二二）。

本章では、東書文庫と教科書研究センターが保有公開している中学校道徳副読本のうち、バンキンによってデータ化された一九九二年以降を除く、一六五点の副読本を参照する。その全容は表２－１の通りである。

この他に大阪教育大学などの各大学図書館や国立国会図書館も、副読本を断片的に保有している形跡がある。また、出版社が保有している副読本や、古本として古本市場に流通している副読本も存在していると思われるが、それらは今回の検討では使用できていない。

3　特設道徳設置前後の副読本

一九五八年の特設道徳設置前後から、戦後道徳教育における副読本の歴史は本格的に始まる。この時、多くの企業が副読本の作成に乗り出した。一九六〇年に発行された『生活指導の実践課程』では、表２－２の八点の副読本が分析対象として取り上げられている。

これに、東書文庫が現在保有している『中学　明るい道』（大阪書籍）、『道徳　中学生の生きかた』[5]（文理書院）を加えた計一〇社が、一九五八年の特設道徳設置時に副読本を発行した教科書会社、教材会社として最低限確認でき

表2－2　『生活指導の実践課程』に取り上げられている副読本の一覧

書籍名	出版社	発行年月日
中学生の生活	日本書籍	1958（昭和33）年2月25日
正しい心	二葉	1958（昭和33）年4月1日
生活の建設	修文館	1958（昭和33）年5月1日
正しい生き方	清水書院	1958（昭和33）年4月25日
明るい生活	秀学社	1958（昭和33）年3月15日
中学生の道しるべ	正進社	1958（昭和33）年3月30日
新しい生活	東京書籍	1958（昭和33）年3月25日
わたしたちの生き方	中教出版	1958（昭和33）年4月5日

出所：佐藤・吉本（1960：239～240）をもとに筆者作成。

る。そのうち、現存を確認できるのは、日本書籍、清水書院、東京書籍、中教出版、大阪書籍、文理書院の六社である。その後、遅くとも一九五九年には『中学生のあゆみ』[6]（暁教育図書、現在のあかつき教育図書）、一九六一年には『道徳』[7]（教育出版）の参入が確認できる。

この時期につくられた副読本は、「『読み物資料』は多様な指導方法の一種に過ぎなかった」（江島 二〇一一：二九三）こともあってか、各副読本に掲載されている資料数は概ね一五～二〇弱程度であり、かつ、資料の長さも同じ副読本内で大きく異なっていた。

4　文部省資料と副読本

文部省資料刊行による副読本の変化

一九六四年より、文部省によって『指導資料』の発行が開始される。この『指導資料』は、「具体的効果的な指導計画の作成のしかたや適切な教材の選定に種々の困難を感じているものが多く、そのために道徳の指導に適切を欠くうらみ」があったとして、一九六三年の教育課程審議会答申「学校における道徳教育の充実方策について」を受けて、「各種の指導案や、古今東西の文学作品、伝記、生徒作文などの読み物資料、説話資料等を集録し、各学校における道徳指導のための参考例を提供」（同前）する目的で作成された（文部省 一九六四：まえがき）。

この『指導資料』では、一つの主題に対して、一～三単位時間の指導想定を設定した上で、指導案や指導に用いる「読み物」資料を掲載していた。さらに、一九六五年には文部省より「道徳の読み物資料について」通知が出される。これらの措置によって、以後の中学校道徳副読本は、『指導資料』に掲載された資料、または、『指導資料』にて取り上げられた人物や書籍等の別作品を含んで大きく再編されていく(8)。それに伴い、各社の副読本の掲載資料数も二五～三〇前後へと増加している。

この間の副読本の種類については、一九六二年より開始された中央教育研究所の調査から類推することができる。この調査では、中学校道徳副読本について、一九六五年に行われた第二回調査時の二二点を最高に、少ない時でも一二点の副読本の使用報告があったとしている（中央教育研究所　一九九一：三〇）。中央教育研究所の調査で挙げられた中学校道徳副読本の詳細は表2-3の通りである。

この推移に見られるように、昭和期を通じて、中学校道徳副読本は常に最低一〇点以上発行されてきた。中学校道徳副読本の種類がこれだけ多いのは、中学校の方が小学校よりも早く副読本を用いた指導が広がったことに加え、「教科書出版社以外の学参出版社などが道徳副読本の発行に参加した」（中央教育研究所　一九九一：三〇）からとされる。表2-2、表2-3からも、学研や精華堂、正進社、文教社などの学参出版社が早くから副読本を発行していたとうかがい知れる。

加えて、遅くとも一九六五年以降、中学校においては副読本が他の教材を圧倒する形で「主として用いる教材」の地位を占めるようになった（中央教育研究所　一九九一：一八）。これ以後、中学校の特設道徳では、副読本を中心の教材として用いる指導が確立したと見なしてよいだろう。

『指導資料』以後、二〇一二年の『中学校道徳　読み物資料集』に至るまで、概ね一〇年ごとに発行されてきた文部省（文部科学省）著作に収録された「読み物資料」に対して、副読本を発行していた各社がどのように対応していったのかについては、今後、改めて検討することとして、本章では取り上げない。本章で取り上げるのは、『指導資料』が各社の副読本に取り込まれていく中で、同時に副読本の中にことわざ、格言の収録が行われるようになっていく点である。

表2－3　中央教育研究所の調査にて言及がある中学校道徳副読本の推移

調査年度	報告点数	報告書中に見える出版社（地域資料、文部省資料除く）
1962（昭和37）年	8以上*	東京書籍、不明、清水書院、教育出版、大阪書籍、日本書籍、中教出版、暁教育図書 （海後〈1981：721〉にある書名より復元）
1965（昭和40）年	22**	東京書籍、日本文教出版、学校図書、その他不明 （中央教育研究所〈1972〉より推測）
1969（昭和44）年	不明	東京書籍、日本文教出版、学校図書、その他不明 （中央教育研究所〈1972〉より推測）
1972（昭和47）年	13	東京書籍、日本文教出版、学校図書、その他不明 （中央教育研究所〈1972：14〉に言及された上位7社の副読本書名から推測）
1975（昭和50）年	12	東京書籍、学習研究社、日本文教出版、教育出版、中教出版、学校図書、清水書院、大阪書籍、精華堂、日本書籍、文教
1979（昭和54）年	不明	東京書籍、学習研究社、日本文教出版、教育出版、中教出版、文教、学校図書、大阪書籍、精華堂、日本書籍、清水書院、暁教育図書
1982（昭和57）年	12	東京書籍、学習研究社、教育出版、日本文教出版、学校図書、大阪書籍、精華堂、日本書籍、清水書院、暁教育図書
1985（昭和60）年	10以上	東京書籍、学習研究社、教育出版、日本文教出版、学校図書、大阪書籍、文教、暁教育図書、精華堂、明治図書
1988（昭和63）年	15以上	東京書籍、学習研究社、教育出版、日本文教出版、学校図書、大阪書籍、文溪堂、日本標準、秀学社、文教、精華堂、正進社、山陽図書、創育社、暁教育図書、吉野教育図書

注：*海後（1981）掲載の報告書による。
　　**中央教育研究所（1991）による。
出所：中央教育研究所（1973、1976、1980、1983、1986、1990、1991）、海後（1981）をもとに筆者作成。

ことわざ、格言掲載の主流化

一九五八年の特設道徳設置前後に発行された中学校道徳副読本の中で、「読み物資料」の他にことわざ、格言を取り上げていたのは、確認できる範囲では各内容項目の末尾に複数のことわざ、格言を置く形をとった『新しい生活』（東京書籍）と、資料末尾の一部にことわざ、格言を置いていた『中学生の新しい道徳　正しい生き方』（清水書院）、『道徳　中学生の生きかた』（文理書院）の三社のみであった。

しかし、『指導資料』刊行後には、『指導資料』内では特に例示されていなかったにもかかわらず、多くの出版社が読み物資料に加えて、ことわざ、格言を副読本に記載するようになる。

表2-4　中学3年生『わたしたちの生き方』に掲載されたことわざ、格言の出典一覧

1963年版	1964年版 （副読本末尾にまとめて掲載）	1969年版 （各読み物資料の末尾に掲載）
掲載なし	ナポレオン G・H・ルーイス ゲーテ ベンジャミン・ディズレリー 兼好 聖書 世阿弥元清 テニスン	カーライル バイロン 萩原朔太郎 コッツェブー チャーチル 孟子 ロマン・ローラン ラ・ロシュフコー ホイットマン ジョン・ケネディ 太宰治 ジョン・スチュアート・ミル パスカル
	計8人	計13人

出所：東書文庫所蔵副読本をもとに筆者作成。

その一例として、表2-4に中学三年生『わたしたちの生き方』（中教出版）の一九六三・一九六四・一九六九年版の副読本に掲載されたことわざ、格言の一覧を提示する。

このように、各社が『指導資料』の掲載資料を取り込みながら副読本を再編する中で、あわせて、「読み物資料」の他にことわざ、格言を掲載する形式へと変更していった。ある程度の比較が可能な一九六九年の時点では、『中学生のあゆみ』（暁教育図書）を除く七社中の六社、一九八七年の時点でも一〇社中四社（東京書籍、学習研究社、日本文教出版、精華堂）でことわざ、格言の掲載を確認できる。

ただし、各副読本によることわざ、格言の掲載形式には、多少の差もあった。原則として、最初期から各内容項目の末尾にことわざ、格言を掲載する方法をとった『新しい生活』（東京書籍）に対して、後からことわざ、格言を載せる形になった他社の副読本では、資料ごとにことわざ、格言を置く形式や資料中にちりばめる形式をとった所もあった。また、必ずしもすべての資料、もしくは、内容項目に置いていない副読本も多かった。さらに、一九六九年に一度導入しながらも、次の改訂と見られる一九七二年で掲載をやめた『中学道徳』（大阪書籍）のような副読本も存在している(9)。しかしながら、全体で見れば、少なくとも一九六〇〜

七〇年代については、ことわざ、格言を掲載した副読本が多かったと判断して差し支えないだろう。「読み物資料」の他にことわざ、格言を掲載する形式について、最初期から導入していた東京書籍では一九九〇年版を最後にやめてしまったが、教育出版で一九九三年版、日本文教出版で二〇〇二年版まで掲載していたことが現時点で確認できる[10]。

こうした副読本の均質化に対して異議を唱えた副読本も一部に存在したが、そうした副読本は採用されなくなるなどして[11]、一九八〇年代に入るまでは一定の形式的な共通性が維持されていた。

5　副読本の三五資料掲載へ

特設道徳が始まった一九五八年頃の副読本は、概ね、一五～二〇弱の資料を掲載していた。その後、一九六〇年代中盤より、副読本に掲載される資料数は多いもので三〇前後となり、以後の二〇年ほど、副読本に掲載される資料数は増加しなくなる。表2‐5は、一九六九・一九八七年版の比較が可能な中学三年生副読本の掲載資料数である。

このように、一九六〇年代中盤から八〇年代まで、副読本に掲載される資料数は三五には到達していなかった。しかし、一九八九（平成元）年の学習指導要領下で副読本に掲載される資料数は再び増加し始め、二〇〇〇年代に入る頃にはほとんどの副読本で三五回分以上の資料掲載を行うようになる。表2‐6は、中学三年生の東京書籍、教育出版と、この頃に副読本作成を始めたと思われる光村図書の掲載資料数の推移である。

柄本・永田が二〇一〇年前後に調査した時点で、一社を除いてどの副読本も三五の資料を掲載するようになっていたと記録されている（柄本・永田 二〇一三：三二）[12]が、各社の副読本が三五資料掲載の形式を採用したのは、表2‐6が示す通り、一九九〇～二〇〇〇年代初頭にかけてであったと言い切ってよいだろう。

表2-5　東京書籍、暁教育図書、大阪書籍の1969・1987年副読本の掲載資料数推移

出版年	『新しい生活』（東京書籍）	『中学生のあゆみ』→『生きがいのある生活』（暁教育図書）	『新訂　中学道徳』→『中学道徳　生きる力』（大阪書籍）
1969年	32	26	22
1987年	30	16	22

出所：東書文庫所蔵資料より筆者作成。

表2-6　東京書籍、教育出版、光村図書の中学3年生副読本の掲載資料数推移

出版年	『明日をひらく』（東京書籍）	『私たちの道（～1997年）』→『心つないで（2002年～）』（教育出版）	『きみがいちばんひかるとき』（光村図書）
1990年	31		24
1993年	35	29	24
1997年	35	29	28
2002年	35	33	35
2006年	35	35	35

出所：教科書図書館所蔵資料より筆者作成。

6　今後の副読本史研究に向けて

以上、現時点で使用できる史料としての副読本を用いて、中学校道徳副読本の変遷を整理してきた。中学校道徳副読本は、一九五八年の特設道徳前後から多くの出版社が参入する形で発行が開始された。その後、文部省の『指導資料』を端緒とする資料群によって、掲載資料の増加・再編を行いつつ、「読み物資料」とことわざ、格言を組み合わせる副読本の形式が一九六〇年代中盤から一九七〇年代には主流の地位を占める。その後、一九八〇年代末頃より、掲載資料が再度増加し、二〇〇〇年代初頭頃には三五回分の資料掲載でほぼ統一され、あわせて、それ以前には主流の形式であったことわざ、格言の掲載がほぼ行われなくなった。そして、一〇年余り後、道徳教科化によって道徳教科書へと移行した。

今後、特設道徳の時代に使われていた副読本の確認はますます困難になっていくと思われる。すでに、現時点でも相当数の副読本が確認できない

状態である。今後の副読本史研究のためにも、まずは、本章で取り扱えなかった小学校のものも含めて、特設道徳時代の副読本の蒐集整理を引き続き続けていく必要がある。あわせて、本章では検討できなかった教師用指導書の蒐集整理も必要であろう。

次に、副読本の蒐集整理が一定数できた時点で、本格的な副読本史研究を行う必要がある。例えば、副読本掲載資料の変遷から、定番教材の盛衰を精密に追うといった研究や、定番教材の標準的な授業がどのように変遷してきたのかといった研究である。道徳副読本史研究はまだ始まったばかりである。

注

（1）なお、二〇二四年度現在でも正進社は道徳の副教材（『改訂版　中学生道徳　キラリ☆ノート』）を発行している。しかし、その内容は資料集とワークブックといったものであるため、準教科書として位置づけられた教科化以前の副読本とは大きく様相を異にしている。また、愛知県など、現在も郷土教材として副読本の発行を続けている所もあるが、本章では取り扱わない。

（2）例えば、二〇〇〇年頃に茨城県内中学校で流通していた副読本四冊を対象に分析した細戸らによる研究（細戸ほか　二〇〇一）や、礼儀を軸に最末期の副読本を分析した柴崎の研究（柴崎　二〇一八）など。

（3）ただし、本調査はあくまで特設道徳の指導を実際に行っていた場合には、という制約が存在する。この調査のほかには、特設道徳の指導を行っていなかった学校、教員や地域も少なからず存在している点に注意する必要がある。

（4）なお、当該研究に関連して、東京学芸大学で総合的道徳教育プログラムとして、二〇一三年四月時点での全国版道徳副読本のデータベースを構築しているが、二〇二四年三月現在では、そのデータベースは運用を終了しているようであり、閲覧不能となっている（国立大学法人東京学芸大学「いのち輝く子どもを育てる総合的道徳教育プログラム」。https://www2.u-gakugei.ac.jp/~kokoro/searchbook/index.html〈最終閲覧日：二〇二四年三月二一日〉）。

（5）なお、文理書院については、特設道徳実施前の一九五七年発行となっている。また、清水書院については、この段階では学年ごとではなく、三学年あわせて一冊の副読本として社会科や学級活動での活用を想定した形となっている点で、一九五八年以降の副読本とはその様相が大きく異なっている。なお、清水書院は一九五九年に学年単位で構成し直した副読本を発行したようだが、現在確認できるのは一九六三年のものである。

(6) ただし、現存する副読本は一九六四年のものである。奥付では一九五九年に初版発行となっている。

(7) 教育出版は一九六一年に二葉を吸収しており、その時にあわせて、二葉が発行していた副読本も引き継いだものと思われる（教育出版「沿革」。https://www.kyoiku-shuppan.co.jp/company/post-14.html〈最終閲覧日：二〇二四年三月三一日〉）。

(8) なお、小学校道徳副読本については、磯崎乙彦によって『指導資料』と各社の副読本の重複状況が調査されている（磯崎 一九六八：二三〇〜二三二）が、中学校道徳副読本についての同種の調査は現状発見できていない。

(9) 加えて、『中学　これからの道徳』（精華堂）、『中学生の新しい道』（文教）では、東京書籍に先行する一九八七年版の時点でことわざ、格言の掲載が存在していない。しかし、いずれの副読本も一九六〇〜七〇年代の部分が見つかっていないため、詳細不明である。

(10) なお、現在では『中学生の道徳（令和三年度版）』（あかつき教育図書）でのみ、資料末尾にことわざ、格言を掲載する形式を採用している。

(11) この副読本の均質化に異を唱えた例としては、清水書院が挙げられる。清水書院は一九七三年にそれまでの『中学生の正しい生き方』から『伸びゆくわたくしたち　中学生活』へと名称を変え、内容をほぼ一新した。一九七三年版の清水書院の副読本は、吉野源三郎や下村湖人など、他社の副読本や『指導資料』で取り上げられている資料や作者も含まれてはいるものの、一九七二年版では複数あった『指導資料』からの流用をほぼすべてやめ、また、ことわざ、格言や発問なども外し、資料数も大幅に減らしている。当時、清水書院副読本編集者の一人であった堀井は、後年、「他と比べれば、ご都合主義の『作文』にはみられない、真実のもつ迫力に満ちた、しかしそれだけに多様な観点や価値づけを許容するものが多く入れられたのではないか」（堀井 一九八六：三五）と回想している。しかし、遅くとも一九八〇年代中頃までに清水書院は副読本の作成をやめてしまったようである。中央教育研究所の調査でも、一九八五年以降は清水書院の副読本を確認できていない。その頃までに清水書院の副読本は使われなくなったようである。

(12) ただし、三四回分の資料が掲載されているとした廣済堂あかつき（現あかつき教育図書）の副読本について、項目番号のない資料を分析対象から除いているとしており、実際には三五資料が掲載されていた（柄本・永田 二〇一三：三二）。

参考文献

磯崎乙彦（一九六八）「副読本の分析」宮田丈夫編『道徳時間における主体的学習――副読本利用による授業を中心として』新光閣書店。

江島顕一（二〇一六）『日本道徳教育の歴史――近代から現代まで』ミネルヴァ書房。

江島顕一（二〇二一）「戦後道徳教育における『読み物資料』――『読み物資料』による道徳授業スタイルの形成」道徳教育学フロンティア研究会編『道徳教育はいかにあるべきか――歴史・理論・実践』ミネルヴァ書房。

江島顕一（二〇二三）「日本道徳教育史研究の現在地」田沼茂紀編『道徳は本当に教えられるのか――未来から考える道徳教育への一二の提言』東洋館出版社。

海後宗臣（一九八一）『海後宗臣著作集第六巻（社会科・道徳教育）』東京書籍。

貝塚茂樹（二〇二〇）『戦後日本と道徳教育――教科化・教育勅語・愛国心』ミネルヴァ書房。

佐藤正夫・吉本均（一九六〇）『生活指導の実践過程――戦後道徳教育の成果と理論化』御茶の水書房。

柴崎直人（二〇一八）「中学校道徳副読本における『礼儀』の扱われ方」『学習院大学教育学・教育実践論叢』第四号。

中央教育研究所（一九七三）『小学校・中学校における道徳の時間に使用する資料・副読本等についての研究』中央教育研究所。

中央教育研究所（一九七六）『小学校・中学校における道徳の時間に使用する資料・副読本等についての研究――昭和五〇年度』中央教育研究所。

中央教育研究所（一九八〇）『小学校・中学校における道徳の時間に使用する資料・副読本等についての研究――昭和五四年度』中央教育研究所。

中央教育研究所（一九八三）『小学校・中学校における道徳の時間に使用する資料・副読本等についての研究――昭和五七年度』中央教育研究所。

中央教育研究所（一九八六）『小学校・中学校における道徳の時間に使用する資料・副読本等についての研究――昭和六〇年度』中央教育研究所。

中央教育研究所（一九九〇）『小学校・中学校における道徳の時間に使用する資料・副読本等についての研究――昭和六三年度』中央教育研究所。

中央教育研究所（一九九一）『データに見る道徳教材二七年の軌跡』中央教育研究所。

柄本健太郎・永田繁雄（二〇一三）「全国版道徳副読本の資料の傾向をデータから探る――基礎的データを踏まえた実証的な授業と研究のために」『道徳教育方法研究』第一九号。

馬場勝（二〇二二）「『初期道徳科教科書』の成立過程に関する考察――連続性を視点として」『道徳教育方法研究』第二八号。

バンキン・サム（二〇二三）「道徳副読本と教科書に掲載された小・中学校の教材に関する書誌情報のデータセット――一九九二～二〇二三年」『東京大学大学院教育学研究科紀要』第六二巻。

細戸一佳・吉田誠・田中マリア（二〇〇二）「道徳学習における教材開発のための基礎的研究――中学校の副読本分析を手がかりとして」『教材学研究』第一二巻。

堀井登志喜（一九八六）「道徳の副読本を考える――修身は克服されたのか」『道徳と教育』第二九巻第六号。

文部省（一九六四）『中学校道徳の指導資料　第一集』文部省。

〔付記〕　本章の執筆に際して、東書文庫の職員の方々には大変にお世話になった。東書文庫がこれまでの道徳副読本の相当数を収集整理していなければ、本章の執筆はきわめて困難だった。この場を借りて、謝辞としたい。

第3章　「特別の教科　道徳」の制度論的再考
——課題と提言——

貝塚茂樹

1　道徳科の制度的再考の必要性

二〇一五（平成二七）年三月に設置された「特別の教科　道徳」（以下、道徳科）は、次期の改訂を視野に入れた議論が進められている。本章は、道徳科設置からの成果をふまえ、次期の改訂に向けての課題と提言を制度的な観点から行うことを目的とするものである。具体的には、道徳科の「専門免許」と教員養成、道徳科の内容項目の再編及び道徳科と「行動の記録」との関係に焦点を当てて検討する。

戦後日本において道徳教育は、戦前・戦中の教育に対する拒否感のみが強調され、いわゆる「道徳教育アレルギー」が浸透した。また、特に一九五〇年代以降の「文部省対日教組」の対立が顕著となる中で、道徳教育は政治的なイデオロギー対立の争点とされることが常態化してきた。ここでは、道徳教育の内容や方法をめぐる議論は基本的に成立せず、道徳教育それ自体が「賛成か、反対か」の二項対立図式の中に解消されて論じられる傾向が強かった。それは、一九五八（昭和三三）年の「道徳の時間」の設置、一九六六（昭和四一）年の中央教育審議会答申「期待される人間像」や「心のノート」をめぐる論争において顕著に認められる。そのため歴史的な観点からいえば、「特別の教科　道徳」の設置は、道徳教育を政治的なイデオロギー対立から解放し、「道徳教育アレルギー」を払拭すると同時に、道徳授業の「形骸化」を克服するという歴史的な意義があったといえる（貝塚　二〇二〇b）。

「令和三年度　道徳教育実施状況調査報告書」によれば、道徳科の設置によって学校における道徳の取り組みは全体的に改善されたといえる。「全教師が協力して道徳教育を展開できる体制を整えた」のは、小学校で五五・八%、中学校で七五・六%となっている。また、中学校では、「道徳教育に対する教師の意識が高まった」「授業時間数を十分に確保して指導できるようになった」「道徳の授業が軽視されるような風潮がなくなった」という質問項目について、九〇%前後の教員が「とても思う」「どちらかといえばそう思う」と回答している（文部科学省 二〇二二）。教育課程に道徳科が教科として位置づけられたことで、「道徳教育アレルギー」は緩和され、従来のような政治的なイデオロギーが入り込む余地は確実に減少したといえる。また、学校・教師の関心は、道徳教育への「賛成か、反対か」の議論から離れ、教科書、指導法、評価などに向けられていることも事実である。

しかし、このことは道徳科授業の質的な向上には必ずしも繋がっていない。教科書、指導法、評価のあり方に課題があることは、本書の第二部で詳しく指摘する通りである。しかし、それ以前に道徳科に関わる制度的な問題を内包しているというのが本章の問題意識である。本章は、第二部で取り上げる教育目標、教育方法、教科書、評価などの提言との重複を避けつつ、道徳科の「専門免許」と教員養成、道徳科の内容項目の再編の必要性について、その制度的な側面から再検討し、今後について筆者なりの提言をしようとするものである。

2　教員養成の充実と「専門免許」の創設

大学での教員養成の停滞

戦後の道徳教育が政治的なイデオロギー対立のメルクマールであったことは、道徳教育に関する学問的研究の「空洞化」をもたらす結果となった。しかも、一九五八年に設置された「道徳の時間」が教科でなかったことは、大学での道徳教育に関する理論研究を妨げるものとして機能した。

教育職員免許法では、大きく「教科に関する科目」と「教職に関する科目」があり、後者の中に「各教科の指導法」がある。「教科に関する科目」は、例えば、国語科の中学校教諭一種免許状の場合には、国語学関連の専門教科について二〇単位以上の履修が必要となる。一般的にいえば、「教科に関する科目」は当該教科の内容や原理、学問的な特質について理解し、「教職に関する科目」の中の「各教科の指導法」では、子どもの発達段階や地域性に応じた実践的な教科の指導法を学ぶという関係になっている。

しかし、教科でなかった「道徳の時間」には「教科に関する科目」は設定されず、「道徳の指導法」だけが設定されている。「道徳の指導法」は、「小学校又は中学校の教諭の専修免許状又は一種免許状の授与を受ける場合にあっては二単位以上を、小学校又は中学校の二種免許状を受ける場合にあっては一単位以上を習得するものとする」（教育職員免許法施行規則第六条備考五）と規定されているのみであった。

しかも、「道徳の指導法」の二単位の講義は、道徳教育を専門としていない、あるいはそう自覚していない大学教員によって担当されていた。例えば、二〇〇九（平成二一）年の東京学芸大学が実施した「大学・短大における教職科目（道徳の指導法）に関する調査　結果報告書」では、「道徳の指導法」の講義を担当する講義者の専門領域で多かったのは教育哲学、教育史であり、道徳教育を専門とすると回答した講義者は一〇・二％であった。大学の教職課程でのわずか二単位の講義さえも、道徳教育を専門としていない講義者によって行われていた。こうした状況で大学での教員養成が十分に機能し、授業を担うことのできる教員を育成できないことは明らかであり、道徳教育は制度的な「負のスパイラル」から抜け出すことはできなかった。

道徳科の設置は、こうした制度的な「負のスパイラル」の改善と克服が期待されていた。ところが、教育職員免許法では、従来の「道徳の時間」の制度的な枠組みは変更されず、大学での単位数は「道徳の指導法」の二単位が継続された。制度的な枠組みが変化しなければ、大学教育課程にも基本的な変化はない。また、大学としては、二単位の講義を担当する教員を増員する必要もなく、担当する教員に道徳教育に関する特別な専門性を求める必要もない。したがって、道徳科が設置されたにもかかわらず、大学の教員養成は何ら変化することなく継続したのである。

一方、小・中学校における道徳科の実践では、教員は教科書を使用して授業を行い、指導要録や通知表での評価を行う。その点でも教員には、「道徳の時間」に比べて、より高い専門性が求められることになる。それにもかかわらず、大学の教員養成に何ら変化がなかったことは、教員養成と教育実践との乖離を広げる可能性を拡大し、制度的な「負のスパイラル」をさらに強固にしたといえる。

道徳の「専門免許」創設の必要性

道徳科設置をめぐっては、教科としての設置が議論の中心となることで、「専門免許」をもたない教員が教科の授業を担当することの可否といった基本的な議論はされなかった。強いていえば、道徳科が「特別の教科」と位置づけられたことで、教科としての基本的な特質は不問に付されたといえる。

いずれにしても、大学での教員養成を機能化するための効果的な方法は道徳の「専門免許」の創設である。大学の教育学部や教職課程では、通常は教科ごとに専攻や講座が設置され、専門の研究者が教員として配置される。しかし、これまで教科ではなかった道徳教育については、一部の大学を除いて道徳教育を研究対象とする専攻や講座は設けられていなかった。さらに、大学院においても専攻や講座が設置されていないために、道徳教育を専門とする研究者の養成は立ち遅れてきた。それは、「道徳の指導法」「道徳教育論」などの道徳教育関連科目の講義は、道徳教育を専門としない教員によって担当されている状況と表裏をなしている。

大学の教員養成が教員免許制度と連動している以上、「専門免許」がなければ大学に道徳教育の専攻や講座が設置される必要はなく、修得すべき単位数が増加することも期待できない。つまり、「専門免許」の創設なしには、大学での理論研究が進展することはなく、制度的な「負のスパイラル」を解消することは困難なのである。

もちろん、「専門免許」の創設は、教員養成の充実を図ることだけが目的ではない。深刻化するいじめや自殺、インターネット犯罪の増加といった状況の中で、教員にはより高度化した専門性が求められる。特に、中学校段階の道徳では、法教育、情報モラル、生命倫理などの現代的な課題を取り上げた教材が少なくなく、教員には専門的な知識が不可欠となる。そのため、授業は学級担任が行うことが原則であるとしても、特に中学校では専門性を有する教員が授業を担当した方が効果的であることはいうまでもない。

諸外国でも、ドイツ、フランスをはじめ中学校段階での道徳・倫理に関する教科で「専門免許」を設けている国は決して少なくない。「専門免許」を取得するために、大学ではそのための単位取得が必要となる。例えば韓国では、「道徳・倫理教育論」が必修とされ、その他に「倫理学概論」「西洋倫理思想」「韓国倫理思想」「市民教育論」「道徳倫理学」「民主主義論」などの科目から六科目以上の履修が必要とされる。このように、「専門免許」が設定されていることで、大学の教員養成は、少なくとも制度的には整備・充実することになる。

以上のように、現行の道徳教育が抱えた制度的な「負のスパイラル」を、「専門免許」の創設によって「正のスパイラル」へと転換させることが不可欠である。しかも、「専門免許」の創設は、学級担任が原則として授業を担当するという現行の枠組みとは必ずしも矛盾しない。道徳授業を学級担任だけでなく、「専門免許」をもつ教員が担当できることを制度的に認めればよいからである。その点からいえば、道徳の「専門免許」は、例えば司書教諭のような資格的な教員免許とすることも考えられる。いずれにしても、道徳の「専門免許」が制度化されていない現状においては、現行の各教科と同様の免許とすることには無理がある。制度の過渡期的な段階では、「専門免許」についての柔軟で現実的な運用が必要である。

また、道徳の「専門免許」の制度が創設されることによって、大学院教育が充実すれば、道徳教育に関する研究も促進することが期待される。そして、学部での「専門免許」に連続して、大学院での「道徳専修免許」が制度化されれば、教育現場での指導的な人材を育成することにも繋がる。加えて、学会が学会認定資格として「認定道徳教師」(仮称)といった資格を設け、認定試験や研修制度を充実させることも積極的に考える必要がある。

3　教育法規を基準とした内容項目の厳選

学習指導要領の道徳的価値

道徳科で学ぶべき内容項目は、「道徳の時間」の内容項目と大きく変化することはなかった。四つの視点についての一部の順序の入れ替えが行われたことで、個人から社会、国家へと至る同心円的な構造はより整理された。また、道徳的価値を簡潔に表現したキーワードが付されたことで、学ぶべき内容がわかりやすくなった。

内容項目の数は、小学校低学年が一九、中学年が二〇、高学年と中学校が二二となっている。しかし、それぞれの内容項目には複数の価値が含まれて記述されており、道徳の授業で取り上げなければならない道徳的価値は決して少なくない。表3－1は、小・中学校の学習指導要領に規定された内容項目を、教育基本法の前文、第一条・第二条、学校教育法第二十一条、さらに現行の指導要録の参考様式における「行動の記録」に掲げられた道徳的価値との対照表にまとめたものである。道徳的価値の捉え方によって違いはあるが、筆者の整理では、学習指導要領の内容項目に掲げられた道徳的価値は小学校は四八、中学校は四六であった。また、教育基本法は二五、学校教育法は一八であった。また、「行動の記録」（参考様式）は一六であった。

周知のように、道徳科の年間授業時数は三五時間（小学校第一学年は三四時間）である。筆者は道徳科の授業時数を増やすべきであると考えるが、仮に今後も現行の授業時数を維持するとすれば、これだけの道徳的価値を三五時間で消化することは現実的に不可能である。もちろん、道徳科の授業は道徳的価値を教える時間でも学ぶ時間でもないという反論も想定される。しかし、教科書検定基準が内容項目の記述の充足を求められている以上、道徳科の授業が道徳的価値を無視できるわけではないし、その量的な妥当性の検討は不可欠である。

教育基本法・学校教育法と内容項目

これまでにも内容項目の構造化や体系化の必要性は指摘されてきた。また、中核的な価値（コア・バリュー）の設定についても言及されてきた（西野 二〇二〇）。もっとも、その際に何を基準として道徳的価値を構造化・体系化するのかについての検討は不十分であり、逆に、なぜ現行のような道徳的価値が学習指導要領に設定されているかも説明されていない。

確かに、道徳的価値を構造化・体系化することができれば、取り上げるべき道徳的価値は確実に減少する。しか

表3－1　道徳的価値の比較

視点	道徳的価値	学習指導要領（小）	学習指導要領（中）	教育基本法	学校教育法	行動の記録
	個人の尊厳			○		
	真　理			○		
	正　義			○		
	基本的な生活習慣					○
	善悪の判断	○				
	自　主	○	○	○	○	○
	自　律	○	○	○		○
	自　由	○	○			
	責　任	○	○	○		○
	正　直	○				
	誠　実	○	○			
A	節　度	○	○			
	節　制	○	○			
	健康・安全	○				
	個性の伸長	○	○			
	向上心		○			
	創意工夫					○
	創造（性）		○	○	○	
	希　望	○	○			
	勇　気	○	○			
	努　力	○				
	克　己					
	強い意志	○	○			
	真理の探究	○	○	○		
	親　切	○				
	思いやり	○				○
	人間愛の精神		○			
	（家族への）感謝	○				
	（家族への）尊敬	○				
	礼　儀	○				
	男女の平等			○		
B	自他の敬愛	○	○	○		○

	協力（協同）			○	○	○
	友　情	○	○			
	信　頼	○				
	個性の尊重		○	○	○	
	謙　虚	○	○			
	相互理解	○	○			
	寛　容	○	○			
	規則の尊重	○			○	
	遵法精神		○	○	○	
	公徳心		○			○
	公　正	○	○	○	○	○
	公　平	○	○			○
	社会正義	○	○	○		
	社会参画		○	○	○	
	勤　労	○	○	○	○	○
	奉　仕					○
	公共の精神	○	○	○	○	○（公共心）
C	家族愛	○	○			
	敬　愛	○	○			
	家庭生活の充実	○	○			
	よりよい学校生活	○	○			
	集団生活の充実	○	○			
	伝統と文化の尊重	○	○	○	○	
	郷土愛	○	○	○	○	
	愛国心	○	○	○	○	
	国際理解	○	○	○	○	
	(国際社会の)平和		○	○	○	
	国際貢献		○		○	
	国際親善	○	○			
	生命の尊さ	○	○	○	○	○(生命尊重)
	自然愛護(環境の保全)	○	○	○	○	○
D	感　動	○	○			
	畏敬の念	○	○			
	よりよく生きる喜び	○	○			

し、本章では道徳的価値の体系化・構造化の前に、教育基本法と学校教育法に掲げられた道徳的価値を基準として、現行の道徳科の道徳的価値を量的に削減、再構成することを提案したい。いうまでもなく、教育基本法は教育の中核であり、それに基づいて学校種ごとの目標を設定しているのが学校教育法である。学習指導要領は教育基本法と学校教育法の規定に基づいて作成されるものであり、教育基本法と学校教育法に規定されていない道徳的価値が学習指導要領に規定されていることの方が整合的ではない。

もちろん、道徳の内容項目は現行の教育基本法が改正された二〇〇六（平成一八）年以前から学習指導要領に規定されていたものであり、教育基本法との間に相違があっても仕方ないという反論もあり得る。また、すでに規定した内容項目を削減することは現実的ではないという指摘もある。確かに、教育基本法第二条の教育の目標は、二〇〇六年の改正によって新たに追加された条文である。しかし、このことは教育基本法と学習指導要領との間の齟齬を正当化する説明にはならない。教育基本法や学校教育法が学習指導要領の上位法である以上、本来は教育基本法が改正された際に学習指導要領の内容項目を見直すべきであったからである。教科として位置づけられた道徳科の内容が、法規に基づいて厳格に運用されるのは当然である。

ただし、教育基本法・学校教育法で掲げられた道徳的価値と学習指導要領の内容項目が完全に一致しなければならないということではない。学習指導要領の道徳的価値が教育基本法の趣旨に抵触するものでなければ問題はないからである。しかしそれは、あくまでも教育基本法・学校教育法を基準とすべきであり、これらに規定されていない道徳的価値が、学習指導要領のみに規定されるのは不自然である。先に指摘したように、教育基本法・学校教育法と学習指導要領に掲げられた道徳的価値の違いは量的にも大きい。道徳科の年間授業時数を考慮しても、教育基本法・学校教育法と学習指導要領との連続性を確保し、現行の道徳的価値を量的に削減、再構成すべきである。

4　道徳科と「行動の記録」の関連性

「行動の記録」と道徳科の内容項目

現行の指導要録における「行動の記録」には、「基本的な生活習慣」「健康・体育の向上」「自主・自律」「責任感」「創意工夫」「思いやり・協力」「生命尊重・自然愛護」「勤労・奉仕」「公正・公平」「公共心・公徳心」の十項目が参考様式として掲げられている。各学校では、各項目の趣旨に照らして、十分満足できる状況にあるものと判断される場合は○印を記入（特に必要のある場合は項目の追加が可能）し、行動に関する所見は「総合所見及び指導上参考となる諸事項」に記入するとされている。

「行動の記録」の評価項目は、「健康・体力の向上」を除いて、ほとんどすべてが道徳の内容項目と一致する。ところが、指導要録や通知表において「行動の記録」を記入するにあたっては、道徳科の学びが関連づけられているわけではない。学習指導要領や解説等においても両者を関連づける具体的な記述がないために、教育現場では両者の関連性は意識されていない。そもそも、「行動の記録」において、この一〇項目が参考様式として設定されている理由は明らかではない。また、同じ道徳的価値が掲げられているにもかかわらず、道徳科では評定は行わないが、「行動の記録」では、○印の記入による評定を行うことの根拠は説明されていない。

こうした指摘に対しては、①道徳科は観点別の評価ではなく「大くくり」で評価するものである、②児童生徒の行動及び性格は、道徳教育が目標とする道徳性の諸様相には含まれない、といった説明があるに違いない。しかし、こうした説明はわかりにくく説得力にも欠ける。なぜなら、仮にこうした説明に基づけば、「道徳科の授業では、いじめについてよく考え、いじめを克服しようとする意欲は高まりました。ただし、結局、いじめは無くなりませんでした」という論理を認めなければならなくなるからである。常識的に考えれば、いじめがなくならないのは、道徳科での学びが不十分であると考えるべきである。ましてや、道徳科がいじめ対策の意味をもって設置された経緯をふまえれば、道徳科の学びはあくまでも子どもたちの「内面的資質」を育成することであり、行動に及ぶものではないという解釈がいかに空疎なものであり、実態とかけ離れているかは明らかである。

「行動の記録」と道徳教育の関係

指導要録の歴史は、一九〇〇（明治三三）年に「小学校令施行規則」において「小学校学籍簿」の作成が定められたことに始まる。「学籍簿」という名称に示されるように、その中身は学校に籍があることを示す「戸籍簿的性格」を主とするものであった。

第二次世界大戦の敗戦後、文部省は戦前から使用されていた生徒学籍簿に代えて、一九四八（昭和二三）年に「小学校学籍簿」を、続いて、一九四九（昭和二四）年には中学校に「累加記録提要」を作成した。これは、一九四七（昭和二二）年の「昭和二十二年版学習指導要領　一般編（試案）」が、児童生徒の学力や種々の特性の評価をふまえた指導法や教育課程の改善を求めたことによる（松本 二〇二〇）。その後、従来の「戸籍簿的性格」に加え、「指導のための記録」としての性格が付与され、指導要録は、いわば「二重の性格」をもつものとして再編された。後に、「小学校学籍簿」は「児童指導要録」に、「累加記録提要」は、「生徒指導要録」と改称され、一九五五（昭和三〇）年に全面改訂された。文部省は両者について、同年九月一三日付の文部省初等中等局長・大学学術局長連名の通達「小学校、中学校および高等学校の指導要録の改訂について」（文初中第三七三号）において、「児童生徒の学籍ならびに指導の過程、結果の要約を記録し、指導および外部に対する証明等のために役立つ簡明な原簿」と説明した。

指導要録に関する細かい歴史は省略するが、指導要録が道徳教育との関係の中において転換点となったのが、一九五八（昭和三三）年の「道徳の時間」の設置であった。「行動の記録」と「道徳の時間」の内容項目との関連性が課題となったためである。「道徳の時間」の設置を受けて、一九六一（昭和三六）年に指導要録は改訂されるが、小・中学校の指導要録は「自主性」「責任感」「公正さ」「公共心」「向上心」など道徳の内容項目をふまえたものに整理された。例えば、『小学校道徳指導書』（一九五八年）は、「行動の記録」が児童の生活における望ましい行動を取り上げており、「その多くは道徳に関係し、道徳教育の内容となるものである」とし、次のように記述している。

道徳の評価と行動の記録との関係はきわめて密接である。特に道徳の評価が態度とか行動について行なわれるときには、行動の記録における行動とまったく一致することが少なくない。それゆえ、道徳の評価の計画においても、実際の評価のしかたや記録においても、行動の記録との関連をあらかじめ考慮し、できるだけ両者を一体として有機的に取扱うことが必要である。

もちろん、両者の関係が密接なものであったとしても、両者が全く一致するものでないことも確かである。「行動の記録」は態度・行動の特徴であり、行動に表れるものを記録することが目的である。それに対して「道徳の時間」は同時に行動には表れない内面的な心情や判断力の育成を目指すものと説明されたからである。このことは、『中学校道徳指導書』（一九五八年）が、「行動の記録」は、「ひとりびとりの生徒について、各教科や特別教育活動など、生徒の学校における生活のすべてにわたる行動の特徴に関して評価するものであり、道徳の時間を評価するものではありえない」という記述に表れている。

班目文夫は、「行動の記録」がガイダンスのための資料とされ、道徳的評価としての成果とは捉えられていないにもかかわらず、「項目の中に倫理的当為に対する主観的判断をしのびこませているという点において、折衷的であり、この折衷的な性格のゆえに、道徳の時間の評価との間に混乱を生じさせている」と指摘した。そして、「行動の記録」の評価と道徳の評価をどう関連づけるかが今後の課題であるとした上で、両者の本質的な解明によって、両者の理論的かつ実践的な関連を究明することの必要性について言及した（班目 一九六〇）。

ところが、班目の提起した課題はこれまでの歴史において十分に検討されたわけではない。確かに、両者の関連が重要であることは学習指導要領が改訂されるたびに言及されてきた。例えば、押谷由夫は、「行動の記録」は学校における望ましい人間関係に関わる指導によって子どもの行動や態度に表れた成果を評価するものであり、「行動の記録」の評価項目は、「道徳教育の指導内容と特に関連が深い」と述べ、「道徳の時間をかなめとして学校教育の全体において取り組まれる道徳教育の指導の充実と合わせて考えていく必要がある」（押谷 二〇〇一）と指摘している。しかし、先述したように、「行動の記録」と道徳教育の評価をどのように関連づけるかという課題は道徳科になっても解決されたわけではない。

いうまでもなく、子どもの行動として表出された特徴が、道徳科の学びによって育成されたものかどうかを判断することは難しい。しかし、それは「行動の記録」と道徳科との学びを関連づけて考えることはできないという根拠にはならない。むしろ、道徳科の学びと「行動の記録」における評価との有機的な関係を視野に入れず、両者の関連性を意識しないことの方が問題である。なぜなら、ここでは道徳科での「内面的資質」の育成の観点を無視して行動を「評定」するということになりかねないばかりでなく、「行動の記録」での「評定」の基準が明確ではないことで、結局はその「評定」は教師それぞれの恣意的な判断と感覚に委ねざるを得ない結果となるからである。

また、道徳は学校の教育活動全体で行う道徳教育と、その要としての道徳科で行う道徳教育に分けられる。学習指導要領では、道徳科の評価については示されているが、学校の教育活動全体で行う道徳教育をどのように評価するかは明らかではない。一般的に考えれば、「行動の記録」が道徳教育の評価の重要な指標となるはずだが、その「要」である道徳科の学びが「行動の記録」の評価と関連づけられていない現状では、学校の教育活動全体で行う道徳教育の評価を行うことはできない。「行動の記録」において、どの道徳的価値を取り上げるのかを含めて、「行動の記録」と道徳科の学びとが有機的に関連するような制度設計と評価基準を策定する必要がある。

参考文献

押谷由夫（二〇〇一）「各教科等の観点について　行動の記録」『初等教育資料』第七三五号。
貝塚茂樹（二〇二〇ａ）『新時代の道徳教育――「考え、議論する」ための一五章』ミネルヴァ書房。

貝塚茂樹（二〇二〇b）「戦後教育と『特別の教科　道徳』の成立――その歴史的意義と課題」道徳教育学フロンティア研究会編『道徳教育はいかにあるべきか――歴史・理論・実践』ミネルヴァ書房。

貝塚茂樹（二〇二〇c）『戦後日本と道徳教育――教科化・教育勅語・愛国心』ミネルヴァ書房。

関根明伸（二〇一三）「教員養成のあり方を考える」押谷由夫・柳沼良太編著『道徳の時代がきた！――道徳教科化への提言』教育出版。

田中耕治（二〇〇二）『指導要録の改訂と学力問題――学力評価論の直面する課題』三学出版。

東京学芸大学「総合的道徳教育プログラム」推進本部第一プロジェクト（二〇一〇）「大学・短大における教職科目（道徳の指導法）に関する調査　結果報告書」。https://www2.u-gakugei.ac.jp/~kokoro/databank/data/daigakuchosa_h2205.pdf（最終閲覧日：二〇二四年九月二〇日）

西野真由美編著（二〇二〇）『新訂　道徳教育の理論と実践』放送大学教育振興会。

班目文夫（一九六〇）「行動の記録と『特設』道徳の評価の関連」『児童心理』第一四巻第三号。

松本和寿（二〇二〇）「戦後教育改革期の指導要録における『教育評価』機能の検討――『累加記録摘要』（一九四九）を中心に」『日本の教育史学（教育史学会紀要）』第六三巻。

文部科学省（二〇二二）「令和三年度　道徳教育実施状況調査報告書」。https://www.mext.go.jp/content/20220427-mxt_kyoiku01-000022136_02.pdf（最終閲覧日：二〇二四年九月二〇日）

第4章　配分的正義とメリトクラシー

——アリストテレス倫理学の視点から現代の道徳教育を捉え直す——

酒井健太朗

1　問題の所在

少なくとも西洋の歴史において、正義はいわゆる四枢要徳（勇気、思慮、節制、正義）の一つとして最重視されてきた。それは本邦においても、道徳教育の四つの視点中「C　主として集団や社会との関わりに関すること」の中で「公正、公平、社会正義」として、内容項目の一つとなっている。ただしここでは、単に正義ではなく「社会正義」と表記され、それが公正や公平という別の概念と並べられていることに注意する必要があるかもしれない。

本章ではこの「正義」に着目するが、その対象とする範囲は限定されている。すなわち、『中学校学習指導要領（平成二九年告示）』（以下、学習指導要領）における「公正、公平、社会正義」の説明と、それについての『中学校学習指導要領（平成二九年告示）解説　特別の教科　道徳編』（以下、『解説』）中の一つの記述——「各人に正当な持分を与える」——について考察する。[1] 本章中で見るように、この記述は伝統的に「配分的正義」と呼ばれてきた正義概念を示すものである。この配分的正義は、近年その不平等な性格を批判されている「メリトクラシー（能力主義、功績主義）」と同一視されることがあり、その同一視が正しいものであれば、配分的正義も不平等の誹りを免れないだろう。その場合、学習指導要領の説明と『解説』の記述の両者が問題を含んだものとなる。

本章は、配分的正義について哲学史上有名な定式化を行ったアリストテレス（Aristotelēs）の『ニコマコス倫理学』における正義論を参照し考察することで、配分的正義に対するこのような批判の妥当性を検討する。

2　学習指導要領及び『解説』における「公正、公平、社会正義」に関する記述とその問題点

「公正、公平、社会正義」と配分的正義

「特別の教科　道徳」の内容項目のうち、「公正、公平、社会正義」については、学習指導要領にて「正義と公正さを重んじ、誰に対しても公平に接し、差別や偏見のない社会の実現に努めること」と説明されている。ここで注目したいのは、『解説』における以下の記述である。

「正義を重んじ」るということは、正しいと信じることを自ら積極的に実践できるように努めることであり、「公正さを重んじ」るということは、私心にとらわれて事実をゆがめることを避けるように努めることである。道理にかなって正しいことを自ら認識し、それに基づいて適切な行為を主体的に判断し、実践しようとする意欲や態度をもつことである。正義とは、人が踏み行うべき正しい道筋や社会全体としての正しい秩序などを広く意味し、法にかなっていることや各人に正当な持分を与えるという意味もある。公正さとは、分配や手続の上で公平で偏りがなく、明白で正しいことを意味する。

正義を重んじることと公正さを重んじることが説明された後に、両概念そのものについて述べられている。重要なのは、正義について以下の二つの説明が行われている点である。

（a）「人が踏み行うべき正しい道筋や社会全体としての正しい秩序」
（b）「法にかなっていることや各人に正当な持分を与える」

先に挙げた『解説』の記述では、（a）が正義の広義の意味であり、（b）がより限定された意味として意図されているように思われる。このうち、公正や公平とより関係が深いのは（b）であり、とりわけその中でも「各人に正当な持分を与える」という記述がそうである。これは適切な「分配」をおそらく意味しており、公正さがこの観点から説明されているのは一目瞭然である。また、その分配は「公平で偏りがな」いものでなければならない。このように、（適切な）分配は公正及び公平と密接な関係を有する。それゆえ、『解説』における「各人に正当な持分を与える」という正義の規定は、この内容項目の核となることが理解される。

さて、「各人に正当な持分を与える」正義は、伝統的に「配分的（分配的）正義（distributive justice）」と呼ばれてきた。この「各人に正当な持分を与える」という規定の解釈が問題となる。持つべきものを持っていない人に何らかの補助を行うことも、優秀で多くの功績を上げた者に他の者よりも多くの報奨が与えられることも、共に「正当な持分を与える」ことだろう。

配分的正義とメリトクラシー

本章で注目するのはこの二種類のうちの後者である（前者については本節の最後で触れる）。「努力した者にはそれ相応の見返りがなければばならない」というこの思想は、近年しばしば批判される「メリトクラシー」と呼応する。そしてこのメリトクラシーは、正義という概念を掘り崩す危険性を秘めている。

そもそもメリトクラシー（meritocracy）とは、イギリスの社会学者であるヤング（M. Young）による造語である。サンデル（二〇二一）における解説の通り、これは能力や功績を意味するメリット（merit）「に基づいて、人々の職業や収入などの社会経済的地位が決まるしくみをもつ社会のことを意味する」（サンデル 二〇二一：三三八）。このような社会では当人の努力次第で正当な報酬が得られるだろうから、これは、生まれの身分差によってその後の人生が決まるアリストクラシー（貴族主義）よりも平等で公平なもののように思われる。しかし、努力するための才能や家庭環境を持つことができるかどうか、自分の努力の成果が適切に評価される社会に生まれるかどうかは、完全に「運」の問題だろう。このような偶然性に基づいた「功績」によって評価される社会は、はたして平等な社会なのだろうか。

メリトクラシーと類似する配分的正義もこのような批判の対象となり得る。「正当な持分を与える」際の「正当」さは、その者が他の者よりも努力し、優れた功績を上げることによって判断されるだろう。しかしこの努力や功績が運に基づいたものであれば、それに関する判断は「正当」なもの足り得るのか。

以上のことは『解説』に限られた話であり、大元の学習指導要領とは関係がないと考える人がいるかもしれない。しかし後述するように、配分的正義が正義論の重要な構成要素であることは歴史的な事実である。正義について述べておきながら、そこに配分的正義が含意されていないと強弁することは難しいだろう。さらに、運の問題に目をつぶるとしても、メリトクラシーないし配分的正義には別の問題もある。それは、このような社会における勝者が敗者を見下し差別するということである。サンデルが参照するように、学歴社会の勝者は、他の差別は許容しないにもかかわらず、学歴社会の敗者を容易に見下すという調査結果も存在する（サンデル 二〇二一：一四一～一四三）。もし配分的正義の議論が功績や学歴に関する差別を含意するのであれば、それは学習指導要領の「公正、公平、社会正義」に含まれる「差別や偏見のない社会の実現に努めること」という記述に抵触するだろう。つまり、正義を重んじることで差別が生まれることになる。したがって、事は『解説』のみならず、学習指導要領における内容項目そのものに関係してくるのである。

以上の批判が妥当なものであれば、道徳教育において配分的正義に関する事柄を扱うこと自体に問題があるだろう。ポイントになるのは配分的正義とメリトクラシーの同一視である。この両者が同一のものであれば先の批判が成り立つし、異なるものであれば配分的正義を教育することにそれほど問題は生じないかもしれない。

公正としての正義とメリトクラシー

先に示していた「持つべきものを持っていない人に何らかの補助を行うこと」としての配分的正義の理解につい

ても考察しておこう。これが関わるロールズ（J. Rawls）の「公正としての正義」は、川本隆史がまとめるように「平等な自由の原理」と「格差〔是正〕原理」および「公正な機会均等の原理」の二原理から構成され、このうちの「平等な自由」を最優先し、平等を増進する限りの「地位や所得の不平等」のみを認めるものである（ロールズ 二〇一〇：七七九）。『解説』の「各人に正当な持分を与える」という記述がこの公正としての正義を意図しているのであれば、それは格差を助長するメリトクラシーから距離をとるものかもしれない。(2)

しかし、例えばサンデル（M. J. Sandel）は、ロールズの公正としての正義という理念が持つ意義は認めた上で、そこで条件つきで許容されている不平等が「能力主義的おごり」へ崩れ落ちる可能性を想定している（サンデル 二〇二一：二一一～二一五）。そうなった場合、社会的分断が生じてしまうことは避けられないだろう。サンデルによれば、「自由市場リベラリズムと平等主義リベラリズムはともに、功績を正義の第一原理とすることを拒否するものの、結局のところ能力主義的傾向を共有して」おり、「とりわけ〔ロールズを含みうる〕平等主義的リベラル派」は「所得の不平等の主因として生来の才能に固執することで〔……〕その役割を誇張し、無意識のうちにその威信を増幅しているのである」（〔　〕内は筆者による補足）（サンデル 二〇二一：二二一～二二三）。

サンデルのこの批判が正しいものであれば、仮に『解説』の記述が公正としての正義を意図するものであったとしても、それはメリトクラシー的価値観を暗黙のうちに含むことで社会的分断を生み出す危険性を有する。そしてロールズは、自身の理論が配分的正義を前提とするものだと明言している（ロールズ 二〇一〇：一五～一六）。紙幅の都合上、公正としての正義の問題にこれ以上踏み込むことはできない。しかしこの問題に将来的に取り組むためにも、まずは配分的正義とメリトクラシーについて考察することが必要だろう。

3　アリストテレス『ニコマコス倫理学』における配分的正義に関する記述

『ニコマコス倫理学』の正義論

本章では、配分的正義とメリトクラシーの関係を考察する上で、古代ギリシアの哲学者アリストテレスに注目する。というのも、先の『解説』中の「正義とは〔……〕法にかなっていることや各人に正当な持分を与えるという意味もある」という記述は、『ニコマコス倫理学』における彼の次の主張を想起させるからである。

したがって、「正しいこと」とは「法にかなったこと」と「平等なこと」であり、「不正なこと」とは「法に反すること」と「不平等なこと」であることになる。（V 1, 1129a34-b1）(3)

アリストテレスはここで、正義と不正を、法と平等という二つの概念を用いて押さえている。この平等は後述のように（そして本章が最も注目するものでもあるのだが）「配分」に関わるものであるため、彼の正義観は「公正、公平、社会正義」に関する『解説』の説明と重要な点を共有している。それゆえ本章では、『解説』の説明を検討する際にアリストテレスの正義論を考察の手がかりとして用いることにする。

アリストテレスは『ニコマコス倫理学』第五巻の正義論において、まずは正義が他の徳とは異なり、「他者との関係における完全な徳」であり、「さまざまな徳のうちで最高のもの」であると述べる（V 1, 1129b25-29）。その上で、全体としての正義・不正と部分としての正義・不正を区別する。アリストテレスによれば、全体としての正義・不正は「法にかなったこと」と「法に反すること」であり、部分としての正義・不正は「平等なこと」と「不平等なこと」である（V 2, 1130b8-18）。前者が全体で後者が部分であることは、「法に反することのすべてが不平等なことではないが、不平等なことはすべて法に反する」という理由から説明される（V 2, 1130b12-13）。

アリストテレスの配分的正義

さて、配分的正義の議論はこの文脈で登場する。まず、先の全体と部分の観点からの正義の区別の後、アリストテレスは以下のように述べる。

> さて、部分的な正義、およびそれに基づく部分的な正しいことのうち、一方の種類は、名誉や財貨、そして国制をともに構成する者のうちで分かち合うような他の事柄の「配分《ディアノメー》」（こうした事柄においては、成員のある者が別の者と比べて、その所有が不平等だとか、平等だとかいうことが起こる）に関わるものであり［……］
>
> （Ⅴ 2, 1130b30-33）

本章で考察しない是正的正義が「是正的なもの」に関わるのに対し（Ⅴ 2, 1130b33-1131a1）、配分的正義はその名の通り「配分」に関わる。ここでは配分される対象について、「名誉」「財貨」「国制をともに構成する者のうちで分かち合うような他の事柄」と述べられている。

この配分的正義は、配分されるところの二人の人々と配分対象二つのものの、四項の間で成立するものである。これは「一種の比例的な関係」（Ⅴ 3, 1131a29）から説明されるものであり、例えば、Aさんは月三〇万円のサラリーを、Bさんは月二五万円のサラリーを獲得している時には以下のようになる。

A：三〇万円＝B：二五万円

A：B＝三〇万円：二五万円

この比例の根拠となるのは、Aさんは三〇万円に見合った働きを行い、Bさんは二五万円に見合った働きを行っているということであろう。これが配分的正義の核であり、アリストテレスはその事態を次のように説明している。

さらにこのことは、こうした配分がそれに見合ったもの《アクシアー》によることから明らかである。というのも、配分における正しさとは、何らかそれに見合ったものでなければならないことに、すべての人が同意するはずだからである。ただし、その場合の見合うものは同じだと誰も主張しているわけではなく――民主制擁護者は自由を、少数者支配制の擁護者のある者は富を、別の者は生まれのよさを、また優秀者支配制の擁護者は徳をその元にしている。

（V 3, 1131a24–29）

その内実は国制ごとに異なるものの、配分の基準が「見合ったもの」であると述べられている。この記述は、メリトクラシーと同一のことを示しているように思われるかもしれない。

実際に、「見合ったもの」の古典ギリシア語原語アクシアーをmeritと訳す翻訳が存在する（例えば、Broadie & Rowe 2002 : 162）。またフライシャッカーは、アクシアーをmeritと理解することで、アリストテレスの配分的正義の議論が「功績（merit）」に関係すると断言する（フライシャッカー 二〇一七：一九〜二一など）。さらに土橋も、アリストテレスの配分的正義は「完膚なきまでの能力主義に根差すもの」と評価する[4]（土橋 二〇一六：二六〇）。これらの解釈が正しければ、アリストテレスの配分的正義とメリトクラシーはほぼ同一のものとなるだろう。

4　アリストテレスの配分的正義はメリトクラシーか

「見合ったもの」の検討――自由、富、生まれのよさ

メリトクラシーと配分的正義は本当に同一のものなのだろうか。本章では、メリトクラシーという思想の特徴が「自身に値するものを自分の力だけで勝ち取る」という点に存するのであれば（例えば、サンデル 二〇二一：八九〜九〇）、それは、アリストテレスの想定する配分的正義と同一のものではあり得ないと主張したい。というのも、彼

が先の引用で「見合ったもの」の例として挙げている「自由」「富」「生まれのよさ」、そして「徳」という四種類のもののいずれも、その獲得には運が影響するからである。

順に見ていこう。まず自由については、アリストテレスの悪名高い奴隷論を参照する必要がある。自由人と奴隷についての彼の見解を精確に抽出することは困難だが、ここで注目したいのは、自由人に生まれついたとしても、その人が属する国が戦争に負けて奴隷となってしまう可能性にアリストテレスが言及していることである（*Pol.* I 6）。自由と不自由に偶然が影響する事実を彼は認めている。また、富と生まれのよさについては、両者とも「外的な善」とされていることが重要である(5)（I 8. 1099a31-b6）。この後に見る徳とは異なり、このような外的な善を有するかどうかは完全に運によって決定される。

「見合ったもの」の検討――徳

それでは、徳についてはどうだろうか。この言葉の古典ギリシア語原語であるアレテーは「卓越性（excellence）」を意味する言葉でもあり、配分的正義にメリトクラシーを読み取る論者が最重視するものであることが予想される。というのも、アリストテレスは他の三候補と異なり、徳が運に依存しないものと考えているように思われるからである（例えば、I 9. 1099b18-25）。そうだとすれば、徳こそは自力で獲得されるものであり、そのようなものを獲得した人にはそれに応じた待遇がなされなければならないだろう。

しかし実際には、徳の獲得に運が影響することをアリストテレスは認めているように思われる。彼の思想の中には、「教示《ディダスカリアー》」によって獲得される思考に関わる徳と、「習慣の積み重ね」によって獲得される性格に関わる徳が存在する（II 1. 1103a14-18）。前者が教育《パイディアー》に関係することは一見して理解されるが、後者についても幼い頃の「養育《トロペー》」が決定的に重要であると主張される（X 9. 1179b31-1180a1）。このような教育や養育の質や程度は先祖の富裕さに依存するだろう（*Pol.* IV 8. 1293b34-38, 1294a20-22）。そうすると、思考に関わるものであれ性格に関わるものであれ、徳の獲得に必要な教育ないし養育を受けられるかどうかは運次第ということになる(6)。

また、メリトクラシーの評価基準であるmeritが本来は能力ではなく功績を示すという理解が正しいとすれば（サンデル 二〇二一：三三二）、これを徳と同一視することはますますできない。というのも、徳とは行為の結果ではなく、そのような行為を行おうとする性向だからである。またアリストテレスは、そのような徳を適切に発揮して行為を行うためには、「裏方の支援」としての一定の外的な善、すなわち運が必要であると考えている（I 8. 1099a31-33）。メリトクラシーの擁護者が、功績としてのmeritが自分自身の力だけで獲得されたものだと主張するのであれば、meritと、それに基づいた行為と結果に運が必要である徳とは、異なる文脈に属する概念ということになろう。

徳はその獲得と発揮の両場面において、運の影響を強く受ける。それゆえ、この徳を含めた四基準を用いる配分的正義についても、その根底には運が作用しているだろう。他方、生まれの身分差を重視するアリストクラシーに対抗するものとしてのメリトクラシーは、その本質において、「どんな生まれでも、努力次第で報われる可能性がある」という主張を抱えている（サンデル 二〇二一：三六～三九、一六七～一七〇）。そこでは、運の影響力は可能な限り弱められなければならない。

したがって、配分的正義とメリトクラシーは、それらの運に対する態度によって異なるものである。

5　学習指導要領及び『解説』に対する提案

三つの対策案

これまでの考察は、アリストテレス的な配分的正義がメリトクラシーを必ずしも正当化し得るものではないことを示している。しかし、本章の議論から理解されるように、それら両者は簡単に結びつけられてしまうので（そしてそれは必ずしもすべてが間違いであるとまでは言い切れないため）、このような議論を道徳教育に取り入れる際には一定の対策を行う必要がある。例えば以下の三つの対策案が想定される。

①『解説』中の「各人に正当な持分を与える」及び「分配や手続の上で」という記述はそのままで、とりわけ生まれによる運や偶然性についての説明を追加する。

②『解説』中の「各人に正当な持分を与える」及び「分配や手続の上で」という記述を削除し、配分的正義に関する思想を排除する。

③学習指導要領から「（社会）正義」という文言を削除する。そうすれば、現代正義論やメリトクラシーの問題に巻き込まれずともすむ。また、無論この場合には『解説』からも（社会）正義に関する記述は削除される。

②については、先述したように正義と配分的正義の繋がりが強固であることから難しいだろう。また③については、正義が西洋において四枢要徳の一つとして伝統的に重視されてきたことからも、これそのものを削除することは望ましくないと思われる。

それゆえ、本章では①を推奨する。メリトクラシーに批判が向けられるのは、現実に存在する不平等を隠蔽し、見せかけの平等を担保しようとするその姿勢のゆえである。本章で参照してきた『解説』の記述は、メリトクラシーないしそれと同一視される限りでの配分的正義の負の側面を適切に示していない。鋭敏な感受性を持つ生徒たちは、そのようなものに即して行われる教育の欺瞞を容易に嗅ぎ取るだろう。それゆえ、社会正義を適切に「教育」するのであれば、現実から目を背けず、一定の不平等が確かに存在することを明記するべきであると思われる。

多元的な評価軸の必要性

重要なことは、とりわけ才能の不平等を認識した上で、多元的な評価軸を考案することでより広い意味における平等を追求することではないだろうか。再度アリストテレスの議論を参照すれば、彼は、国制ごとの異なる評価軸を提示する『ニコマコス倫理学』とは異なり、『政治学』では一つの国の中で異なる評価軸が存在する可能性を次のように認めている。

ところで、国家の存立という観点からすれば、以上のもののすべてか、あるいは少なくともそのいくつかは〔公職を〕要求するための正しい根拠となると思われるが、善き生という点からすれば、先にも述べたように、とりわけ教育と徳こそが正当な根拠となると思われるだろう。とはいえ、ただ一つの点でのみ等しい人々があらゆるものを平等に手にすることも、ただ一つの点で等しくない人々があらゆるものを不平等に手にすることもあってはならないのだから、そのようなことを認める国制はどれも必然的に逸脱した国制である。

(*Pol.* III 13, 1283a23–29)

ここでは、例えば、自由という点だけで等しい人々が等しい財産を受け取ることや、財産額という点だけで異なる人々が異なる自由の程度を享受することが禁止されている。このような主張が「とりわけ教育と徳こそが正当な根拠となると思われる」という文章の直後に登場していることは、他の三条件に比べて徳を特別扱いすることが多いとはいえ、徳の有無によって取り扱いのすべてが決定されるべきではないとアリストテレスが考えていることを示唆するだろう。彼は、徳の重要性を前提とした上で他の三条件も決して無視しない。アリストテレスの時代と異なり、現代において、生まれのよさや富、自由を徳に並ぶ評価軸とすることは無論できないが、「メリトクラシーの専制」に抗うためにも、我々の社会が多元的な評価軸を有しておくこと自体は必要であろう。

6　道徳教育はいかにあるべきか——アリストテレス倫理学を参照軸として

本章でここまで述べてきたように、運や偶然性を取り入れた議論を展開することは、学習指導要領や『解説』の他の箇所にも影響を及ぼすかもしれない。例えば「公正、公平、社会正義」と同じく「C　主として集団や社会との関わりに関すること」に含まれる「勤労」については、学習指導要領にて「勤労の尊さや意義を理解し、将来の生き方について考えを深め、勤労を通じて社会に貢献すること」と規定された上で、『解説』では「自らの内面にある目的を実現するために働く」とか「働くことの喜びを通じて生きがいを感じ」るよう求められる。しかし現実においては、様々な要因から、やりたくない仕事をやらざるを得ない多くの人々が存在する。このような人々にも「勤労の尊さ」の理解や目的の実現及び生きがいの実感を求めるのだろうか。また、「D　主として生命や自然、崇高なものとの関わりに関すること」に含まれる「よりよく生きる喜び」についても、学習指導要領にて「人間には自らの弱さや醜さを克服する強さや気高く生きようとする心があることを理解し、人間として生きることに喜びを見いだすこと」と規定されている。『解説』では「様々な誘惑に負け」ることで弱さや醜さを克服できない可能性が示されているが、必ずしも自分自身に責がないような生育環境等の様々な事情から、それを達成できない人々もいるだろう。これらの内容項目では、人間が不可避的に関わらざるを得ない運や偶然性が可能な限り排除されているように思われる。

むしろ、適切な道徳教育においては、「地に足のついた」現実的な価値観を示すことが重要ではないだろうか。無論、何かしらの理想や理念を掲げることは教育に不可欠なことであろう。しかし、それらをただ掲げるだけでは、とりわけ道徳のように、我々の日常的な価値観と密接に結びついた事柄を教育するには不十分であろう。その際、一定の理念を示しつつ、我々の現実への目配りを忘れなかったアリストテレスの議論を参照することは、今回論じた正義論を超え、道徳教育のあり方そのものへの再考を促してくれると思われる。(7)

注

（1）『小学校学習指導要領（平成二九年告示）解説　特別の教科　道徳編』には、正義についてのこのような記述は存在しない。

（2）本章のもととなった発表を研究会で行った際に、山田真由美氏（北海道教育大学）と荒木寿友氏（立命館大学）からこの指摘を受けた。

（3）アリストテレスの著作を参照・引用する際には、慣例に従い、著作名の他に巻、章、ベッカー版のページ数及び行数を示す（『ニコマコス倫理学』については著作名を省略し、『政治学』については *Pol.* という略号を用いる）。引用の際には岩波書店の新版アリストテレス全集を参照したが、『ニコマコス倫理学』については Bywater（1894）を、『政治学』については Ross（1957）を底本として訳文や訳語を断りなく変更した箇所もある（古典ギリシア語に関しては原語をカナルビで示した）。

（4）ただし土橋は、「付帯的価値」に基づく配分的正義は、「人間としての正しさへと至る考察の途上にあるものにしか過ぎない」と述べることで（土橋 二〇一六：二六一）、アリストテレス正義論の不平等的側面を擁護しようとしている。

（5）両者は「幸福（エウダイモニアー）」との関係で異なる。参照箇所では、富は幸福に「必要」とされているが、生まれのよさについてはあった方がより望ましいものに過ぎないと述べられている。

（6）アリストテレスは『政治学』において、他の三候補と並べて徳ではなく「教育」を提示することがある（例えば、*Pol.* IV 12. 1296b17–19）。これは、徳と教育が不即不離の関係にあることを示唆するだろう。

（7）本章のテーマについては、酒井（二〇二四）の第一二章「メリトクラシー」でも論じた。そこではプラトン（Platōn）やイソクラテス（Isocratēs）と並ぶ古代ギリシアの教育思想家の一人としてのアリストテレス、そしてヤングやサンデルを参照しながら、教育とメリトクラシーに関する一般的な事柄を考察し、その過程の中でメリトクラシーの基盤としての配分的正義というアイデアに触れている。他方、本章では、その両概念の関係をアリストテレスのテクスト解釈を通じてより原理的に論じている。ただし両者は、メリトクラシーの含む問題を考察する際、価値観や評価軸の「多元性」が重要であるという主張を共有している。

参考文献

アリストテレス（神崎繁訳註）（二〇一四）『ニコマコス倫理学（新版アリストテレス全集第一五巻）』岩波書店。

アリストテレス（神崎繁・相澤康隆・瀬口昌久訳註）（二〇一八）『政治学（新版アリストテレス全集第一七巻）』岩波書店。

酒井健太朗（二〇二四）『教育の思想と原理――古典といっしょに現代の問題を考える』晃洋書房。

サンデル、M（鬼澤忍訳）（二〇二一）『実力も運のうち――能力主義は正義か？』早川書房。

土橋茂樹（二〇一六）『善く生きることの地平――プラトン・アリストテレス哲学論集』知泉書館。

フライシャッカー、S（中井大介訳）（二〇一七）『分配的正義の歴史』晃洋書房。

ロールズ、Ｊ（川本隆史・福間聡・神島裕子訳）（二〇一〇）『正義論　改訂版』紀伊國屋書店。
Broadie, S. & Rowe, C. (2002) *Aristotle Nicomachean Ethics: Translation, Introduction, and Commentary*. Oxford University Press.
Bywater, I. (1894) *Aristotelis Ethica Nicomachea*. Oxford University Press.
Ross, W. D. (1957) *Aristotelis Politica*. Oxford University Press.

［付記］　本章は、JSPS 科研費 JP20K02870 の助成を受けたものである。

第5章　道徳的価値の理解と自覚

小池孝範

1　道徳教育における自覚について

学校教育における「自覚」の用法

一九九八（平成一〇）年告示の小学校学習指導要領で、道徳の時間の目標に「道徳的価値の自覚を深め、道徳的実践力を育成するものとする」と「自覚」の語が加えられた[1]。しかし、この文言が「多様な解釈を生んだ」ことから、二〇一五（平成二七）年の一部改正に伴う「道徳科」の目標では、「具体的な学習活動、つまり『道徳的諸価値についての理解を基に、自己を見つめ、物事を多面的・多角的に考え、自己の生き方についての考えを深める学習』に変更」されており[2]（荒木 二〇二二：二五二）、道徳科の目標から「自覚」の語は消えている。

とはいえ、学校教育において「自覚」が軽視されているわけではない。二〇一七（平成二九）年告示の学習指導要領では、総則、国語科、社会科、生活科、家庭科、外国語科、道徳科、特別活動の中で、小学校では一九回、中学校では二〇回用いられている（以下、小：回数／中：回数の形で示す）。その用法について見ると、「日本人」「国民」「地域社会の一員」など「としての自覚」が最も多く（小：七回／中：一〇回）、次いで、「国語」や、他国や文化の「尊重」などについての「大切さの自覚」（小：四回／中：四回）が教科等を問わず用いられ、また、教科・領域限定の用例として、特別活動の「役割についての自覚」（小：四回／中：二回）、中学校社会科の「国民の政治的自覚」などがある。そしてこれらと異なった用法が、生活科、家庭科に見られる。生活科では、指導計画作成の配慮点の中で、幼児期の学びからの転換にあたって、「主体的に自己を発揮しながら、より自覚的な学びに向かうことが可能となるようにすること」とし、「自覚的な学び」として「自覚」が用いられている。家庭科では、「内容」の中で「自分の成長を自覚し、家庭生活と家族の大切さや家庭生活が家族の協力によって営まれていることに気付くこと」となっている。なお、道徳科における自覚は、「内容」の中で、小学校については第五・六学年で「集団の中での自分の役割を自覚して」と、「日本人としての自覚をもって」という形で見られる。中学校では、「家族」「学級や学校」「地域社会」「の一員としての自覚」、「日本人としての自覚」が用いられているが、これらは国語科や社会科等での自覚と同様の用法である。

以上のことからも、自覚は様々な意味を含んで用いられているといえようが、一般的な意味について『精選版日本国語大辞典』で確認してみると、「㊀仏語。三覚の一つ。自ら迷いを断って悟りをひらくこと。↕覚他」「㊁哲学、心理学で、自我や自分の行為を意識すること。自分のもっている知識が真理かどうかを反省し、吟味すること。自分をはっきりつかむこと。また、一般に、自分自身の置かれている状態や、能力、価値、使命などを認識すること。自己意識」「㊂自分の知覚で捉えること」という三つの意味が示されている（小学館 二〇〇六：一二三六）。これらを整理すると、①仏教語としての自覚、②哲学・心理学用語の翻訳としての自覚は、②―A哲学・心理学用語としての自覚、②―Bそこから一般化された意味での自覚、③さらに広義で、自分の知覚で捉えること全般の意味での自覚、と、四つの一般的意味に分類できるだろう。

この分類に基づいて、学習指導要領における用法を確認すると、「日本人」「国民」など「としての自覚」や、「大切さ」「役割」など「の自覚」等は、②―B「自分自身の置かれている状態や、能力、価値、使命などを認識すること」の意味で用いられている。また、生活科、家庭科における自覚は、自己調整しながら学習を進めていくことを先に見据えているという点で、②―Aの「反省、吟味」の意味を一部含みながらも、②―B「自分自身の置かれている状態を認識すること」に主眼を置いた用法であるといえるだろう。

道徳教育の目標と「自覚」

一九九八（平成一〇）年告示の学習指導要領で、道徳の時間の目標に新たに加わった「道徳的価値の自覚」の意味について、荒木寿友は「一つ目が道徳的価値の理解とそれに伴う人間理解と他者理解、二つ目が自分との関わりのなかで道徳的価値を捉えること、三つ目が道徳的価値を自分なりに発展させていくことへの思いや課題を培うこと」の「三つの事柄」を含意している、と整理する（荒木 二〇二一：二四八）。この一九九八（平成一〇）年告示の学習指導要領では、中学校の道徳教育全体の目標の中で、「生徒が人間としての生き方についての自覚を深め」と自覚の語が用いられている。

二〇〇八（平成二〇）年告示の学習指導要領では、小学校の道徳の時間の目標で「道徳的価値の自覚及び自己の生き方についての考えを深め、道徳的実践力を育成するものとする」と、一部文言が追加されたが、「道徳的価値の自覚」はそのまま引き継がれている。なお、中学校の道徳教育全体の目標については「道徳的価値に基づいた」の文言が、「人間としての生き方についての自覚」の前に追加されている。

二〇一五（平成二七）年の一部改正学習指導要領では、「多様な解釈を生んだ『道徳的価値の自覚』『道徳的実践力』という文言を具体的な学習活動、つまり『道徳的諸価値についての理解を基に、自己を見つめ、物事を多面的・多角的に考え、自己の生き方についての考えを深める学習』に変更」されている（荒木 二〇二一：二五二）。「自覚」に対応する内容は「理解」へと置き換えられ、また、中学校の道徳教育全体の目標でも「自覚」は用いられていない。

以上、一九九八（平成一〇）年以降の学習指導要領における道徳教育に関する「自覚」の用法と、道徳科／道徳の時間の目標における「自覚」の内容について整理し、現在の道徳科の目標には自覚が含まれていないことを確認した。しかし、「自覚」を道徳教育の根本に据え、より大きな目標に位置づけようとする見解もある。

梶田叡一は、「道徳的判断力、道徳的心情、道徳的態度と実践意欲、という三つの視点に分析して捉え」る「道徳性」についてのアプローチについて一定程度評価しながら、「しかし、これからの道徳教育の目指すべき方向として『人間としてのあり方の自覚』が強調されている現在、こうした三つの視点を支える土台として、『自覚』という視点を位置づけておくことが、どうしても必要であろう」としている。その際、梶田は「自覚」について「自分自身についての単なる反省」や「単なる意識化、対象化」ではなく、「自分自身の置かれている状況をよく認識し、それとの関係において自分自身の現実のあり方を吟味検討し、それを足場として他の人のあり方にも目を向け、そうした過程を通じて自分についても他人についても当てはまる『人間としての望ましいあり方』に気づき、それを一つの信念として育てていって、ものの考え方や行動の仕方、生活の仕方のすべてが、その信念に基づいて行われるようになる、ということ」であり、こうした意味での「自覚」を「人間教育の究極の目標」と位置づけている(3)（梶田 一九九四：二五〇～二五一）。

「自覚」で立項している『哲学中辞典』では、自覚について「自己を知ること。自知には知る自己と知られる自己の区別が伴う。前者は本来的自己、後者は日常的自己とも言われる。本来的自己とのかかわりにおいて自己を知ることが自覚である。しかし本来的自己は根底において自然・社会・歴史とのつながりを含む」としている（小田 一九八三：一八六～一八七）。こうした説明をふまえると、「自覚」を「自分自身についての単なる反省や意識化、対象化」ではなく、自分自身のあり方の吟味をふまえつつ、他者へと向かっていくとする梶田の定義は、原義である哲学的な意味での自覚を意識したものであるといえる。走井洋一は、ゲゼルシャフトたる近代社会においては「自立的で主体的な自己のあり方が人間一人ひとりの権利と自由を保障することにつながった一方で、社会に自らの根拠を見出すことができ」ず、「自己の存在不安」がもたらされることになったとする。さらに、こうした時代状況の中で、「道徳の授業は自己を見つめることを志向していながら、それを通じて、自己を見失うことにつながっている」のではないかと指摘している（走井 二〇二二：一二八～一三〇）。こうした分析をふまえるならば、自己のあり方を吟味しつつ、他者へ向かっていくものが自覚であるとする梶田の見解は、約三〇年前のものではあるものの、自己を見失う方向が示唆される現在の状況において、傾聴に値するものであろう。

本章では、以上のような時代分析や問題提起をふまえ、「自己を見つめること」を尖鋭化した「自覚」と道徳教育の関係を原理的に検討することを通して、道徳的価値の理解と道徳性を養うことの関係性を検討していきたい。

2 「人格の完成」と道徳

道徳教育と人格

文部科学省に設置された「道徳教育の充実に関する懇談会」による二〇一三年の「今後の道徳教育の改善・充実方策について（報告）」では、「道徳教育には、体系的な指導によって道徳的価値に関わる知識・技能を学び教養を身に付けるという従来の『教科』に共通する側面と同時に、自ら考え、道徳的行為を行うことができるようになるという人格全体に関わる力を育成するという面をもっていると整理」されている（貝塚 二〇二一：一一五）。また、『学習指導要領（平成二九年告示）解説 特別の教科 道徳編』では、小・中学校共に、評価に関する箇所で「道徳科」は、「児童（生徒）の人格そのものに働きかけ、道徳性を養うことを目標とする」とし、『解説』においては、道徳科と人格との関係について触れられている。

教育基本法では、教育の目的として「人格の完成」を目指すことが示されている。この人格の完成は、先に触れた梶田の表現をふまえると「人間教育の究極の目標」としての性格をもつものであるという点で「自覚」とも関わるものである。そこで、教育基本法における「人格の完成」について、道徳教育との関連をふまえつつ検討してみたい。なお、教育基本法は二〇〇六年一二月に全部改正されているものの、文部次官通知において、第一条は「旧法第一条に引き続き規定したこと」が趣旨として示されていることから[4]、旧法成立時の解説等をもとに「人格の完成」について検討してみたい[5]。文部科学省「教育基本法資料室へようこそ！」では、第一条「教育の目的」に関する部分で、「人格の完成」と「心身ともに健康な国民の育成を期すること」の二つが目的であるとした上で、「人格」には価値が含まれており、それゆえ、「人格の完成」には道徳的な意味が含意されていることを示し、また、「制定時の帝国議会答弁」をふまえつつ、「人格の完成」には様々な「徳目」が包含されているとしている[6]。

「人格の完成」と道徳教育

続いて、教育基本法（旧法）の成立に深く関わった田中耕太郎の『教育基本法の理論』をもとに、教育の目的としての「人格」について確認してみたい。田中は、「人格（Persönlichkeit, personality）とは、自然的人間とは異なった観念である」とした上で、「人間が他の動物と異なって備えている品位ともいうべきものである。従ってそれは自然的人間あるいは人間の物理的心理的面を意味するものではない。この意味の人格は個性（individuality）から区別される」とし、個人の徴表としてではなく、一定の普遍性をもったものであることを示している。人格と個性の違いについては、ドイツの教育方法の改革者であるガウディッヒ（H. Gaudig）の議論をふまえつつ、「個性はいわば自然的なもので、価値盲目的である。個性は gegeben すなわち『与えられたもの』である。これに反して人格は人生の目的を前提とし、価値概念に関係している。それは単に存在するものではなく、aufgegeben すなわち『課題とされたもの』である」と整理し、さらに、「ガウディッヒが人格を以て『個々的な力の発展』としたのは、単なる自然的素質を伸長するというのではなく、それを価値に従って規整調節し、それに正しい方向を与えることに人格の本質をみとめた」とし、「人格」が価値を含んだものであるとしている（田中 一九六一：七二〜七四）。こうした田中の見解をふまえるならば、「道徳」教育の目的、目標と「人格」は密接な関係にあるといえよう。

では、道徳の目的としての「人格の完成」はどのように位置づけられるだろうか。田中は究極的な意味での「完成された人格の像は神でなければならない」としつつも、第一条で示されるのは、「現世的な、比較的卑近かつ控えめな人間像」であり、「教育的立場における人格の完成はそれ自体として不完全であり、宗教的意味におけるそれの一段階一過程と考えられ」、「教育者は自らの使命の限界を自覚しなければならない」としている（田中 一九六一：八〇）。カトリックの信仰をもつ田中耕太郎の宗教的背景もふまえる必要があろうが(7)（久保ほか 二〇〇一：五〇二）、「人格の完成」が達成目標でないという点については、現行の教育基本法でも、基本的にはこの方針をふまえているといえるだろう。また、二〇一七年の『学習指導要領（平成二九年告示）解説　総則編』では小・中学校共に、道徳性については「人間としての本来的な在り方やよりよい生き方を目指して行われる道徳的行為を可能にする人格的特性であり、人格の基盤をなすもの」としており、『解説』ではあるものの、田中や教育基本法制定時の人格理解に準じた位置づけになっている。

3　「自覚」について

西田幾多郎における「自覚」の意味

本章では、道徳的価値の理解と自覚の関係を主題とすることから、以下では、「知る」ということとの関係をふまえつつ、自覚の原義である仏教の用法と関連づけながら哲学的に論じた西田幾多郎の思想をもとに検討したい(8)。

西田は、「真の自覚はむしろ意志活動の上にあって知的反省の上にない」とし（西田 二〇〇二：二四二）、「知的反省」と「自覚」を区別する。さらに、「知る」ということには「対象認識の方向」と「自覚の方向」という「相反する二つの方向」があり、この二つの方向の間に、「限定的判断による自然界の認識」と「自覚的形式の方向に傾い」ている「反省的判断による合目的的世界の認識」、さらに、「心理的現象界の認識」や「歴史的世界の認識」など、「対象的認識」ではあるが「更に一層自覚の形式に近づいたもの」など、種々の立場を認める。そしてこれらの立場は「単に同一の方向を進めたものではなく、新たなる立場を加えていく」ものであり、「一々の場合に立場の超越があるということもできる。しかし超越といっても、知識の外に出て行くということではない、すべてが自覚の中に包まれているのである」としている（西田 一九八七：一五七）。

西田は、「自覚」は「対象的に認識することではな」く、真の自己同一の意義をもつものであるとした上で、「自己同一というのは、対象的に自己を同一として認識するということではな」く、「真の自己同一の意義は、……作用の自覚（作用の作用）の方向に求めて行かねばならない」ものであり、「真の自覚の意識は述語的一般が無となること、即ち真の無の場所に求めなければならぬ」という（西田 一九八七：一五七〜一五八）。「自覚」は「自己同一」を含みつつ、方向としては「作用の自覚」としての「作用の作用」の方向に向かうこと、すなわち、自己の根底に向かっていくことになる。その場合、その方向は内向きであって、道徳の前提となる他との関係は看過されるようにも思われる。しかし、「自己が自己において自己を見る」ことであるともいわれる「自覚」においては、「自己が自己において絶対の他を見ると考えられるとともに、その絶対の他は即ち自己であることを意味していなければならない」とし（西田 一九八七：三一二）、「他」を対象認識の方向の先にではなく、自覚の方向、自己の根底に見る。具体的には、自己は、自己の根底に於いて絶対の他を見ることによって、自己と他が相見えることができるといえよう。

こうして「自己の底に絶対の他を見ると考える時、その内容はいわゆる知識的であることはでき」ず、逆に、「知識が成立」するのは「瞬間が瞬間自身を限定する瞬間的限定の尖端が止められる」時である（西田 一九八七：三一四〜三一五）。一方、「自覚の方向」において、「自己の中に無限に自己自身を限定する他を見ると考えられる時、即ち現在の底に無限に自己自身を限定する現在が考えられる時、その内容は何処までも知識的に限定することのできないものでなければならない。かかる内容が我々に情意の内容と考えられるものである」としている（西田 一九八七：三二五）。この方向では、自己自身は動的なものとして、無限に限定されていくことになる。

また、「情意」において「見る」ことについて西田は、「情意の内容というのは物を物として見るのではなく、物を我として見ることによって、物を人格化することによって、我々が物に対して有つ我々の自己限定の内容である」とする。そして、ここでの「物の見方は物を外に見るのではなく、物を内に見るということ」、「自己の底に他を見、その他が自己であるという私のいわゆる真の直観と考えられるものでなければならない」（西田 一九八七：三一五）。すなわち、物を対象とするのではなく、「物を人格化」することを前提とし、そこで「見る自己」を含んで捉えていくことが自覚であり、真の直観であるとしている。

自覚に至る具体的な契機について西田自身は明確に示していないが、上田閑照は西田の議論をふまえつつ、「厳密な意味における『自覚』を言うとき、さしあたっては『無自覚』という欠如態が私たちの現実」であり、「そして『無自覚』に気づくという仕方で自覚がはたらきはじめ、『真の自己』という問題に目覚める」としている（上

田 二〇〇〇：一三九〜一四〇)。

以上、西田の議論をもとに、知識的理解と自覚の違いを確認してきたが、この「自覚」は「覚他」へと展開していくものであり、こうした捉え方は、仏教語としての自覚に由来する。そこで以下では、仏教語としての「自覚」を検討してみたい。

「自覚」から「覚他」へ——仏教からの道徳教育への示唆

仏教語としての自覚は、仏の悟りの三つの相である自覚・覚他・覚行窮満の一つに位置づけられ、一般には、「〈自覚〉とは元来、釈尊の菩提樹下の悟りをさし、〈覚他〉(他を覚らせる) は鹿野園での初転法輪以後、入滅に至るまでの教導を指す。前者は智慧の完成、後者は慈悲行の完成で、仏はこの智慧と慈悲の両面が完全であるので〈覚行窮満〉とされる」と説明される (中村ほか 二〇〇二：八六七)。以下では、行の実践に即して「覚知」と関連づけながら主題化している道元の思想から自覚／覚他について整理してみたい。道元は、仏法は「打坐して身心脱落すること」によって正伝してきたものであることを示した上で、次のようにいう。

> 心境ともに静中の証入、悟出あれども、自受用の境界なるをもて、一塵をうごかさず、一相をやぶらず、広大の仏事、甚深微妙の仏化をなす。この化道のおよぶところの草木、土地ともに大光明をはなち、深妙法をとくこと、きはまるときなし。草木牆壁はよく凡聖含霊のために宣揚し、凡聖含霊はかへって草木牆壁のために演暢す。自覚、覚他の境界、もとより証相をそなへてかけたることなく、証則おこなはれておこたるときなからしむ。
> (道元 一九九〇：一五、一七〜一八)

修行 (修) と悟り (証) とは一体であり、そこでの自覚は、そのまま仏法を説くこと、教化・化導として覚他になり、また、その対象は人間だけではなく草木や牆壁《しょうへき》にも及び、それらによって人間も逆に教化・化導されるとしている。むろん、宗教的実践である打坐を前提とし、修行と一体となった悟りを目的とする道元の思想を、道徳教育の実践にそのまま援用することはできない。そこで再び西田幾多郎を参照しつつ、道徳教育へと架橋する端緒を探りたい。

自覚から覚他への展開について、西田幾多郎は「応答」という語を用い、「私は汝の表現に没入すること」や「感情移入によって汝を知る」のではなく、「私は汝が私に応答することによって汝を知り、汝は私が汝に応答することによって私を知るのである。私の作用と汝の作用とが合一することによって私が汝を知り汝が私を知るのではなく、互に相対立し相応答することによって相知るのである」とする（西田 一九八七：三一八）。私と汝は「相対立」しながら、しかしその根底における相互の作用の合一によって相応答し、相知るのである。

こうした「応答」の尖鋭的なあり方の一つが禅の問答であろう。問答は、修行者と指導者である師の間で「自己本来の面目の目覚めと真実仏法の挙揚」を目的として行われ（中村ほか 二〇〇二：一〇一〇）、師と弟子の間での「対話」として展開される。この「対話」としての「問答」は、「自覚」の契機であると同時に、自覚のありようを確認する意味をもつ。上田閑照は、「問答」に展開する「対話」が可能となる基礎について、挨拶を例として次のようにいう。挨拶の際、我々は「互いに頭を下げておじぎをする」。ここで「双方ともに『間』の深みに自分を無にする」。「そこから身を起こして……あらためて向かい合い、そこではじめて『我と汝』に」なり、そこから対話が始まる（上田 二〇〇〇：一一六）。

以上、覚他への展開を内包する、仏教語としての自覚のあり方について検討してきたが、私たちの現実的なあり方、学校教育に敷衍し得る方法と契機としては、「対話」と「無自覚への気づき」の二点が挙げられよう。以下、こうした点をふまえつつ、道徳教育としての展開の可能性について検討したい。

4　道徳的価値の理解と自覚について

道徳教育の充実に関する懇談会の報告では、道徳教育に「体系的な指導によって道徳的価値に関わる知識・技能を学び教養を身に付ける」という面と、「自ら考え、道徳的行為を行うことができるようになるという人格全体に関わる力を育成するという面」の二つがあることを示している。前者は「道徳的価値の理解」を意味し、「対象認識の方向」において「知る」ことに位置づけられ、後者は「自覚的形式の方向」に傾いたものに位置づけられるだろう。西田はこの二つの方向の間に種々の立場があることを示しているが、こうした見方は、道徳的価値についての理解と道徳的実践とを二項対立的に捉えるのではない、新たな可能性を示唆するものであろう。また、これら種々の立場の関係は、「一々の場合に立場の超越」があり、その「すべてが自覚の中に包まれている」ものであった（西田 一九八七：一五七）。「無自覚に気づくという仕方」によって「『真の自己』という問題に目覚めること」（上田 二〇〇〇：一四〇）によって、この超越が可能であるとすれば、無自覚の自覚をどのように促すかが道徳教育の課題となるだろう。

梶田は、自覚の実現は大人であっても容易ではないとした上で、それでも「『自覚』を目指して自ら努力している教師のみが、子どもに『自覚』を育てていく指導をすることができる」のではないかとしている（梶田 一九九四：二五二）。二〇一七（平成二九）年告示の「中学校学習指導要領」では「人間としての弱さを認めながら、それを乗り越えてよりよく生きようとすることのよさについて、教師が生徒と共に考える姿勢を大切にすること」を道徳科の指導上の配慮として示している。ここでいわれる「人間としての弱さ」を認めるためには、自己の弱さを見つめ、そのことに無自覚であった自己のあり方に気づき、そのあり方を乗り越えていこうとすること、すなわち、自覚を目指していくことが教師にも必要となる。教師がこうした姿勢に基づいて、児童生徒と共によりよく生きていくことを目指していくことは、児童生徒の自覚（教師の側からは覚他）を促していくことに繋がるだろう。

ただし、教師の姿勢によって示していくことを、意図的・計画的に実施することは容易ではない。自覚から覚他への展開の契機として「対話」が挙げられたが、その構成要素である「向かい合う」ことを重視することが意図的・計画的な教育、とりわけ、「考え、議論する道徳」の授業づくりが求められている道徳科では、より重要になっていくだろう。

西田幾多郎や道元における対話の展開では、「純粋経験」(西田)と「身心脱落」(道元)が前提され、そこには体験の共有が含意されているが、これを学校教育に敷衍して考えると、現実的な道徳的課題を教師が児童生徒と共有していくことなどが挙げられるだろう。ただし、体験の共有だけでは自覚へと展開することはできない。梶田は体験としての「活動自体から少し身を離して、その活動が自分に与えてくれるものを吟味・確認していかなくては、体験としての深まり、経験としての蓄積は期待できない。活動や体験が教育性を持つかどうかは、こうした意味の見返りの有無による、といわざるをえない」としているが(梶田 一九九四:二五三)、こうした体験を吟味・確認し経験としていくこと、「体験の経験化」を促すことが教師には求められるであろう。

以上、道徳教育における自覚のあり方について、教育の目的である人格の完成をふまえつつ、道徳的価値の理解との関係と関連づけながら検討してきた。ただし、本章では原理的な検討にとどまっている。その具体的な展開については今後さらに検討する必要があるだろう。

注

(1)　中学校については、一九八九(平成元)年告示の学習指導要領から道徳の時間の目標に「道徳的価値及び人間としての生き方についての自覚を深め、道徳的実践力を育成する」との文言が加わり、二〇〇八(平成二〇)年告示の学習指導要領まで同様の表現が用いられている。

(2)　「道徳的価値の自覚」については、中央教育審議会の道徳教育専門部会の中で議論が交わされたが、「異なった教育観」が伏在しており、「問題解決」には至らなかったとされる(馬場 二〇二二:一六〇〜一六一)。

（3）　一方、「自覚」の語が「国民総動員体制の構築」に向け、「自発的能動的に国策にしたがって行為するように動員した、『自覚せしむる』生のテクノロジー」として作用したことから、戦後、「胡散臭さ」を有するものとして捉えられていたとも指摘される（矢野 二〇二一：一一〇）。

（4）　文部科学省「教育基本法の施行について（通知）」（一八文科総第一七〇号）。

（5）　法解釈にあたっては立法者意思説と法律意思説があり、「必ずしも立法者の意思にとらわれず、法規そのものをもととして解釈をしていかなければならない」とされているものの（伊藤・加藤 二〇〇五：七五）、教育の理念を示している教育基本法の性格に鑑み、立法者意思説で検討する。なお、旧法と新法の教育の目的の異同については、紺野（二〇二四）が詳しい。

（6）　文部科学省「教育基本法資料室へようこそ！」。https://www.mext.go.jp/b_menu/kihon/about/004/a004_01.htm（最終閲覧日：二〇二四年一月三〇日）

（7）　なお、「人格の完成」は、当初は「人間性の開發《ママ》」であり、修正にあたっては田中耕太郎の意向が働いたとされている。修正の理由として、「人間性」が「動物と共有する野性的なものを含むように考えられやすい」こと、「開発」には「普遍的な物からの価値評価」が含まれていないことなどが挙げられている（教育法令研究会 一九九八：六二）。

（8）　矢野智司は、「自覚」が『善の研究』以後の「西田哲学のキーワードの一つ」であり、「純粋経験の自発自転」から「自己が自己に於いて自己を見る」と構造化され、「自己が自己を知る場所」が後に「無の場所」となった、と概括している（矢野 二〇二一：一〇〇）。

参考文献

荒木寿友（二〇二二）「目標」道徳教育学フロンティア研究会編『続・道徳教育はいかにあるべきか――歴史・理論・実践・展望』ミネルヴァ書房。

伊藤正己・加藤一郎編（二〇〇五）『現代法学入門〔第四版〕』有斐閣。

上田閑照（二〇〇〇）『私とは何か』岩波書店。

小田清治監修、小林一郎・近藤功編（一九八三）『哲学中辞典』尚学社。

貝塚茂樹（二〇二一）「戦後教育と『特別の教科　道徳』の成立――その歴史的意義と課題」道徳教育学フロンティア研究会

編『道徳教育はいかにあるべきか――歴史・理論・実践』ミネルヴァ書房。

梶田叡一（一九九四）『教育における評価の理論Ⅰ　学力観・評価観の転換』金子書房。

教育法令研究会著、平原春好責任編集（一九九八）『教育基本法の解説（教育基本法制コンメンタール一）』日本図書センター。

久保義三・米田俊彦・駒込武・児美川孝一郎編著（二〇〇一）『現代教育史事典』東京書籍。

紺野祐（二〇二四）「教育基本法第一条『教育の目的』に関する一考察――その解釈の歴史を踏まえて」『東北学院大学教育総合研究所報告集』第二四集。

小学館編（二〇〇六）『精選版　日本国語大辞典　第二巻』小学館。

田中耕太郎（一九六一）『教育基本法の理論』有斐閣。

道元（水野弥穂子校注）（一九九〇）『正法眼蔵（一）』岩波書店。

中村元・福永光司・田村芳朗・今野達・末木文美士編（二〇〇二）『岩波　仏教辞典　第二版』岩波書店。

西田幾多郎（二〇一二）『善の研究』岩波書店。

西田幾多郎著、上田閑照編（一九八七）『西田幾多郎哲学論集Ⅰ　場所・私と汝』岩波書店。

走井洋一（二〇二二）「道徳教育を基礎づける新たな社会像の構想」道徳教育学フロンティア研究会編『続・道徳教育はいかにあるべきか――歴史・理論・実践・展望』ミネルヴァ書房。

馬場勝（二〇二二）「『考える道徳』に向けた議論における授業論（指導方法論）に関する考察」道徳教育学フロンティア研究会編『続・道徳教育はいかにあるべきか――歴史・理論・実践・展望』ミネルヴァ書房。

矢野智司（二〇二一）『京都学派と自覚の哲学――篠原助市・長田新・木村素衞から戦後教育学まで』勁草書房。

［付記］　本章はＪＳＰＳ科研費 21K02233 の助成を受けたものである。

第6章　道徳的主体としての自己はいかに立ち現れるのか
——「現代的な課題」に向き合う自己のありよう——

走井洋一

本章では、学習指導要領の改革動向に見られる自己像の変容を辿り、道徳教育が目指すべき自己像に何が欠けているのかを明らかにし、それを補い得る方途を示すことを目指したい。そこでまず、道徳が教科になる前後の学習指導要領及び同解説において、自己がどのように捉えられていたのかを確認しておく。

1　道徳教育における自己の問題

二〇〇八（平成二〇）年告示学習指導要領では、道徳の目標において小学校では「道徳的価値の自覚及び自己の生き方についての考えを深め」、中学校では「道徳的価値及びそれに基づいた人間としての生き方についての自覚を深め」と記載されていた。そして、この「道徳的価値の自覚」について、同『学習指導要領解説　道徳編』では、多様に考えられることを指摘しつつも、①道徳的価値についての理解、②自己との関わりで道徳的価値を捉えること、③道徳的価値を自分なりに発展させていくことへの思いや課題が培われること、の三点を押さえておくことが必要であると指摘していた。

教科となった二〇一七（平成二九）年告示学習指導要領[1]では、「自覚」という言葉を用いず、「道徳的諸価値についての理解を基に、自己を見つめ、物事を（広い視野から）多面的・多角的に考え、自己の（人間としての）生き方についての考えを深める」（（　）内は中学校）と改められた。①②それぞれに、「道徳的諸価値についての理解を基に」「自己を見つめ」が対応し、③とは視点の異なる「物事を（広い視野から）多面的・多角的に考え」が追加されたと考えられる。そして、『学習指導要領（平成二九年告示）解説　特別の教科　道徳編』（以下、『解説』）によれば、小学校では、道徳的価値の理解について「児童が今後、様々な問題場面に出会った際に、その状況に応じて自己の生き方を考え、主体的な判断に基づいて道徳的実践を行うためには、道徳的価値の意義及びその大切さの理解が必要になる」とした上で、「内容項目を人間としてよりよく生きる上で大切であると理解すること」「道徳的価値は大切であってもなかなか実現することができない人間の弱さなども理解すること」「道徳的価値を実現したり、実現できなかったりする場合の感じ方、考え方は一つではない、多様であるということを前提として理解すること」を指摘し、「道徳的価値が人間らしさを表すものであることに気付き、価値理解と同時に人間理解や他者理解を深めていく」ということを求めている。ただ、中学校では、道徳的価値の理解を「道徳的価値の意味を捉えること、またその意味を明確にしていくこと」と説明した上で、「ふだんの生活においては分かっていると信じて疑わない様々な道徳的価値について、学校や家庭、地域社会における様々な体験、道徳科における教材との出会いやそれに基づく他者との対話などを手掛かりとして自己との関わりを問い直すことによって、そこから本当の理解が始まる」としている。また、「時には複数の道徳的価値が対立する場面にも直面する」ことがあり、「時と場合、場所などに応じて、複数の道徳的価値の中から、どの価値を優先するのかの判断を迫られることになる」が、「その際の心の葛藤や揺れ、また選択した結果などから、道徳的諸価値への理解が始まることもある」としている。そして、これらを通じて、「道徳的諸価値が人間としてのよさを表すものであることに気付き、人間尊重の精神と生命に対する畏敬の念に根ざした自己理解や他者理解、人間理解、自然理解へとつながっていく」ことを求めている。学習指導要領の記述としてはほぼ同じであるが、中学校では具体的な生活に即して道徳的価値を捉えることを求めるのに対して、小学校ではより抽象度の高い理解にとどまる解説となっている。

「自己を見つめる」ことについて、『解説』によれば、小学校では「自分との関わり、つまりこれまでの自分の経験やそのときの感じ方、考え方と照らし合わせながら、更に考えを深めること」、中学校では、「よりよく生きる上で大切なものは何か、自分はどのように生きるべきかなどについて、時には悩み、葛藤しつつ、生徒自身が、自己を見つめることによって、徐々に自ら人間としての生き方を育んでいくことが可能となる」ことから、「様々な道徳的価値について、自分との関わりも含めて理解し、それに基づいて内省することが求められる」と解説している。「道徳的諸価値についての理解」とは逆に、小学校では経験などと照らし合わせることを求めるのに対して、中学校では生き方について考えさせることを求めるにとどまっている。

さて、後の議論との関連で、『解説』では、「例えば、（科学技術の発展と生命倫理との関係や）社会の持続可能な発展などの現代的な課題の取扱いにも留意し、身近な社会的課題を自分との関係において考え、それらの解決に寄与しよう（その解決に向けて取り組もう）とする意欲や態度を育てるよう努めること」（傍点は筆者による。（　）内は中学校）と記載されていることにも注意を促しておきたい。上述したように、道徳科の目標については身近な問題との関わりについてそれほど積極的に記載されていなかったが、学習指導要領そのものには明確に示されている。この意味は後に考えることとする。

2　教科化に向けた議論の中での自己の扱われ方

教科化は、教育再生実行会議第一次提言の後、道徳教育の充実に関する懇談会（以下、懇談会）、中央教育審議会教育課程部会道徳教育専門部会（以下、中教審）、道徳教育に係る評価等の在り方に関する専門家会議（以下、専門家会議）で、教科化に向けた諸問題が検討され、実現したものである。

懇談会、中教審、専門家会議それぞれの議事録と報告・答申を一連の文書として扱い[2]、それらと頻出語（六〇回以上出現した語）がいかに関係しているのかについて、KHCoder3Beta03を用い、コレスポンデンス分析を行ったが（図6-1）、自己に関わる語で頻出語に分類できるのは「自分」のみであり、専門家会議との関連が相対的に強いという結果になった[3]。専門家会議との関連が強くなったのは、後に「自我関与」としてまとめられる内容について検討されていたためと考えられる。専門家会議の議事録を読むと、「自我関与」という言葉を用いてはいないも

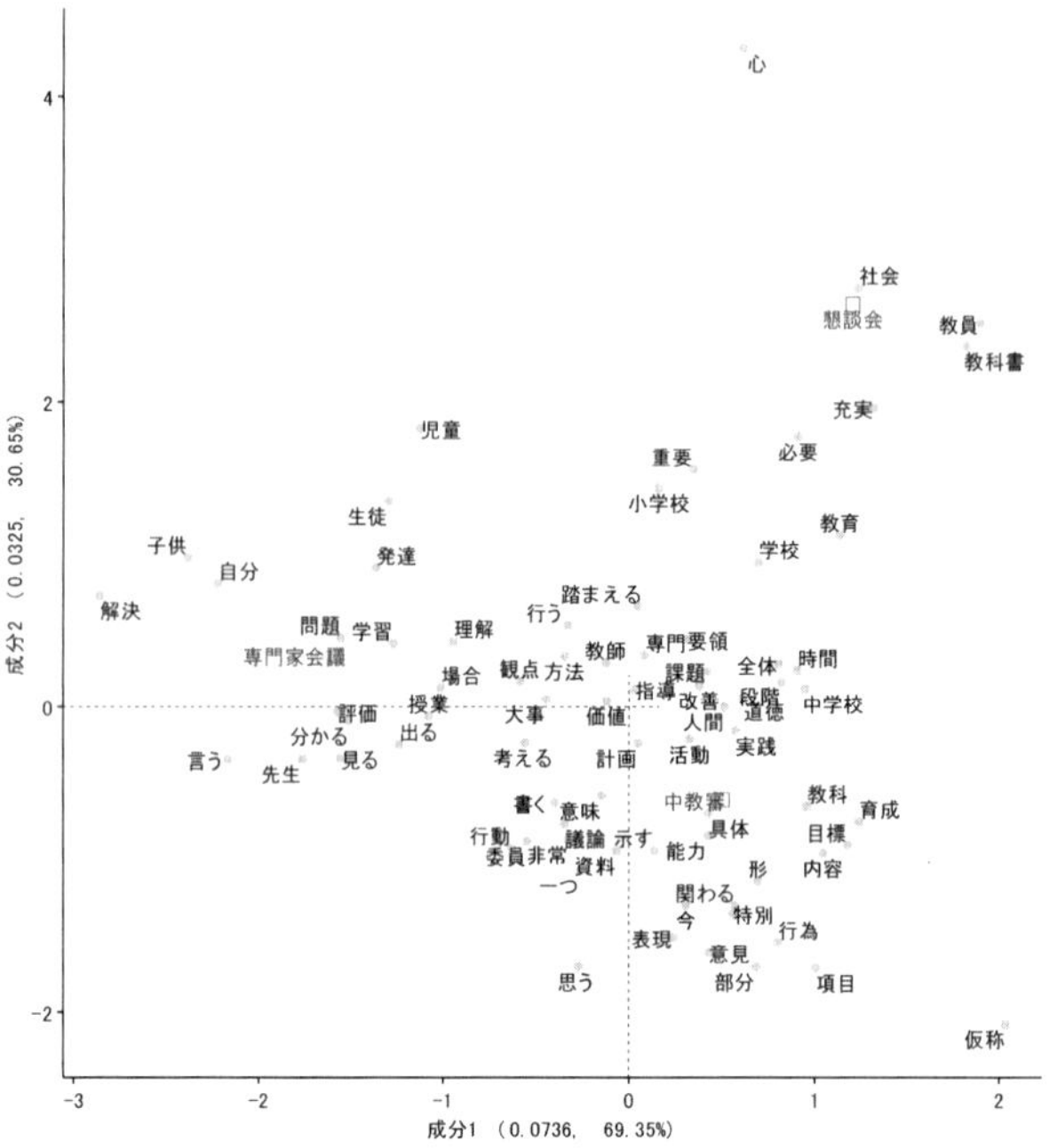

図6－1　頻出語のコレスポンデンス分析

出所：KHCoder3Beta03 を用いて筆者作成。

のの、①道徳的価値に対する「自我関与」、②教材が示す具体的状況に対する「自我関与」、③社会的な課題に対する「自我関与」が検討されていたことがわかる。[4] とはいえ、ここで分類した三種が十分に整理されないまま議論されていたことも否定し難い。もちろん、最終的に専門家会議報告では、①道徳的諸価値が実現されていないことに起因する問題、②道徳的諸価値について理解が不十分又は誤解していることから生じる問題、③道徳的諸価値のことは理解しているが、それを実現しようとする自分とそうできない自分との葛藤から生じる問題、④複数の道徳的価値の間の対立から生じる問題、と道徳的価値との関連で問題状況が類型化されることになったが、これは「自我関与」の問題を道徳的価値にのみ限定する方向を示してしまったと考えることもでき、必ずしも「自我関与」のあり方を十分に検討したものとは言い難かった。[5]

この検討プロセスの分析から明らかにな

るのは、道徳科では自己が中核に据えられているにもかかわらず、自己との関係において価値や具体的状況などが十分に検討されたわけではなかったことである。それゆえ、以下では、道徳科における自己について何が見落とされてきたのかをさらに検討したい。

3　これまでの自己概念にどのような問題があるのか

自己の個人性・主体性とその問題

まず、筆者が走井（二〇二一、二〇二三）にて検討した内容について振り返っておきたい。デカルト（一九六七：四四〜四五）によれば、身体ないしは行為が物理的な空間において実体化していることから他者と共有できるものである一方で（客観性・公共性）、思考が物理的な空間において存在していない主観的で個人的なもの（主観性・個人性）という分断が私たちに生じた。しかし、この分断の帰結として、私たちは物理的に制約される身体を越えて、原理的には無限に思考し得る自己を発見し、自由を獲得し、独立性、自立性を確保したのである。そして、『解説』での、「道徳的価値を実現したり、実現できなかったりする場合の感じ方、考え方は一つではない、多様であるということを前提として理解すること」「生徒一人一人が道徳的価値観を形成する」といった記述に典型的に見出せるように、思考としての自己によって獲得された自由のもとで道徳教育が行われていることを確認できる。

私たちが、自由でなおかつ独立した存在であることが確認されたということは、私たちが自らの行為や生活などについての決定権を得たということに他ならない。これを主体性ないしは自律性と呼んでおく。ただ、これは一人ひとりの生活にとどまらず、人々が集まり社会を形成するのだから、社会をどのようにするかということについても、私たちが合意しつつ決定していくことになったということである。

ただ、この自己のあり方にはいくつかの問題がある。

第一に、そうした合意は、ルソー（一九七九：七〇）が指摘したように、一定の規模を越えた時に維持し難くなる点である。価値多様化は、自己の身体と思考との分断の帰結であると考えてよいが、社会が一定の規模以上になったからでもあるといえる。もちろん、多文化共生を促すなどの意味があることは否定し難いが、それでも、一人ひとりが自由である社会を一つの紐帯で結びつけようとする試みが困難になっていると考えてよいだろう。

第二に、社会に流動性が増したのと同様に、自己もまた強固なものでなくなってしまった点である。ギデンズ（二〇〇五：九～一〇）が「自己の再帰的プロジェクト」として自己のアイデンティティが組織されることで、存在不安がもたらされると指摘したように、私たちの生を導く価値基準が多元化したことによって、自らの生が正しいかどうかを自身で不断に振り返ることを余儀なくされるようになった。その結果、私たちは自らの生の参照軸を自らのうちに見出さざるを得なくなるが、自己自身が流動的なものであるがゆえに、参照軸もまた不安定な状態にとどまらざるを得ない。このことは、例えば、二〇一七（平成二九）年告示学習指導要領の特徴の一つである「主体的な学び」の問題を指摘しているともいえる。『学習指導要領（平成二九年告示）解説　総則編』では、「主体的な学び」は、「見通しをもって」＝Plan（計画を立てる）、「粘り強く取り組み」＝Do（実行する）、「自己の学習活動を振り返って」＝Check（評価する）、「次につなげる」＝Action（改善する）、のＰＤＣＡサイクルとして説明されている。参照軸が曖昧な社会を生きる子どもたちに対して、学習のＰＤＣＡサイクルである主体的な学びを求めることは、ギデンズが指摘するように、存在不安に陥り得ることが予想されるところである。(6)

第三に、思考としての自己と身体としての自己が分断され、物理的に制約される身体を越えることで自由を獲得したと述べたが、このことは他方で、活動や身体が所在している社会との関わりを希薄化させることになった。そして、学校教育は思考としての自己が主題化するため、社会との関わりをより希薄化することを促してきた。例えば、フレイレ（一九七九：八七）が、学校教育に象徴される教育のあり方を「銀行型」として批判し、人間が「世界のなかに、世界とともにあり、そしてそこで自分自身を発見する方法を、批判的に知覚する能力を発展させる」ものとして「課題提起教育」を提案したことや、イリイチ（一九七七：六八）が「現代の学校を基礎にしてリベラルな社会を築くことができるという主張は、逆説的である」とアイロニカルに批判したことにうかがえる。もちろん、彼らが学校教育のあり方を批判した時代や社会の違いを無視することはできないが、それでも、思考としての自己が強調されることによって見失ってきたものがあったことを確認することは容易であろう。

これらのことから、近代を支えてきた自己の個人性と主体性だけでは、そしてまたそうした自己によって支えられてきた社会のあり方だけでは、私たちが生活していくことに困難が生じていることを理解できる。誤解のないように促しておきたいが、自己のありようを個人性、主体性から転換するべきと主張しているのではなく、それらだけでは欠けている自己の側面があったのではないか、それを回復する必要があるのではないか、という問題提起に過ぎない。この欠けている側面が明らかになれば、道徳教育が目指す道徳の主体たる自己に何が必要なのかが判明するものと思われる。

マーシャルによるシティズンシップ概念の発展史

自己の概念をどのように再定位するのかは様々な論じ方があり得るだろうが、現代社会において生じている課題に向き合うと考えた時に、そしてまた、歴史的経緯の中で獲得されてきた自己の個人性、主体性という側面にも目配りしつつ、それらに欠けている視点がどこにあるのかを考えた時に、補助線となるのは、シティズンシップ[7]概念の発展史である。これについて、イギリスでのシティズンシップ概念の生成のプロセスを記述したマーシャル・ボットモア（一九九三）に即して考えてみたい[8]。マーシャルは、「すべての人がそうした（引用者注：文明市民的な）生活条件を享受すべきだという要求は、すべての人が社会的な財産の分け前にあずかれるようになるべきだという要求」に他ならないとしている（マーシャル・ボットモア 一九九三：六）。彼の主要な論点は、この時、市民としての平等と社会における経済的不平等が矛盾せずに共存し得るのかという点にあり、これ自体はきわめて興味深い論点ではあるが、ここでは、自己概念の捉え直しの視点に限定して議論を進めることとしたい。

さて、マーシャルはシティズンシップを表6－1のような三つの要素に分けて示す。これらはそれぞれ特徴的に形成される時期があったものの、元々は別のものではなかったが、身分制度に結びついていたため、すべての人に

表6－1　シティズンシップの３つの要素

シティズンシップの要素	形成期	権利の内容	制　度
市民的諸権利(civil rights)、公民権	18世紀	個人の自由のために必要とされる諸権利、人身の自由、言論・思想・信条の自由、財産を所有し契約を結ぶ権利、裁判に訴える権利	法　廷
政治的諸権利(political rights)、参政権	19世紀	政治権力の行使に参加する権利	議　会
社会的諸権利(social rights)、社会権	20世紀	最低限の経済的福祉と保障を求める権利から、社会的遺産を共有し標準的な文明生活を送る権利	教育システムと社会サービス

出所：マーシャル・ボットモア（1993：15〜16）をもとに筆者作成。

付与されたものではなかった。それゆえ、それぞれに発展することになった。公民権の形成は一八世紀頃、すなわち、名誉革命（一六八八年）〜第一次選挙法改正法（一八三二年）、参政権の形成は一九世紀頃、すなわち、第一次選挙法改正法（一八三二年）〜国民代表法（一九一八年）に特徴的に見られると指摘している。そして、社会権の形成過程の前史として、一八三四年の救貧法改正、一八〇二年の工場法（徒弟の健康と風儀に関する条例）、そして公教育制度の成立を挙げている（マーシャル・ボットモア　一九九三：二八〜三五）。これらはいずれも、シティズンシップの放棄と引き替えに、あるいは、シティズンシップをもたないものを対象とした社会権の保障であって、逆にいえば、市民には社会権は保障されていなかった。しかし、二〇世紀に至って、貨幣所得の上昇による経済格差の縮小、直接税の累進性強化による可処分所得の格差縮小、大量生産による消費面での格差縮小、といった要因によって、基本的な社会福祉に関して不平等を是正する要求の増大といった社会状況の変容が生じた。その結果、社会的サービスの拡大が、所得の平等化だけでなく、文明生活の具体的内容を豊富化し、危険や不安が低減され、すべての個人間の平等化が図られることになったとマーシャルは指摘している（マーシャル・ボットモア　一九九三：五九〜七四）。

4　道徳的主体としての自己をどのように捉えるのか

道徳的主体としての自己

ここまでシティズンシップ概念が、公民権、参政権、社会権と発展してきたことを確認したが、これに自己の概念を対照させてみたい。

公民権は個人の自由を保障するためのものと位置づけられていたことから、個人性と対応する。また、参政権は政治に参加することを認める権利であるが、私たちの社会のあるべき道筋に対して、自らの考えを反映させると考えれば、主体性に該当する。ただ、社会権に対応する自己の要素がまだ見出されないことになる。マーシャルによれば、社会権の形成は、文明生活の具体的内容の豊富化、あるいは、危機や不安の低減に結びついていた。自己は、外界に直面した時に、困難を感じる（Dewey 1986）。こうした困難は、自己が外界に対して適応する能力をもち合わせていないから生じるのではなく、自己と外界とのズレによって不可避的に生じるものである。このズレは私たちにとって生きにくさを自覚させるものでもあって、その生きにくさを問題状況と捉えると、私たちは様々な問題状況において当事者となるといってよい。中西・上野（二〇〇三：二〜三）は、「ニーズに応じて、人は誰でも当事者になる可能性を持っている」と述べているが、ここでのニーズは問題を生み出す社会のありようとのズレによってつくり出されるもので、当事者はそのズレを認知する。こうしたズレが危機や不安として受け取られるものであるが、それらを低減し、生活をよりよくしていくことを、マーシャルは社会権の保障として位置づけていた。とすると、こうしたズレを認知し、それと向き合い（ズレのまま受容することを含む）、社会と自らの生活をよりよくしていこうとする自己の特性を当事者性とするならば、社会権の保障と対応すると考えても問題ないだろう。そして、当事者性は、社会と自己とのズレにおいて自覚されるものであるが、それを低減していくためには、自己の変容ばかりでなく、社会変革をも含んでいることに注意しなければならない。そのため、自己の変容を促す教育だけでな

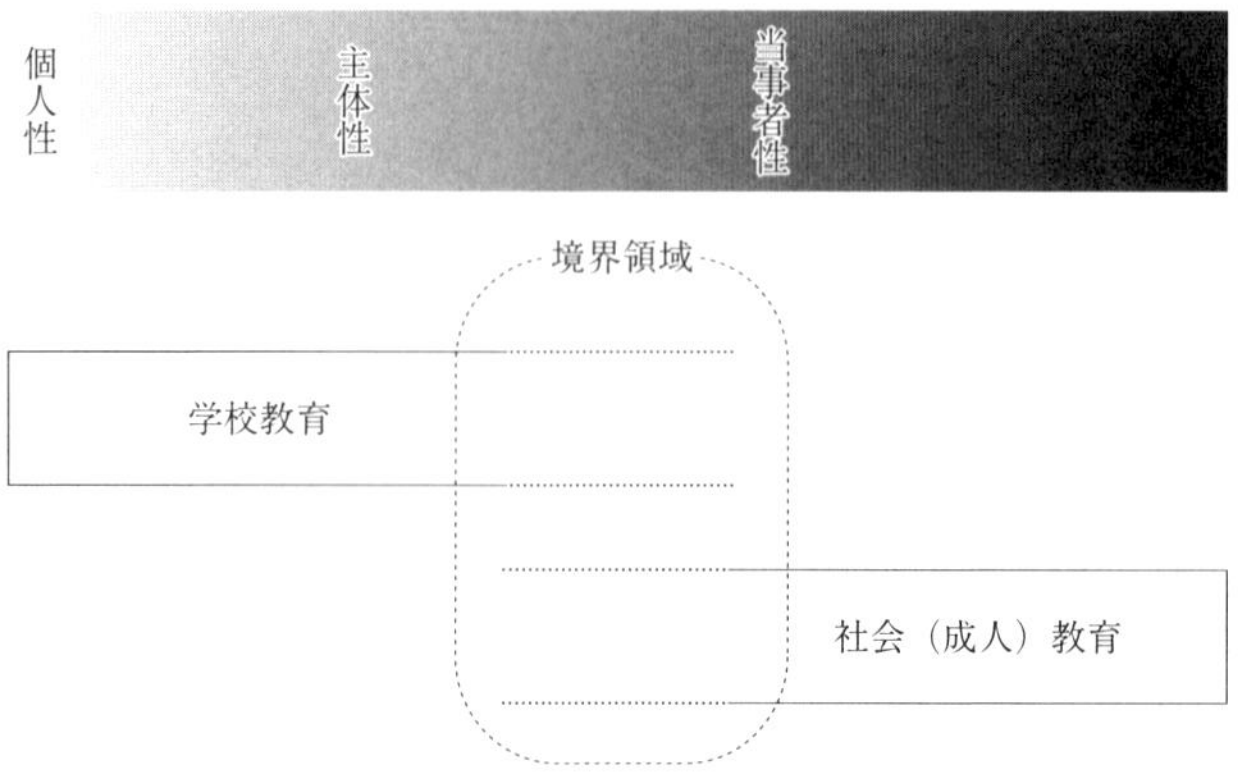

図6－2　学校教育・社会（成人）教育と自己概念の関係

く、他者と協同して社会変革していくことを促す教育もまた必要となる。

現代的な課題と道徳的主体としての自己

先述の通り、道徳教育では現代的な課題に取り組むことが示されたが、二〇一七（平成二九）年告示学習指導要領では教科等横断的な視点で育むことが目指されており、道徳教育に教科等横断的な視点を取り込むことが求められていると読むこともできる。ただ、従来から道徳教育は道徳的価値に関わる教育であって、具体的な生活経験を論じることを忌避してきた。しかし、現代的な課題に取り組むということは、具体的な生活経験を抜きには考えられない。つまり、どのように現代的な課題に取り組めばよいのかということについては、必ずしも合意が図られないまま、教科としての道徳が施行されるに至ったといってよい。現代的な課題に関わるであろう社会的な課題に対する「自我関与」についての議論が、道徳科にとって本質的・中核的なところで行われているわけではなく、結果的にそこに結びついていく程度に触れられているに過ぎなかった。

フレイレらは、学校教育が目指してきた自己像に当事者性が欠落していた点を指摘し、それを補う役割を社会（成人）教育が担うことを提案していた。フレイレ（一九七九：二）のいう「意識化」は、私たちの抱える困難が私たちと社会とのズレにおいて生じていることを自覚化することに他ならなかったが、教科化にあたって追加された現代的な課題を扱うことは、こうした「意識化」を抜きにしては成り立たないはずである。とすると、現在、学校教育は、きわめて大きな転換の局面にあるといえるのではないか。これまで学校教育と社会（成人）教育が必ずしも対話的に役割分担してきたわけではない境界領域に、少なくとも学校教育が踏み込もうとしていると見ることができる（図6-2）。そして、そこで求められる自己のあり方もまた、変容を迫られるはずである。ただし、それは、個人性、主体性に代えて、当事者性が必要となるということではない。個人性・主体性をベースとしながら、当事者性が育まれる必要があるということである。

注

（1）教科となったのは、二〇一五（平成二七）年の学習指導要領一部改正によってであるが、若干の字句の修正を除いて、二〇一七（平成二九）年告示学習指導要領もほぼ同内容であるので、ここでは二〇一七（平成二九）年告示学習指導要領とその解説を用いることとする。

（2）懇談会、中教審、専門家会議はいずれも第一～一〇回開催されており、議事録も文部科学省のウェブサイトで公開されているが、専門家会議の第六～一〇回議事録は公開されておらず、ここではそれらを除いた議事録で検討を行った。

（3）KHCoder3Beta03での形態素分析ではMeCabを用いたが、用語等は追加せず、デフォルトで行った。なお、図6-1の見方について若干補足をしておくと、原点に近いほど、どの文書にも見出し得る語であり、懇談会、中教審、専門家会議の各文書の名称（議事録と報告・答申）は、それらの文書が原点からどの程度偏っているかを示している。そして、それらの文書と頻出語との関係は、その距離でおおよそ理解することができる。

（4）これらの代表的な発言として、①「それから、道徳的価値を実現しようとする自分と、そうできない自分とが葛藤するような問題もあります」（柴原副座長、第二回専門家会議）、②「また、先人や偉人の資料なら、例えば『杉原千畝が六〇〇〇人の命を救ったビザを発行した行為をどう思うか、自分だったらできるだろうか』を皆で考えてみることができます」（柳沼准教授、第二回専門家会議）、③「授業でねらいとした道徳的諸価値をもう一度振り返ってみるのもよいですし、将来の自分の生活にどう生かしていくことができるかを考えることも有意義だと思います」（柳沼准教授、第二回専門家会議）、などを挙げることができる。懇談会、中教審にまで範囲を広げれば、他の発言も見出すことができるが、ここでは専門家会議に限定した。

（5）専門家会議報告では道徳的価値との関連で問題状況を類型化しているが、図6‐1からも明らかなように、「価値」という言葉は全体を通じてまんべんなく出ているものの、専門家会議では実践的な課題について多くの議論が費やされたために、道徳的価値そのものが自己といかに関わるかについて議論が相対的には多く交わされていたわけではない。また、同報告を契機として、「自我関与」という言葉が用いられるようになったものの、「指導方法の具体的説明と自我関与の意味《（ママ）》ともに論者間で一致しない状況がみられる」（小林 二〇二三：七）と指摘されているように、必ずしも整理されてはいない。

（6）もちろん、参照軸が曖昧になっていたとしても、一定の参照軸を見出して学習を継続できる子どもがいることも確かである。苅谷（二〇〇一：九九〜一〇一）が、学習意欲の低下がすべての子どもたちに同じように生じているのではなく、社会階層による格差の拡大が進んでいる状況を「インセンティブ・デバイド」とし、社会階層・上位のグループの子どもほど学習意欲に結ぶつける術、すなわち「内発的な動機づけ」による学習が容易であると指摘したように、参照軸が曖昧であることを認めないまま、個々人に学習の主体性を委ねてしまうと、そこには意欲格差、そしてそれに起因する学力格差だけでなく、存在不安格差を促してしまう可能性がある。

（7）Citizenshipは「市民権」「公民権」などと訳されることがあるが、必ずしも権利にのみ結びつくものではないため、シティズンシップと表記した。なお、*Oxford English Dictionary*（2nd ed.）（1989, Oxford University Press）では、“The position or status of being a citizen, with its rights and privileges.”と必ずしも権利のみに限定されるものではないことが示されている。

（8）本書は、マーシャルが一九四九年にケンブリッジで行った講義をもとに一九五〇年に同名の論文として刊行されたものに、ボットモアが「シティズンシップと社会階層、その後の四〇年」と題する論文を付加し、一九八七年に刊行したものである。それゆえ、その後の様々な変化をふまえるならば、すでに古典として扱われるべきものといえるかもしれない。例えば、ボットモア（マーシャル・ボットモア 一九九三：一五四〜一五五）が指摘するように、形式的シティズンシップと実質的シティズンシップという区別によって理解されるような問題が生じている。前者は国民国家のメンバーシップであり、後者は統治に参加する市民的・政治的・社会的権利であるが、前者がなくとも、後者が成立する状況が移民などの増加によって生じているし、ジェンダー、先住民、貧困といった問題をマーシャルは十分に組上に上げていなかった。

この点について、レヴィ（Revi 2014）は、マーシャルの枠組みが、ボットモアの分類するところの形式的シティズンシップから排除された移民が、実質的シティズンシップの提供からも排除されるような事態について、想定していたものの、それに対処する能力も意欲ももっていなかったと批判しているし、ギデンズ（Giddens 1996：68）も、「マーシャルはリベラル・デモクラシーの魅力も限界もあまり探究しようとはしなかった」と指摘している。とはいえ、マーシャルの発展史の記述がその後のシティズンシップ理解に枠組みを与えたことは間違いないので、ここではマーシャルの枠組みをもとに論を進めることとする。

参考文献

イリイチ、Ｉ（東洋・小澤周三訳）（一九七七）『脱学校の社会』東京創元社。

苅谷剛彦（二〇〇一）『「学歴社会」という神話——戦後教育を読み解く（ＮＨＫ人間講座）』ＮＨＫ出版。

ギデンズ、Ａ（秋吉美都・安藤太郎・筒井淳也訳）（二〇〇五）『モダニティと自己アイデンティティ——後期近代における自己と社会』ハーベスト社。

小林将太（二〇二三）「読み物教材の登場人物への自我関与が中心の学習は自我関与を促すのか」『道徳性発達研究』第一六巻第一号。

デカルト、Ｒ（落合太郎訳）（一九六七）『方法序説』岩波書店。

中西正司・上野千鶴子（二〇〇三）『当事者主権』岩波書店。

走井洋一（二〇二二）「道徳教育を基礎づける新たな社会像の構想」道徳教育学フロンティア研究会編『続・道徳教育はいかにあるべきか——歴史・理論・実践・展望』ミネルヴァ書房。

走井洋一（二〇二三）「コミュニティベースで構想する道徳教育の可能性——主体性の教育から当事者性の教育への転換を目指して」田沼茂紀編『道徳は本当に教えられるのか——未来から考える道徳教育への一二の提言』東洋館出版社。

フレイレ、Ｐ（小沢有作・楠原彰・柿沼秀雄・伊藤周訳）（一九七九）『被抑圧者の教育学』亜紀書房。

マーシャル、Ｔ・Ｈ／ボットモア、Ｔ（岩崎信彦・中村健吾訳）（一九九三）『シティズンシップと社会的階級——近現代を総括するマニュフェスト』法律文化社。

ルソー、Ｊ・Ｊ（作田啓一訳）（一九七九）「社会契約論」『ルソー全集　第五巻』白水社。

Dewey, J. (1986) How we think: A restatement of the relation of reflective thinking to the educative process. In *John Dewey The Later Works*, 1925–1953, Vol. 8.: 1933. Southern Illinois University Press.

Giddens, A. (1996) T. H. Marshall, the state and democracy. In Bulmer, M., & Rees, A. M., *Citizenship Today: The Contemporary Relevance of T. H. Marshall*. Routledge.

Revi, B. (2014) T. H. Marshall and his critics: Reappraising 'social citizenship' in the twenty-first century. *Citizenship Studies*, 18.

［付記］　本章は、ＪＳＰＳ科研費 17K04579、23K02116 の助成を受けたものである。

第7章　エージェンシーの発揮と対話する道徳教育
――ウェルビーイングの実現に向けて――

荒木寿友

1　エージェンシーとウェルビーイングの台頭

今後の教育の方向性を考えていくにあたっては、「何のための教育であるのか」という教育の目的を改めて問い直す必要がある。とりわけ昨今はＶＵＣＡ時代と呼ばれる中で、地球環境、貧困、移民・難民、民族や宗教の紛争、平和、疾病といった問題が深刻さを増し、過去にも増して先行きが不透明な時代が待ち受けている。そのような混沌とした時代であるからこそ、現在と未来を見据えた教育の意味を改めて問い直さなければならないだろう。

たとえば、ＯＥＣＤ（経済開発協力機構）の Future of Education and Skills 2030 プロジェクトでは、目指すべき未来を個人と社会の幸福である「Well-being 2030」と設定した。日本においては、二〇二三年の中央教育審議会答申「次期教育振興基本計画」において、「日本社会に根差したウェルビーイングの向上」が提唱され、今後の教育においてウェルビーイングの獲得的要素と協調的要素を調和的・一体的に育むことが表明された（中央教育審議会 二〇二三）（本書第10章で詳述）。ここから少なくともわかることは、ウェルビーイングが教育の目的に設定されているということ、さらには、それは個人が獲得していくウェルビーイングのみならず、他者を含んだ社会そのものとの関係性や協調性、そして社会そのもののウェルビーイングを目指していくということである。私たちが「よい状態であること」を目指すウェルビーイングに対して異論を挟むものはいないだろう。しかしながら、個人としてのウェルビーイングの実現と、社会や集団のウェルビーイングの実現ははたして両立するものであるのかどうかというトレードオフの関係については、再考していく必要がある。私個人のウェルビーイングの獲得が、必ずしも協調的なウェルビーイングの達成とは一致しない場合は想像に難くない。

そこで本章では、そもそも教育目的としてのウェルビーイングの設定の意義をどのように捉えていくのかについて、ノディングス（N. Noddings）を参考に考察する。次いで、個人と社会の両者のウェルビーイングの関係をどのように解釈する必要があるのかについて、マズロー（A. H. Maslow）とフロム（E. Fromm）を参考に考えてみたい。この議論をふまえた上で、個と社会のウェルビーイングを実現していくためのエージェンシーについて論じていく。そして最終的に、生徒がエージェンシーを発揮するための対話の必要性を示す。

2　教育の目的としてのウェルビーイング

ケア論で著名なノディングスは、「幸せ」（happiness）は教育の目的の一つであるべきであると論じた[1]（ノディングス 二〇〇八）。彼女は生徒が知的に発達していく重要性を認めながらも、その知的な能力を幸せの実現に用いるという目的からずれてしまい、アカデミックな教育目的の達成（わかりやすくいえばスタンダード運動や学力格差是正としての落ちこぼれ防止法〈No Child Left Behind Act of 2002：NCLB〉といったテストのための教育）のために多くの子どもたちが苦しい状況に追いやられていることを非難する（ノディングス 二〇〇八：三二五）。彼女は「よい教育は個々人の幸せと集団の幸せの両方にとって大いに役立つはず」（ノディングス 二〇〇八：三）と述べ、幸せが教育の唯一の目的ではないにせよ、幸せは教育や人生の中心的な目的の一つであるとし、教育の文脈で幸せについて論じる必要性を指摘している。彼女は次のように述べる。「道徳教育は何よりもまず、次のような世界をつくりだすことを目指すべきでしょう。子どもが善い人間であることが可能であり、かつ、それが望ましいような世界を。つまり、それは子どもが幸せである世界にほかなりません」（ノディングス 二〇〇八：五）。

この論証にあたって、ノディングスは幸せをプライベートな領域（個人の幸せ）とパブリックな領域（特に職業に関わる幸せ）から言及し、幸せを目的とした教育を実現していくためには、幸せについて教師が教えるだけではなく、子どもたちの学校生活の質そのものが幸せを生み出していくこと、そして幸せについて学んだことを子どもが実践すること、さらには教師もまた幸せである必要性を述べている。ノディングスにとって、幸せとは個人の領域に閉じられたものではなく、他者に積極的に応答することによる責任の獲得や、他者の不幸せを分かち合うことによってもたらされるとする（ノディングス 二〇〇八：四六～四七）。このノディングスの幸せの捉え方は、個々人の関係性、つまり個人と家庭や郷土、自然、親子といった関係性において発達していくものであると捉えられており、「呼びかけ応える」というケアリングの関係の中で幸せが実現していくとされる。最善の学校が最善の家庭のように機能するという「スクールホーム」がケアリングの継続する場所であり、幸せな場所となるのである。

ノディングスが示した「幸せに生きていくために学校が存在する」という「教育目的としての幸福」は、当時のアメリカの教育状況、つまりテストのための教育が強く強調され、テストで良い点をとることそのものが教育の目的となっていたことのみを対象にインパクトを与えるわけではない。例えば、日本に目を向けてみても、いじめや不登校の認知件数は年々増加傾向にあり（文部科学省 二〇二三b）、学校そのものを安心・安全な場と捉えることができない子どもたちが増えていることは、少なくとも子どもたちにとって学校が「不幸せな場」に陥っていることを表しているといえる。また教育職員の病気休職者数の増加も、学校が教師にとっての幸せな場ではないことを表しているといえるかもしれない（文部科学省 二〇二三a）。さらには、ローカル・グローバルの社会問題に対して、課題発見・解決能力の育成が目指されているが、その解決にあたって「自分たちのみの善さ」の観点から解決を図るのではなく、より広い視点からあらゆる人が幸せになるための解決策を見出していく必要性もあろう。

こういった意味において、ノディングスが提示した「幸せのための教育」は今後ますます大きな影響をもつと考えられ、ＯＥＣＤや第四期教育振興基本計画の中でウェルビーイングの実現が教育目的として提示された意味は非常に大きい。これからの学校に課せられた役割は、地球上の生命体すべてにとってウェルビーイングを達成していくことを目的としながら、その目的達成のために具体的にどのように行動していくことができるのかということを、カリキュラムを通じて子どもたちが学んでいくことができるようにすることであるといえる。

3　ウェルビーイングが内包する矛盾

先にも述べたように、ＯＥＣＤにおいては「個人と社会のウェルビーイング」の達成、教育振興基本計画では「日本社会に根差したウェルビーイングの向上」が基本方針として提示された。特に教育振興基本計画ではウェルビーイングの二つの側面が示され、自尊感情や自己効力感といった個人の獲得的要素としてのウェルビーイングと、他者との関係性や利他性、協働性、社会貢献といった人との繋がりといった「協調的要素」としてのウェルビーイングが示された。ウェルビーイングの実現において、この両者が関わってくることに異論はない。しかしながら、この両者は単純に両立する概念なのであろうか。教育振興基本計画では、ウェルビーイングの獲得的要素と協調的要素を調和的・一体的に育むことをねらっており、両要素の「調和と協調（Balance and Harmony）」に基づくウェルビーイングの実現を目指している。私たちは「調和と協調」の内実をどのように捉えればいいのであろうか。

かつてアリストテレス（Aristotelēs）は「われわれが達成しうるあらゆる善のうちの最上のものは何であるだろうか。……それは幸福（エウダイモニア）にほかならない」（アリストテレス 一九七一：二〇）と述べ、「われわれが幸福を望むのは常にそれ自身のゆえであって決してそれ以外のもののゆえではなく……総じて、幸福をそれ以外のことがらのために選ぶひとはいない」（アリストテレス 一九七一：三〇～三一）とした。つまり、幸福こそが究極の目的であり、彼によれば、例えば名誉や快楽といった卓越性や徳を求めるにしてもそれは幸福になるためであり、それ以上の目的を設定することはできないとされる。究極的なエウダイモニアとしてのウェルビーイングを実現していくといった幸福の追求を、個人と国家の両側面から論じたのが『ニコマコス倫理学』である。

一方、協調的要素としてのウェルビーイングは、他者ありきのウェルビーイングの実現となっている。他者とのよりよい関係性の中で「よい状態である」ことを感じ取っていくということは、一見すると当たり前のようにも思えるが、例えばストア哲学の立場からは次のような問題点を指摘することも可能である。一般的にストア哲学では、欲求のコントロールは「自分の力でなんとかなること」と「どうにもならないこと」に分け、自分の力の及ぶ範囲を行為の対象とする（クリッツアー 二〇二一：二八〇）。逆にいえば、協調的要素としてのウェルビーイングやケアリングといった他者を含む人間関係は、自分の力ではどうにもならないことの代表格といってもいい。そこにウェルビーイングを設定することに矛盾はないのかという問題である。

クリッツアーはストア派に基づいた幸福についてわかりやすく表現している。「自分の外側にいる他人や偶発的な事情に左右される物事に希望を抱いたり、人生における幸福を見出そうとしたりすることは、分が悪い賭けであるのだ。それよりも、日々の生活において自分の能力を研鑽したり、自分の心身の調子を良くする習慣を身につけたりするなど、自分がコントロールできることに力を尽くしたほうが、安定して幸福を得ることができる」（クリッツアー 二〇二一：二八一）。他者がいることによって「良い状態になる」ということもいえる一方で、自分の力の及ばない他者との関係にその一翼を担ってもらうこと、さらにいえばその他者によって自らのウェルビーイングが「阻害される」かもしれないということを加味すると、単純に他者ありきのウェルビーイングを提唱することには危険が伴う。要するに、どういった具体的な状況において自己実現や協調的要素としてのウェルビーイングがもたらされるのか、もたらされるにはどう関わるべきなのか、その判断・実現能力の育成がより意味を帯びてくる。

ウェルビーイングの内実をめぐっては別の指摘もある。それは、「個々人（及び現状）のウェルビーイングを優先する場合に、将来のウェルビーイングの持続性（及び資源）をどの程度まで犠牲にできるのか、またその逆方向のトレードオフの関係」（百合田 二〇二三：三四）にあるということである。例えば、個々人の豊かさを求めることと、将来における二酸化炭素の排出量をどこまで許容できるかという現在と未来の間に存在するトレードオフの関係、さらには、個人と他者、社会のウェルビーイングにおけるトレードオフの関係である。百合田が指摘するように、「個人と社会のウェルビーイングには何が重要か（何によって測定するのか）を判断し、合意形成に至る手続きが、ウェルビーイングの活用に不可欠である」（百合田 二〇二三：三四）のだ。つまり、ウェルビーイングがトレードオフ関係にあることを自覚し、学校に関わるすべてのステークホルダーのそれぞれがどのように自己選択、自己決定し、さらにはそれに基づいて両者で合意形成をしていく諸能力を育んでいく必要がある。

トレードオフとして存在する可能性があるウェルビーイングを自覚し、自らが置かれた状況に対する判断（メタ認知、自己内省など）と、自他のよりよい状況を実現する能力（例えば対話や合意形成能力など）の育成が、今後の学校教育の一つの鍵となってくる。では、ウェルビーイングそのものを、私たちはどのように捉えていくことができるのであろうか。以下ではマズローとフロムを参考に考えてみたい。

4　ダイナミックな二重局面としてのウェルビーイング

心理学者マズローが提示した欲求階層モデル（図7-1）はあまりに有名である[2]（マズロー 一九八七）。このピラミッドは、最終的に自己実現を達成していこうとするエウダイモニア実現に向けたプロセスを表現する理論であると考えられ、まさに個人におけるウェルビーイングの達成過程を考えていく際に大きな参考になる。

第一段階や第二段階には、人間が生きていくために必要な欲求（生理的欲求や安全の欲求）が設定されており、第三段階、第四段階では集団への所属や他者から認められるという欲求（所属と愛の欲求と承認の欲求）が描かれている。そして、第五段階において自己実現、すなわち自分の人生を自分のものとして生き、自分らしく生きていくことができる段階として描かれている。一～四段階はいわゆる「欠乏的欲求」と表現されており、とりわけ自然災害や紛争時などにおける緊急支援活動においては、第一段階ならびに第二段階の状況を満たしていくことが求められる。「生きる」という生存欲求をまずは満たしていくことが人間の欲求における根本であり、それらを満たしていくことによって、自己実現の欲求（さらには晩年マズローが提唱した第六段階の自己超越の欲求）に近づいていくことができるとマズローは論じた。マズローは下位の段階が十分に満たされると上位の段階が現れるとし、「この（自己実現の）欲求は通常、生理的欲求、安全欲求、愛の欲求、承認の欲求が先立って満足された場合に、それを基礎に

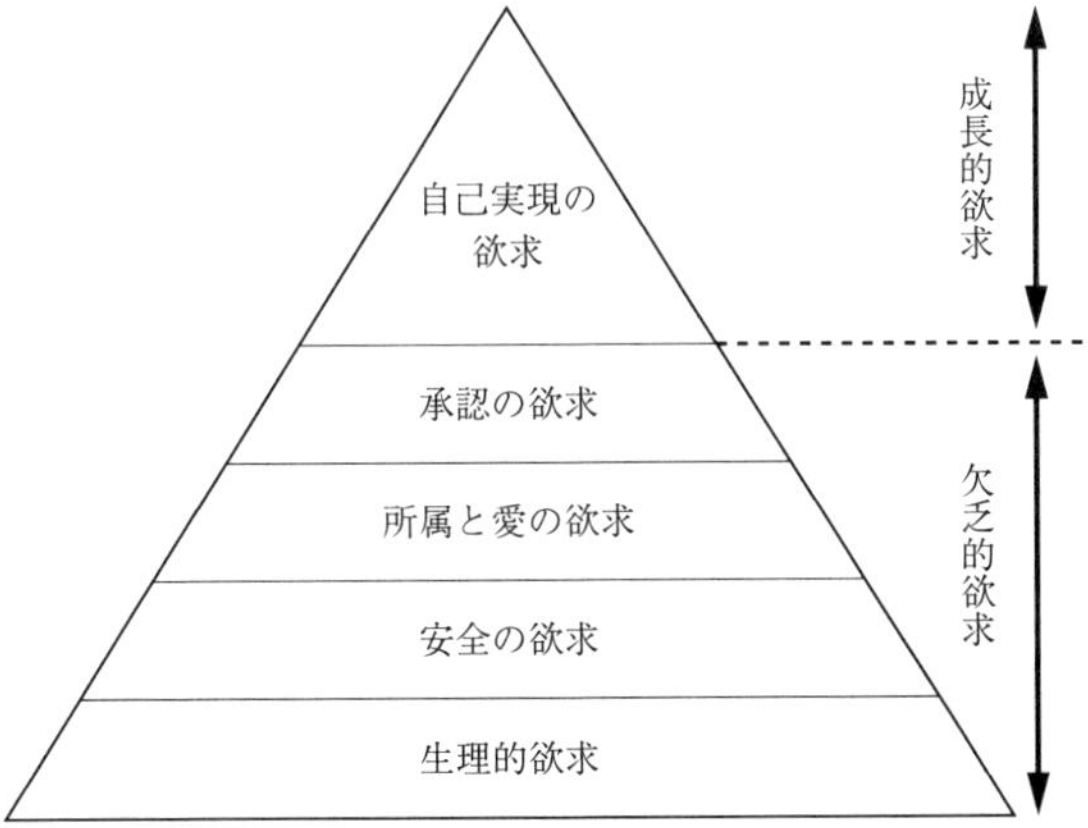

図7－1　マズローの欲求階層モデル

出所：マズロー（1987）と Goble（1970）をもとに筆者作成。

してはっきりと出現する」（（　）内は筆者による）（マズロー　一九八七：七二）と示している。

ウェルビーイングの実現において、個人の自己実現を図っていく側面と、関係性という他者との協調的な側面の双方を表したのが図7－2である。図の左側は主として自己の側面を中心に描かれており、ヘドニア的な快楽からエウダイモニア的な自己実現への局面が示されている。マズローの生理的欲求は、いわゆる生命を維持するための欲求（睡眠、食欲、性欲）であると同時に、例えばおいしいものを食べたい、面白い映画が観たいといった娯楽への欲求、刹那的な快楽も含まれるものと捉えるならば、それはヘドニアとして解釈することが可能であろう。その上位には安心・安全な生活環境で生きることを望む欲求、さらにその上には、自分自身で自分を認めていく自己肯定としての承認欲求が位置づけられる。

一方、図の右側は協調的な側面としてのウェルビーイング、つまり「多様な他者とともに新たな価値を見出していくという共創的協調」の局面を示している。こちらの局面は他者との関係性によって構成されているものの、まずは生きることが前提ではあるために、生理的欲求が底面に位置づけられることに変わりはない。その上に位置づけられるのが具体的他者との信頼ある関係、集団への所属感といった社会的欲求であり、趣味や娯楽を通じた仲間

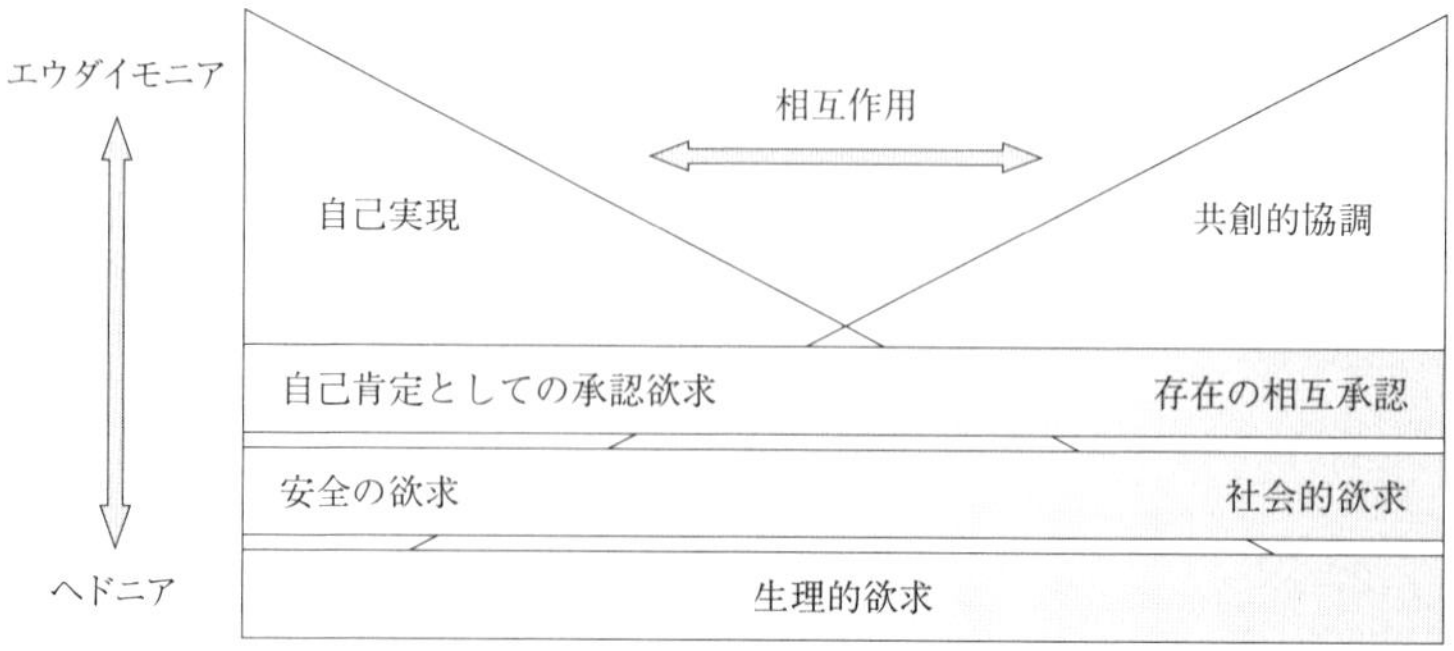

図7－2　ウェルビーイングの２つの局面

出所：マズロー（1987）をもとに筆者作成。

関係の構築も含まれてくる。その上にはお互いの存在そのもの（being）を承認していく「存在の相互承認」が位置づけられる。そして一番上には共創的協調が位置づけられる。

　フロムはかつて『生きるということ』の冒頭において、松尾芭蕉の俳句とイギリスの詩人テニソンの詩を比較し、松尾芭蕉はただ花があることを愛で、花と一体化することを詠んでいるのに対して、テニソンは花を所有したいという欲求を詠んでいると紹介している。フロムによれば、これは東洋と西洋の本質的な違いではなく、「あること」（being）と「もつこと」（having）という二つの様式の違いを表しているという。フロムは次のように述べる。「すべての欲求の無制限な満足は福利（エウダイモニア）をもたらすものではなく、幸福に至る道でもなく、最大限の快楽の道ですらない」（（　）内は筆者による）（フロム 一九七七：一六）。「もつこと」は基本的に所有を追求することであり、失うことへの恐怖と隣合わせである。つまり、所有するという価値規準の中で生きるがゆえに、他者は争うべき相手でしかなく、そこには敵意と恐れ、支配という感情が常につきまとう。フロムも指摘するように、「持つ様式においては、幸福は他人に対する自己の優越性の中に、自己の力の中に、そして究極的には征服し、奪い、殺すための自己の能力の中にある。ある様式においては、それは愛すること、分かち合うこと、与えることの中にある」（フロム 一九七七：一一七）。フロムはまさに、「ある様式」において being の理想的な姿、すなわちウェルビーイングを描き出しているといえよう。

第四期教育振興基本計画では、「個人の獲得的要素」という表現がなされており、なおかつこれは欧米型のウェルビーイングであると紹介されている（本書第10章）。フロムの考え方に依拠するならば、自己肯定感や自己実現といった主観的幸福度が「獲得的要素」（獲得という所有の表現）と表記されていることには違和感があり、かつ、協調的要素には「ある様式」の「分かち合うこと」のエッセンスを強調して掲載していく必要があるのではないだろうか。

さて、先に共創的協調とは「多様な他者とともに新たな価値を見出すこと」と示したが、より具体的にはどのような関係性なのであろうか。例えばエドモンドソン（A. C. Edmondson）は、組織論において「心理的安全性」を表したが、これは、どのような意見であろうが「みんなが気兼ねなく意見を述べることができ、自分らしくいられる文化」（エドモンドソン 二〇二一：一四〜一五）を意味する。お互いにそれぞれの存在を認め合い、人間関係が構築されている環境において心理的安全性が確保される。そして、そういった環境が個人の成長においても影響を及ぼすことが示されていることからも、自己実現欲求と共創的協調は相互作用することが考えられるだろう。

マズローは、下位の段階が満たされることによって上位の段階が満たされていくという「積み上げ型」を提唱したが、二重局面として描かれるウェルビーイングはそうとは限らない。むしろ、ウェルビーイングは人間のライフサイクルに応じて様々な側面をダイナミックに移動していくものであると考えられる。ある時は食べることもやっとの状態の中で生きながらえながらも、生活するコミュニティの中では承認されているということも考えられるし、衣食住においては十分に事足りた生活を送りながらも人間関係が希薄な中で生きることも考えられる。しかもそういった状況は未来永劫固定的ではなく、その人が置かれた環境に大きく左右されるし、またその環境にどのように働きかけていくのか、あるいは環境そのものをどのように解釈していくのかという、自分自身のウェルビーイングに対する「判断・実現能力」に左右されるのである。要するに、ウェルビーイングのダイナミズムの波の中を私たちはどう判断しながら生きていくのかということである。この判断ならびに実現（行為）していく能力こそが、近年よく見かけるようになった「エージェンシー」である。

5　エージェンシーを構成する要素とエフィカシー（効力感）

ＯＥＣＤは Education 2030 プロジェクトの中で、エージェンシーを「変化を起こすために、自分で目標を設定し、振り返り、責任を持って行動する能力」（OECD 2019a）と定義している。これは、自分の置かれている状況を捉え、よりよい方向に変化を起こすという実際の行為を強調した概念である。

エージェンシーについての研究は、古くはバンデューラなどによって一九八〇年代から言及されており（Bandura 1989）、例えば彼はエージェンシーを次のように定義している（Bandura 1997 : 3）。「エージェンシーとは意図的になされる行為」であり、「与えられた目的のために行動を起こす力が、個人的なエージェンシーの重要な特徴である」。さらに、「個人の効力感（efficacy）に関する信念が、人間のエージェンシーの重要な要素である。自分には結果を出す力がないと思っていると、人間は物事を成し遂げようとはしない」と述べ、エージェンシーの構成要素として効力感が大きく影響することを示している。つまり、自分は何かを成し遂げることができるという効力感に関する信念をもち合わせていれば、実際に行動する（エージェントする）ことに繋がるというのだ。

ファーガソンら（Ferguson et al. 2015）は、エージェンシーに関連する感情、モチベーション、マインドセットや行動に対して「教えること」（teaching）がどのように影響を与えているのか明らかにするために、小学六年生から中学三年生に対して行われた三〇万件以上のアンケート分析を行った。彼らはエージェンシーを「目的を持ってイニシアチブをとる能力と傾向のこと」と定義し、「高いエージェンシーを持つ若者は、自分の置かれた状況に受動的に反応するのではなく、自分自身や他者の人生において望む状況を実現するために、意味を求め、目的を持って行動する傾向がある」としている。ファーガソンらはこの調査から、エージェンシーの成長を促していく諸要素を示している。それは幸せ（happiness）、怒り（anger）、習得志向（mastery orientation）、効力感（sense of efficacy）、満足度（satisfaction）、成長的マインドセット（growth mindset）、未来志向（future orientation）である。教室が幸せな場であるという「場の安全性」のみならず、内省的な力や、自己調整、メタ認知、効力感等の社会情動的な能力がエージェンシーの成長と関連づいているといえる。

さらにファーガソンらは、こういったエージェンシーを育んでいくための授業方略として、七つのCを示した。それはケア（care：感情的に支える）、話し合い（confer：生徒の視点を歓迎し尊重する）、魅了する（captivate：学習に興味と関連性をもたせる）、明確にする（clarify：理解しやすい授業展開）、まとめる（consolidate：授業の要点を伝える）、挑戦する（challenge：困難に直面しても粘り強く取り組むよう促す）、学級経営（classroom management：尊重し合い、協力し合い、集中できる学級風土）である。紙幅の関係上詳述は避けるが、これらの方略から少なくともいえることは、授業において教師側の情動的ならびに認知的な積極的働きかけがあり、子どもたちとの関係性を大切にしながら、丁寧な授業を展開することが重要ということである。

さて、先にバンデューラはエージェンシーの発揮には効力感が大きく作用することを述べたが、ハッティ（J. Hattie）らはバンデューラを参考にしながら、エージェンシーを発揮するためには、自己効力感（self-efficacy）だけではなく、コレクティブ・エフィカシー（collective-efficacy：集合的効力感）が重要な役割を担うと指摘する（ハッティほか 二〇二三）。ハッティはコレクティブ・エフィカシーを「自分のチームに寄せる安心感や信頼が、チーム全体のパフォーマンスに影響を与えるということ」（ハッティほか 二〇二三：二六）と説明する。つまり自分が所属する集団に対するよい期待や確信が、チームでの活動の効果や成果を高めていくのである。一般的に、自己効力感は自分が目標を達成できるという自分に対する自信や信念を表しているが、個々人が所属する集団に対して、自分たちならよい結果を出すことができるはずだという信念をもつことがコレクティブ・エフィカシーなのである。ハッティは次のように述べる。「生徒たちが自分で貢献できることやグループから教えられることにとても期待しているときや、集団としての達成規準に到達することができるということに大いなる自信をもっているとき、エージェンシーは生じやすい」（ハッティほか 二〇二三：七六）。自己効力感の高まりは、コレクティブ・エフィカシーを高めていき、またコレクティブ・エフィカシーが高まることで自己効力感も高まっていくとされる。

ＯＥＣＤは生徒エージェンシーを述べる際に、共同エージェンシー（co-agency）、そして集団エージェンシー（collective agency）についても述べている（OECD 2019a）。共同エージェンシーとは、「生徒が、共有された目標に向かって邁進できるように支援する、保護者との、教師との、コミュニティとの、そして生徒同士との、双方向的な互いに支え合う関係」であり、集団エージェンシーは「個々のエージェント（agent）が同じ共同体、運動、またはグローバル社会のために行動を取ること」である。これは他者との関係性が生徒のエージェンシーを育んでいく際に大きな影響を与えるということを意味しており、その規模が共同エージェンシーは身近な人間関係であるのに対して、集団エージェンシーはより規模が大きいとされている。共同・集団エージェンシーが個々のエージェンシーに影響を与える他者（ないしは環境）として描かれるのに対して、コレクティブ・エフィカシーは、自分を取り巻く環境に対して積極的な期待や信頼を寄せるという点で、意味づけが異なる。単に周りからの影響を受ける受動的な存在としてのエージェンシーではなく、個々のエージェンシーもまた周りに対して積極的に働きかけていくという、より強い相互作用を強調していく必要があろう。

ここまでの話をまとめよう。エージェンシーとは「自分で目標を定めて行動していく力」であり、そこには効力感だけではなく、自己調整する力やメタ認知する力も含まれているということ、エージェンシーを育んでいく学習方略が存在すること、効力感には自己に関するものと集団に関するものという二種類があり、それらは相互に関係しているということ、である。このエージェンシーを先のウェルビーイングと関連させると、次のように考えることが可能である。ウェルビーイングの自己実現と共創的協調のそれぞれには、自己と集団の効力感のそれぞれの側面が関連しており、相互に影響を与え合いながら、ウェルビーイングを高めていこうとする。また自分の置かれている状況などをメタ認知しながら、よりよいウェルビーイングな状況を求めて行動していくことが、エージェンシーを発揮することであるといえる。となると、重要になってくるのは、自分自身の置かれている状況をどう捉えていくのかという現状認識であり、それがエージェンシーを発揮する最初のステップとなる。ファーガソンらはエージェンシーを育む授業方略として七つのＣを示したが、本章では、その中の一つである「話し合い」、すなわち対話に焦点を当てて考えてみたい。というのも、対話こそが現状を認識する最も重要な営みだからである。

6　対話によるウェルビーイングの実現

佐藤（一九九九）は、「学び」を三つの対話の側面から捉えている。それはモノ（対象世界）との対話、具体的他者との対話、そして自己との対話であり、三位一体の対話のプロセスの中で「意味と関係の編み直し」がなされることが学びであるという。様々な対象と出会う中で、対象をじっくりと見つめ、自問自答という自己内対話がなされ、具体的他者との対話によって私たちは認識を再構成していくことができる。対話（dialogue）とは、語源的には"dia"（between, through：間で、通じた）"logos"（word：言葉、話）から成立しており、言葉を交わしている両者の中で意味の再構成がなされ、共通了解が生じ、「新しい意味」が生成されることを意味する。対話には単に言葉をやりとりするといった「会話」以上の意味が含まれているのだ。

例えば平田は、コミュニケーションの出発点を「伝わらない」というところに置いた。それは「私とあなたは違うということ。私とあなたは違う言葉を話しているということ。私は、あなたが分からないということ。私が大事にしていることを、あなたも大事にしてくれているとは限らないということ。そして、それでも、私たちは、理解し合える部分を少しずつ増やし、広げて、一つの社会のなかで生きていかねばならないということ」（平田二〇一五：二四二）である。「理解し合える部分を増やしていく」ということが、対話における共通了解の生成であり、意見をすり合わせてお互いが共有できる拠り所を見出すという弁証法的な営みが対話なのである。それは、他者とのやりとりだけではなく自己内対話にも見出せることであり、そのプロセスにおいて私たちは自他の思い込みや考え方、こだわり、主義・主張や信念といったものに気づいていく。

このように、対話とは相違（ないしは違和感）が出発点となるが、ブレイディ（二〇二一）の民主主義と会話（対話）についての指摘は大変興味深い。民主主義は「違いが存在すること、相反する信条すら抱いていることを確認しながら、どこまでなら譲り合えるかを探り合い、摺り合わせる『あいだ』の空間での地道な会話の連続なのだ」（ブレイディ 二〇二一：一五九）。つまり、対話と民主主義はきわめて近い関係にあり、教育の文脈で対話を重視するということは、教室や学校に「同調圧力の空気」を満たしていくことではなく、相違を前提とした民主的な教育環境を整えていくことに他ならない。民主主義は他者を打ちのめしていく制度でもなければ、マジョリティがマイノリティを「数という名の正義」のもとに屈服させるような制度でもない。

かつてデューイは民主主義を次のように表現した（デューイ 一九七五：一四二）。「民主主義は単なる政治形態でなく、それ以上のものである。つまり、それは、まず第一に、共同生活の一様式、連帯的な共同経験の一様式なのである。……一つの関心を共有する人々の数がますます広い範囲に拡大して行くということは、人々が自分たちの活動の完全な意味を認識するのを妨げていた階級的・民族的・国土的障壁を打ち壊すことと同じことなのである」。多種多様な考え方や生き方、宗教や民族、アイデンティティをもった私たちが「なんとかして共に生きていく」ために生み出してきた制度が民主主義であり、絶えざる善さの追求によって「なんとかして共に生きていくこと」を探究することが、共創的協調というウェルビーイングの実現に繋がる。自分や他者の考えや常識に気づき、それをふまえた上でよりよい状態になっていくためにどのように行動を起こしていくのか、それがウェルビーイングの実現に向けたエージェンシーの発揮なのである。

しかしながら、改めて現代の日本に目を向けると、私たちがそもそも異なった存在であるという前提はそれほど共有されておらず、むしろその場の「空気」を共有しそれに従うというのが一般的であろう（鴻上 二〇〇九）。ゆえに、「私はこう考える」という意見表明は、例えば子どもの権利条約の一つの柱になっているにもかかわらず、広く浸透しているとはいえず、さらには日本の文化的な影響を受けて大人も意見をそれほど表明しない傾向にある(3)（文化庁 二〇一七）。大人が意見を表明することに消極的であることは、子どもの意見表明にも消極的な意識を導きかねず、子どもにはできれば意見表明しないでほしいというマインドに陥ってしまうかもしれない。あるいは、子どもは「権利の主体」というより「保護の対象」であるので、黙って大人の言う通りに動いていればいいという考えに陥るかもしれない。つまり、そこには大人と子どもの相互作用的な視点はなく、弁証法的に意見をすり合わせていくという対話の原理は見出せない。意見を表明することはエージェンシーの一つの表れであるにもかかわらず、私たち大人の態度が子どものエージェンシー発揮を妨げている可能性があるかもしれないのだ。

平田は、大人と子どもの対話について次のように述べる。「親や教師が子供に自分の価値観を一方的に押し付けるのではなく、子供との対話の中で、自らの価値観が変わっていく可能性を開いておかなければならない……ここで重要なことは、親や教師も、きちんとした価値観を子供に提示するという点だ。自らの価値観を示さずに、いつも子供の言いなりでは意味がない。大人の価値観をはっきりと提示する。しかしその価値観は、年長者故の絶対的なものではなく、対話の過程で常に変更可能な、柔軟性をもったものでなくてはならない」（平田 二〇一五：二三四～二三五）。大人も子どもも共によりよい社会を形成していく主体者であり、ウェルビーイングを実現していく平等な存在である。共創的協調を実現していくためには、お互いが異なった存在であるということを前提にしながら、どうやればお互いがより幸せに生きていくことができるのかを探っていかねばならない。この意味において、対話は私たちの気づきを促すというウェルビーイングの入口であると同時に、ウェルビーイングの実現への手段となる。

では、教室においてどのように対話を促していけばよいのであろうか。具体的な方略については稿を改めて論じたいが、少なくともいえることは、教室環境において、違いを前提としながら意見の表明が積極的に促されているということ、個々人が尊重されているということ、教室が安心・安全な場であることである。こういった民主的な環境を設定しながら、子どもたちが他者の発言に対して「応答する」練習をしていくことである。発言しっぱなしという一方向の「モノローグ」ではなく、他者の言葉に応答することによって「ダイアローグ」の原型が見られるようになる。まずは一・五往復のやりとり（対話）を目指すところから始めるのがよいだろう。

対話とエージェンシー、そしてウェルビーイングとしての教育

本章では、ウェルビーイングの内実とそこにエージェンシーがどのように関わってくるのかを明らかにしてきた。

エージェンシーを発揮するということは、私たちがよりよい人生を送っていくために実際に行動するということに他ならず、どのような人生や社会がよりよいのかということを常に問い続けるということを意味している。その意味では、学校教育において、よりよい生き方としてのウェルビーイングを見出していくための核として、道徳教育に課せられた役割は大きいといえる。「何のために学ぶのか」という学ぶ目的＝ウェルビーイングを意識づけできるのは、道徳教育の大きな役割であるからだ。

本章で十分に論じられなかった点はいくつかある。特にウェルビーイングの実現に向けた個人の「潜在能力」（capability）についても考えておかねばならない。ＯＥＣＤもすでに、ウェルビーイングを「生徒が幸福で充実した人生を送るために必要な、心理的、認知的、社会的、身体的な働き（functioning）と潜在能力（capabilities）である」（国立教育政策研究所 二〇一七：四）と定義し、潜在能力について言及している。セン（一九九九）はウェルビーイングの実現に向けて、各個人が何をすることができるかという選択肢を活用していく力として潜在能力という言葉を用いたが、実際には潜在能力を発揮できる選択肢がたくさんある子どももいれば、そうではない子どももいる。生活環境の苦しさなどによって、子どもが潜在能力を十分に発揮できない状況が課せられているならば、その子どもたちのウェルビーイングはそもそも実現不可な話になってしまう。私たちは誰もが幸せになる権利を有している。環境や状況を整えていくだけではなく、その状況を十分に活用していくための潜在能力を高めていくことが、子どもの権利保障にも繋がるのである。

溝上が指摘するように、ウェルビーイングは傘概念（umbrella term）であるために、何をもってウェルビーイングとするのか、構成概念には何が考えられるのかという「傘概念の下位に設定する次元、すなわち構成概念は論の真骨頂となる」（溝上 二〇二四：一一）。ウェルビーイングという「傘」の下に何を設定するのかについて、今後は道徳科の内容項目との関連において捉えていく必要があろう。

注

（1）ノディングスは「ウェルビーイング」（well-being）ではなく「幸せ」（happiness）という言葉を用いているが、快楽や欲求、ニーズといった観点から分析的に「幸せ」を捉えており、情動的で短期的な「幸せ」ではなく、アリストテレスのエウダイモニアの慣例的な言い方として「幸せ」と表記している。

（2）マズローの欲求階層モデルの図そのものはマズローが図式化したわけではなく、Goble（1970）において示されたものである。

（3）意見の表明などについてどのような意識をもっているかという問いに対して、「なるべく事を荒立てず、相手の気持ちになじむよう話し、人間関係を優先し自分の意見を主張しない傾向」があることが明らかになった（文化庁 二〇一七）。

参考文献

アリストテレス（高田三郎訳）（一九七一／一九七三）『ニコマコス倫理学（上）（下）』岩波書店。

エドモンドソン、A・C（野津智子訳）（二〇二一）『恐れのない組織――「心理的安全性」が学習・イノベーション・成長をもたらす』英治出版。

クリッツアー、B（二〇二一）『21世紀の道徳――学問、功利主義、ジェンダー、幸福を考える』晶文社。

鴻上尚史（二〇〇九）『「空気」と「世間」』講談社。

国立教育政策研究所（二〇一七）「OECD生徒の学習到達度調査　PISA二〇一五年調査国際結果報告書　生徒のwell-being（生徒の「健やかさ・幸福度」）」。https://www.nier.go.jp/kokusai/pisa/pdf/pisa2015_20170419_report.pdf（最終閲覧日：二〇二四年九月二〇日）

佐藤学（一九九九）『学びの快楽――ダイアローグへ』世織書房。

セン、A（池本幸夫・野上裕生・佐藤仁訳）（一九九九）『不平等の再検討――潜在能力と自由』岩波書店。

中央教育審議会（二〇二三）「次期教育振興基本計画について（答申）」。

デューイ、J（松野安男訳）（一九七五）『民主主義と教育（上）（下）』岩波書店。

ノディングス、N（山崎洋子・菱刈晃夫監訳）（二〇〇八）『幸せのための教育』知泉書館。

ハッティ、J／フィッシャー、D／フレイ、N／クラーク、S（原田信之訳者代表、笹山郁生・宇都宮明子・石田裕久・長濱文与訳）（二〇二三）『自立的で相互依存的な学習者を育てるコレクティブ・エフィカシー』北大路書房。

平田オリザ（二〇一五）『対話のレッスン――日本人のためのコミュニケーション術』講談社。

ブレイディみかこ（二〇二一）『他者の靴を履く――アナーキック・エンパシーのすすめ』文藝春秋。

フロム、Ｅ（佐野哲朗訳）（一九七七）『生きるということ』紀伊國屋書店。

文化庁（二〇一七）「平成二八年度『国語に関する世論調査』の結果の概要」。https://www.bunka.go.jp/tokei_hakusho_shuppan/tokeichosa/kokugo_yoronchosa/pdf/h28_chosa_kekka.pdf（最終閲覧日：二〇二四年九月二〇日）

マズロー、Ａ・Ｈ（小口忠彦訳）（一九八七）『改訂新版　人間性の心理学――モチベーションとパーソナリティ』産業能率大学出版部。

溝上慎一（二〇二四）『幸福と訳すな！　ウェルビーイング論――自身のライフ構築を目指して』東信堂。

文部科学省（二〇二三ａ）「令和四年度　公立学校教職員の人事行政状況調査について」。https://www.mext.go.jp/a_menu/shotou/jinji/1411820_00007.htm（最終閲覧日：二〇二四年九月二〇日）

文部科学省（二〇二三ｂ）「令和四年度　児童生徒の問題行動・不登校等生徒指導上の諸課題に関する調査結果について」。https://www.mext.go.jp/content/20231004-mxt_jidou01-100002753_1.pdf（最終閲覧日：二〇二四年九月二〇日）

百合田真樹人（二〇二三）「ウェルビーイングの生成と課題」独立行政法人教職員支援機構監修、本図愛実編著『日本の教師のウェルビーイングと制度的保障』ジダイ社。

Bandura, A. (1989) Human agency in social cognitive theory. *American Psychologist*, 44(9).

Bandura, A. (1997) *Self-efficacy: The Exercise of Control*. W. H. Freeman and Company.

Ferguson, R. F., Phillips, S. F., Rowley, J. F. S., & Friedlander, J. W. (2015) *The Influence of Teaching: Beyond Standardized Test Scores: Engagement, Mindsets, and Agency*. Harvard University.

Goble, F. G. (1970) *The Third Force: The Psychology of Abraham Maslow*. Grossman.

OECD (2019a) *Future of Education and Skills 2030, Conceptual Learning Framework Concept Note: Student Agency for 2030*.

OECD (2019b) *Future of Education and Skills 2030, Conceptual Learning Framework, Learning Compass 2030*.

第8章　倫理学の知見に基づく道徳科の単元開発

髙宮正貴

1　道徳的諸価値の本質的な関連を捉える必要性

道徳授業で毎時間一つひとつの内容項目を扱って学習することには意義がある。しかし、内容項目とそこに含まれている道徳的諸価値を相互に関連づける授業にも意義がある。というのは、例えば、「勇気」は小学校では「希望と勇気、努力と強い意志」に、中学校では「希望と勇気、克己と強い意志」に含まれている。しかし、勇気は「親切」「公正、公平」や「連帯」などの他の道徳的諸価値を実現する手段としての徳であり、そうした手段としての徳は、倫理学では「実行の徳」と呼ばれている（髙宮 二〇二三：六一）。このように、勇気は他の道徳的諸価値と本質的に関連する。

それゆえ、二〇一七（平成二九）年告示学習指導要領「第三章　特別の教科　道徳」の「第三　指導計画の作成と内容の取扱い」の二では、「内容項目の相互の関連を捉え直したり発展させたりすることに留意すること」と記載されている。しかし、木原（二〇一五）が提案する「複数関連価値統合型」の道徳授業などの少数の例を除けば、内容項目や道徳的諸価値の「関連性は、学校の年間指導計画や教材開発、授業実践にはほとんど生かされてこなかった」（西野 二〇二二：二六三）。

その一方で、複数の道徳的諸価値を関連させる授業については批判もある。村上は、「利用する資料の内容を分析して諸価値の分布を見て、それをもって中心価値に対する関連価値と見なしていくことは、資料分布と価値分布を混同し、かえって指導のねらいを不明確にする」（村上 一九七三：九七）と指摘している。この「資料分布」と「価値分布」という言葉の意味を筆者なりに解釈すると次のようになる。「資料分布」とは、ある特定の教材にどの道徳的諸価値が含まれているのかという諸価値の分布である。言い換えれば、ある特定の教材の中で複数の道徳的諸価値が現れたり関連したりしているという「道徳的諸価値の偶然的な関連」である。[1] 一方、「価値分布」とは、ある特定の教材に限定されない「道徳的諸価値の本質的な関連」である。

「道徳的諸価値の偶然的な関連」と「道徳的諸価値の本質的な関連」の二つを厳密に区別することは難しいし、必ずしも厳密に区別する必要はない。しかし、すでに「勇気」の例で見たように、倫理学の知見を活用すれば、この二つをある程度区別することができる。そして、そのように区別することの意義は次の点にある。道徳科が学校教育の教科である以上、学びには「汎用性」が必要である。それゆえ、単に特定の教材の特殊な場面で複数の諸価値が現れたり関連したりしていることを捉えるだけでは、子どもたちにとって汎用的な学びにはならない。そのように捉えるだけでは、村上がいうように、教材に含まれている道徳的諸価値を「平面的羅列的に」（村上 一九七三：九六）捉えることにとどまってしまう。

村上自身は、「道徳は一つの円である。指導要領の二八項目・一六項目というのは、この円周の弧をそのように割っていったというにすぎないのである。一つの道徳的価値を含む一つの内容はつねに全円周を予想し、したがって一つの中心に帰一する。……したがって、いわゆる中心価値と関連価値などという発想は全く無意味であって、関連といえば全ての価値が関連するべきであ」ると記している（村上 一九八一：一一九～一二〇）。しかし、「中心価値と関連価値などという発想は全く無意味」というのは言い過ぎだろう。すでに述べたように、「勇気」は多くの道徳的価値にとっての関連価値として位置づけることができる。また、他の多くの諸価値と関連する少数の中核的な道徳的価値がある。例えば、「親切、思いやり」「連帯」と「感謝」は他の諸価値にとっての関連価値になりやすい。なぜなら、人間は、弱く、傷つきやすく、脆いので、他者による親切や連帯（支え合い、助け合い）を必要とする（高宮 二〇二二）。例えば、友達や家族を助けるために、親切は発揮される。そして、親切や連帯に対する感謝が、さらなる親切や連帯を促す。その一方で、ある価値は別の価値と関連性が薄いこともある。例えば「真理の探究」が他の価値にとっての関連価値になることは少ない。

たしかに、村上がいうように、「主題の構図の中には、いくつかの道徳的諸価値が含まれ得るというのは、中心価値に対してむやみに関連価値をいくつかひろい集めて図表化すればよいということになるものではない。真に立体的で具体的な構造を展望しようとするならば、いわゆる中心価値――正しくいうならば、ひとつの指導内容に関わる価値の本質的意味を正しく、かつ徹底して追求していくという構想に立たなければならない」（村上 一九七三：九八）。しかし、村上のこの言明は、「むやみに関連価値をいくつかひろい集め」ることに対する批判ではあっても、「真に立体的で具体的な構造を展望しようとする」ことを批判するものではない。本章でも、道徳的諸価値を「平面的羅列的に」捉えるのではなく、「真に立体的で具体的な構造を展望しようとする」ためにこそ、倫理学の諸理論に基づいて道徳的諸価値の「構造化」（西野 二〇二二：二六二）を図りたい。(2)

2　道徳的諸価値の本質的な関連を捉える単元構想

本章では、ある特定の教材にどの道徳的価値が含まれているのかという「道徳的諸価値の偶然的な関連」ではなく、倫理学理論に基づいて「道徳的諸価値の本質的な関連」を捉えるための授業を構想する。その際、倫理学理論に基づいて複数の道徳的諸価値を統合する本質的な「概念」（「愛」など）を設定し、その概念をもとに複数の道徳的諸価値の本質的な関連を捉える授業づくりを行う。その本質的な概念は、多くの場合、現状の内容項目のキーワードとしては明示的には書かれていない。それゆえ、毎時間一つの内容項目あるいは道徳的価値を扱う授業を複数回実施しつつ、複数回の授業をその本質的な「概念」によって統合する単元を構想することになる。(3)そこで、本章は、複数の倫理学理論に基づいて道徳的諸価値の本質的な関連を捉えるための単元開発の方法を提案することを目的とする。

表8-1　「パッケージ型ユニット」のタイプ

<table>
<tr><td rowspan="2">(1)重層型
ユニットタイプ</td><td colspan="2">同一の価値内容を複数時間重ねることで設定テーマへの深い学びを促すタイプ</td></tr>
<tr><td>テーマ例
「いのちを感じよう」</td><td>①限りある生命の尊さ
②生命を大切にする態度
③自他の生命を尊重する態度</td></tr>
<tr><td rowspan="2">(2)連結型
ユニットタイプ</td><td colspan="2">多面的・多角的な視点から異なる価値内容で構成して学習深化を促すタイプ</td></tr>
<tr><td>テーマ例
「いじめを考える」</td><td>①公正、公平な言動
②信頼し友情を深める
③自他の生命を尊重する態度</td></tr>
<tr><td rowspan="2">(3)複合型
ユニットタイプ</td><td colspan="2">テーマを複眼的視点から捉えて他教科等と関連付けて構成して学習深化を促すタイプ</td></tr>
<tr><td>テーマ例
「社会の一員として」</td><td>①道徳：他者を思いやり感謝する態度
②学級活動：社会参画意識の醸成
③社会：人権と日本国憲法
④道徳：社会参画しようとする態度</td></tr>
</table>

出所：田沼（2022）をもとに筆者作成。

表8-2　倫理学理論に基づく5種類の単元

	(1)重層型 ユニットタイプ	(2)連結型 ユニットタイプ	(3)複合型 ユニットタイプ
(A)本質的な概念	○	○	○
(B)現代的な課題	×	○	○

五種類の単元

道徳科の複数回の授業を単元として構想するための理論としては、田沼（二〇二二）による「パッケージ型ユニット」がある。

田沼は、「パッケージ型ユニット」を表8-1の三つの種類に分けている[4]。

ところで、(2)連結型ユニットタイプと(3)複合型ユニットタイプについては、表8-2の通り、倫理学理論に基づく(A)本質的な概念の探求と共に、(B)現代的な課題の探求もできる。そう考えると、三つの「パッケージ型ユニット」に(A)本質的な概念と(B)現代的な課題の二つをかけ合わせることで、六種類の単元ができる。しかし、同一の内容項目または価値を扱う(1)重層型ユニットタイプで(B)現代的な課題を扱うことは事柄の性質上難しい。というのは、現代的な課題は必然的に複数の諸価値が関連する問題だからである。そのため、残りの五種類の単元が可能になる。

なお、(A)本質的な概念と(B)現代的な課題は、前者は概念に関する問いであるのに対して、後者は事象に関する問いとなる点に違いがある。

重大な観念（big idea）

ところで、西野（二〇二二）が言及しているように、近年のカリキュラム研究では、少数の「重大な観念（big idea）」をもとに学習単元を統合することが提唱されている。ウィギンズとマクタイによれば、「重大な観念」とは「バラバラな事実とスキルに意味を与え関連づけるような概念やテーマ、論点」である（ウィギンズ・マクタイ 二〇一二：六）。「重大な観念」をもとに個々の学習内容という「点」を「線」で繋ぎ、単元を計画することができる。

道徳科の学習は「事実」ではなく「価値」を扱う。「価値」とは「望ましいこと」であり、「当為（すべきこと）」なので、「事実」を扱う他教科とは本質的に区別されるべきである（髙宮・杉本 二〇二二：八四）。とはいえ、道徳科で学ぶ道徳的価値の理解やその活用方法を「道徳的知識」と呼ぶこともできる（荒木 二〇二二：一八二～一八四）。道徳科の学習内容を「知識」と呼ぶべきかどうかはさておき、『小学校学習指導要領（平成二九年告示）解説　特別の教科　道徳編』では「道徳的価値についての単なる知的理解に終始」しないように求められているが、道徳的価値についての「知的理解」が不要なわけではない。それゆえ、道徳的価値に関わる「重大な観念」についての「知的理解」のための授業は、それに終始してはならないとはいえ、許されるだけでなく、求められるだろう。

倫理学理論は、道徳的価値に関わる「重大な観念」を発見することに寄与し、その「重大な観念」をもとにした単元構想を可能にする。それゆえ、「パッケージ型ユニット」がしばしば特定の教材から構想されがちであるのに対して、倫理学理論に基づくならば、(A)本質的な概念をもとにした単元開発を行えるようになる。

3　「本質的な概念」に基づく単元構想

本章では、紙幅の制約もあり、(A)本質的な概念に基づく単元に論述を限定する。また、(3)複合型ユニットタイプの道徳科と他教科等との関連についても、別の機会に検討したい。本章では、(A)本質的な概念についての問いのうち、(1)重層型ユニットタイプと(2)連結型ユニットタイプに絞って提案する。

単元を構想するには、倫理学理論をもとに重大な観念を設定し、その重大な観念を問いの形に具体化する必要がある。ここでの重大な観念は、倫理学理論に基づく「本質的な概念」である。「本質的な概念」を問いの形に具体化するには、次の二通りの方法が考えられる。

① 「本質的な概念」による統合：愛と尊敬、傷つきやすさ（vulnerability）と行為者性（agency）、友愛、公と私、多様性、他

② 「本質的な概念」を具体化した行為：支え合う、弱さと向き合う、共に生きる、多様性を認め合う、他

以下では、上記の①と②をもとに、同一の価値を複数時間扱う(1)重層型ユニットタイプと、本質的な概念をもとに異なる諸価値で構成する(2)連結型ユニットタイプを構想してみよう。

単元「愛と尊敬」

愛と尊敬についてはヒューム（二〇一九）も論じているが、ここではカントの『人倫の形而上学』の「徳論」に基づいて説明する。(5)

カントは、相互の愛を互いを接近させる引力に、相互の尊敬を互いの距離を保たせる斥力に例えている。そして、カントは、道徳にはどちらも欠けてはならないという（カント 二〇二四b：一六五）。愛と尊敬は緊張関係にある。困っている人を助けるのは愛（親切）である。しかし、困っている人を助けることによって、相手の自尊心を挫き、

相手を卑下させてしまう危険性もあるので、相手に重荷を負わせないように配慮することが大切である。

カントは、友情についても、「友情（その完全なありかたにおいて見られた）は、ふたつの人格がひとしい相互的な愛と尊敬によって結びつくことである」（カント 二〇二四b：二〇六）と定義している。

この愛と尊敬の概念に基づいて単元を構想してみよう。

(A)―(1)本質的な概念に基づく重層型ユニットタイプとしては、「親切」という同一の価値内容について、一時間目に「助ける親切（愛）」を、二時間目に「相手の自尊心を尊重してあえて助けない親切（尊敬）」を考える。

(A)―(2)本質的な概念に基づく連結型ユニットタイプとしては、一時間目に「親切における愛と尊敬」、二時間目に「友達に対する愛と尊敬」、三時間目に「家族に対する愛と尊敬」、四時間目に「自然に対する愛と尊敬」を考える。

単元「傷つきやすさと行為者性」

ミラーによれば、人間は卑小で「傷つきやすい（vulnerable）」存在で、最低限の自由、機会、資源を与えられていなければ、人間らしい生を全うすることはできない。一方で、人間には「行為者性（agency）」があり、人間は自分自身の生に対して責任をもち、自らの行為を選択する主体でもある。正義について考える際には、この両方を見なければならないとミラーはいう（ミラー 二〇一一：一一）。

人間が傷つきやすさに対処するための道徳的諸価値には、親切、思いやり、感謝、連帯がある。なぜなら、人間は、傷つきやすく、弱いので、他者からの親切を必要とし、他者の親切に感謝し、互いに連帯（支え合い、助け合い）しなければならないからである。

その一方で、行為者性に対応する道徳的諸価値には、自律、自由、責任、個性の伸長、勇気、努力、克己、強さ、気高さ（崇高さ）などがある。人間は自分の行為を決定し、責任を負うことができ、弱さを乗り越える強さや気高さ（崇高さ）がある。

また、行為者性は、自分だけではなく他者にもある。他者の行為者性を尊重するためには、礼儀、相互理解、寛容、規則の尊重、遵法精神、公正、公平、社会正義などが必要になる。

なお、「傷つきやすさ」は「弱さ」、行為者性は「強さ」と言い換えてもよい。「弱さ」と「強さ」という「本質的な概念」に基づいて、今挙げた道徳的諸価値を統合する「連結型ユニットタイプ」の単元を構想することができる。

他にも、アリストテレス（二〇一六）の「友愛」の概念や、和辻哲郎（二〇〇七）の「公」と「私」の概念に基づいて、友情、公共の精神、家族愛、愛校心、郷土愛、愛国心、人類愛などを統合する「連結型ユニットタイプ」の単元を構想することができる。

4　「多様性」の概念に基づく単元開発と授業実践

本章では、(A)本質的な概念に基づく(2)連結型ユニットタイプとして、「多様性」の概念に基づく単元を開発し、授業を行った。授業は、足立区足立小学校の杉本遼教諭が行った。

まず、単元を構想する際には、多様性に関わる道徳的諸価値（公正、公平、規則の尊重、相互理解、謙虚、礼儀）を抽出した。次に、その道徳的諸価値に基づいて教材を選定した。しかし、実際に教材を選定する際には、道徳的諸価値から教材を演繹したのではない。既存の教科書教材の中から教材を選択したので、多様性に関わる道徳的諸価値と教材での道徳的諸価値の描かれ方とを往還しながら、以下で示す価値理解の内容と教材を選択した。

単元を統合する概念としては、「多様性」を設定した。その上で、「多様性」という「本質的な概念」を具体化した行為（第三節における②）としては、「どんな人ともよい関係を築いていく」とした。その行為を問いの形に変形し、単元を貫く問いを「どんな人ともよい関係を築いていくには？」とした。

授業を行う学年は小学校四年生である。表８-３に、主題名、ねらい、教材名、想定される価値理解を記した。

表8-3 「多様性」の単元構想

第1時：内容項目「公正、公平、社会正義」	
主題名	対等な人として尊重すること
ねらい	自分と異なる考えの人やマイノリティを排除せず、自分の考えと違う人も同じ人間として平等に接する態度を養う。
教材名	わたしにはゆめがある――マーティン・ルーサー・キング・ジュニア（廣済堂あかつき『小学生の道徳４』）
想定される価値理解	• すべての人は平等な尊厳をもつ。
第2時：内容項目「規則の尊重」	
主題名	すべての人の権利を両立させるための規則と法
ねらい	多様な考え方を認め合うには、すべての人の自由（権利）を両立させる規則と法が必要であることを理解する。
教材名	きまりは何のために（文部科学省『私たちの道徳　小学校５・６年』）
想定される価値理解	• マイノリティの意見も尊重することによって、すべての人の自由が両立することが大切である（カントの「法の普遍的原理」）（カント 2024a：74〜75）。 • ある人の権利はすべての人の権利と両立する必要がある。 • 他者の権利を尊重する義務がある。 • 規則と法をつくった後は責任をもって守ることが大切である。
第3時：内容項目「相互理解、寛容」	
主題名	対等な話す主体として尊重すること
ねらい	多様な見方や考え方があることを知り、お互いを対等な人間であると認め合おうとする態度を養う。 それと同時に、自分は完全ではないという謙虚な考えをもつ。
教材名	学級会での出来事（光村図書『道徳４　きみがいちばんひかるとき』）
想定される価値理解	• 対等な立場で人を尊重することが大切である。 • マイノリティの意見が常に正しいとは限らないが、少数意見を尊重することは大切である。 • 合意する上では、数の論理が正しいのではなく、理由が大切である。 • 他のあらゆる人の立場で考えることが大切である（カントの「拡張された思考様式」）（カント 2015：257）。
第4時：内容項目「礼儀」	
主題名	他者を敵ではない主体として尊重すること
ねらい	仲の良い人たちと共に生きるだけでなく、考え方の異なる人々や親しくない人にも礼儀正しく振る舞うことで、自分たちと異質な人々とも交流し合おうとする態度を養う。 それによって、自分の考えと異なる見方を知り、対立し合うのではなく多様な個性を生かし合う調和した社会を形成する態度を養う。
教材名	言葉のまほう（廣済堂あかつき『小学生の道徳４』）
想定される価値理解	• 他者を敵ではなく、一人の人として認めるには礼儀が必要である（キムリッカ 2012：434）。
単元全体で想定される「多様性」についての価値理解	
• どんな人ともよい関係を築くためには、自分と同じようにすべての人を大切にする。 • どんな人ともよい関係を築くためには、他者の意見を聞くと共に、一定のきまりや礼節（丁寧な言葉）が必要である。	

表8－4　単元「どんな人ともよい関係を築いていくには？」におけるある児童の考え

内容項目	問い	ある児童の考え
単元開始前	どんな人ともよい関係を築いていくには？	人に優しくして、友達に執着しないことだと思います。執着すると、喧嘩したりしたら、仲のいい人がいなくなるからです。そして、すぐ怒ったり、泣いたりすると、めんどうだと思われるかなって思います。
第1時：内容項目「公正、公平、社会正義」	なぜ差別は起きてしまうの？	何があっても外見で差別はだめです。しかし、自分や家族がよい扱いをされる側だったら、反対する意見は出せないです。自分が明るかったら、知らない人の人生が暗くてもわかりません。心の中でだめだとわかっていても、差別を絶対しないとは宣言はできません。難しい社会だ……。
第2時：内容項目「規則の尊重」	きまりは何のために？	決まりは大事だと思っていたけど、今回で変わりました。守りたくないような悲しい法律や決まり、破れるような軽い決まりはいらないと思います。ひどい法律、きまりも悪いですが破るような人がいなければいいとも思います。社会性がある人じゃないとだめだと思いました。
第3時：内容項目「相互理解、寛容」	話し合いはどうすればよい？	多人派と少人派では圧倒的に多人派が勝ってしまう。多人派が強く、大きいからです。存在が大きいと、何を言っても守られます。少人派の人は意見が心の中にあっても言葉にできないことがある。「司会者」などのどちらでもない人たちが「助けて」「嫌だ」などの合図の言葉を気づき、助けないといけないと思いました。そして、自分も助けてあげられる人になりたいと思いました。でも、自分が少人派だったら、言えないし、多人派の人を怖いと思います。全員の意見が大事なので、少人数の人も自分の意見を大事にしてほしいと思いました。
第4時：内容項目「礼儀」	どんな言葉を使う？	もし、知らない人とぶつかったら、何も言わないか、「ごめんなさい」と言って、すぐに帰ると思います。でも、仲のいい友達だったり、家族だったりしたら、「それは違うと思う」と強くは言わず、言い返します。今後の関係もあるので、自分の考えを伝えないといけないと思うからです。
単元終了後	どんな人ともよい関係を築いていくには？	自分が思っても、相手は違う考えをもってて、意見が合わなかったり、逆にすごく同じ考えだったりする。自分と相手との重なりや、多人派と少人派の違い、不平等が生まれると思いました。この学習で、私が成長したことは、他の人の感じ方、思い方を考えられるようになったことです。「この場面の時は、こんな言葉言ってはいけないんだ！」と、今後生きていくことにおいて大事なことを学びました。

実際の授業では、第一時の教材に入る前に、「どんな人ともよい関係を築いていくには？」という単元を貫く問いについて子どもに考えさせた。ある児童は、最初、「友達に執着しない」という処世術的な考えを書いていた。しかし、第四時に同じ問いについて再び考えさせた時には、「多様性」の概念について、相互理解、公正（平等）、礼節（丁寧な言葉）と結びつけながら、自分の考えを書いた。このように「多様性」についての考えの深まりが見られた（表8-4）。

単元が終了した後、「何時間かつなげて同じテーマを考える時と、一時間ごとの授業とでは何か違いはありますか？」という問いについて数名の児童にインタビューを行った。ある児童は、「一時間だと、その一つのテーマについて意見を出し合うけど、四時間だと今までの学習も振り返られる。『わたしにはゆめがある』の話があったから、きまりについて考えたいという気持ちも強くなったし、『きまりは何のために』の学習をしたから、話し合いについて考えなくてはいけないという思いになった。四時間の方が手を挙げて意見をいう人も増えた。前回発表したかったけど言えなかった人が、次の話で振り返りながらいざどうかって考えて、また発言できていた」と話した。この児童に限らず、複数時間の学習を繋げて考えている児童が多かったことから、単元化には一定の意義があったといえる。

5　道徳的諸価値の関連を捉える単元開発、教材開発、授業実践のために

本章では、複数の倫理学理論に基づいて道徳的諸価値の本質的な関連を捉えるための単元開発の方法を提案してきた。倫理学理論に基づくことによって、ある特定の教材に複数の道徳的諸価値が現れたり関連したりしているという「道徳的諸価値の偶然的な関連」を捉えるのではなく、ある特定の教材に限定されない「道徳的諸価値の本質的な関連」を捉えることが可能になることを明らかにした。

本章で明確になったことは、内容項目やそれに含まれている道徳的諸価値を関連させる授業を構想する際には、

ある特定の内容項目に含まれている道徳的価値を中心価値として設定するよりも、複数の内容項目とそこに含まれている道徳的諸価値を統合する、より高次の「本質的な概念」を設定することが効果的だということである。本章では、「多様性」という概念に基づいて単元開発を行い、授業を行った。

本章の成果から示唆されることは次の二点である。

第一に、道徳科の教科書において、「現代的な課題」に限らず、本章で示したような「本質的な概念」に基づく単元構想が可能であり、求められるということである。

第二に、西野が指摘するように、二〇一七（平成二九）年告示学習指導要領におけるA～Dの内容項目の四視点の分類は「内容の構造化を志向した整理であったといえるが、それらの関連性は抽象的な指摘にとどまっており、教材開発や授業づくりに活用できる『構造化』が示されたとは言えない」（西野 二〇二一：二六二）。『小学校学習指導要領（平成二九年告示）解説　特別の教科　道徳編』には、「この四つの視点は、相互に深い関連をもっている。例えば、自律的な人間であるためには、Aの視点の内容が基盤となって、他の三つの視点の内容に関わり、再びAの視点に戻ることが必要になる。また、Bの視点の内容が基盤となってCの視点の内容に発展する。さらに、A及びBの視点から自己の在り方を深く自覚すると、Dの視点がより重要になる。そして、Dの視点からCの視点の内容を捉えることにより、その理解は一層深められる」という記述があるが、この記述だけでは単元開発、教材開発、授業実践にはほとんど役立たない。

それゆえ、次の学習指導要領改訂時には、「内容項目に含まれている道徳的諸価値の相互の本質的な関連」について、個々の内容項目ごとに詳しく説明することが望ましい(6)。その際には、個々の内容項目の「固有性」（例えば、「家族愛」であれば「無私の愛情」。「よりよい学校生活」であれば「よりよい校風をつくる」）と相互の「関連性」（例えば、愛国心を実現するためには公共の精神が必要であること）、及び「共通点」（例えば、友情と家族愛は共に友愛の一種であること）と「相違点」（例えば、自由に対する責任と役割に対する責任は異なること）を明示することによって、教科書会社や小・中学校の先生による単元開発、教材開発、授業実践を支援すべきだろう。

注

（1）例えば、定番教材の「銀の燭台」で、ジャン・ヴァルジャンは、ミリエル司教に「寛容」に許されることによって改心し、「気高く」生きることを決意する。しかし、気高く生きるためには、他者の寛容が必ず必要だというわけではない。こうしたある特定の教材の中での道徳的諸価値の関連を、本章では「道徳的諸価値の偶然的な関連」と呼ぶ。本書「第11章座談会——内容」における議論を参照のこと。
（2）木原は、「中核的価値とその他の諸価値の連関の構造について、理論と実践の往還による学問的知見からの検討が必要」とした上で、「道徳科の理論的支柱である倫理学等の学問的知見からの検討」が課題だとしている（木原 二〇二一：二三八）。本章はその課題を遂行するものである。
（3）中野（二〇二〇）は内容項目の配列法について論じているが、本章の独自性は、道徳的諸価値を統合する高次の本質的な概念を設定することにある。
（4）(3)の「複合型ユニットタイプ」は、押谷（一九九五）が提唱する「総合単元的道徳学習論」と同様である。「総合単元的道徳学習論」とは、道徳の時間の学習を、各教科、特別活動等の全教育活動を通した道徳教育と関連づけて単元を構成する理論である。
（5）別のところで筆者は、愛と尊敬の概念によって内容項目に含まれている道徳的諸価値の構造化を試みた（髙宮 二〇二四：三～五）。
（6）筆者による内容項目私案のほか（髙宮 二〇二三）、内容項目に含まれている道徳的諸価値に関する倫理学的・思想史的説明については、髙宮ほか（二〇二四）を参照されたい。

参考文献

荒木寿友（二〇二二）「『資質・能力』の方向性を導くための〈道徳性〉の再定義」道徳教育学フロンティア研究会編『続・道徳教育はいかにあるべきか——歴史・理論・実践・展望』ミネルヴァ書房。

アリストテレス（渡辺邦夫・立花幸司訳）（二〇一六）『ニコマコス倫理学（下）』光文社。

ウィギンズ、G／マクタイ、J（西岡加名恵訳）（二〇一二）『理解をもたらすカリキュラム設計——「逆向き設計」の理論と方法』日本標準。

押谷由夫（一九九五）『総合単元的道徳学習論の提唱――構想と展開』文溪堂。

カント（熊野純彦訳）（二〇一五）『判断力批判』作品社。

カント（熊野純彦訳）（二〇二四a）『人倫の形而上学　第一部　法論の形而上学的原理』岩波書店。

カント（宮村悠介訳）（二〇二四b）『人倫の形而上学　第二部　徳論の形而上学的原理』岩波書店。

木原一彰（二〇一五）「複数関連価値統合型の道徳の時間の可能性――学習指導過程の固定化を克服するために」『道徳と教育』第三三三号。

木原一彰（二〇二二）「道徳的諸価値の連関と内容項目の再編」道徳教育学フロンティア研究会編『続・道徳教育はいかにあるべきか――歴史・理論・実践・展望』ミネルヴァ書房。

キムリッカ、W（岡崎晴輝・施光恒・竹島博之・栗田佳泰・森敦嗣・白川俊介訳）（二〇一二）『土着語の政治――ナショナリズム・多文化主義・シティズンシップ』法政大学出版局。

髙宮正貴（二〇二二）「カント主義的構成主義による内容項目の正当化」道徳教育学フロンティア研究会編『続・道徳教育はいかにあるべきか――歴史・理論・実践・展望』ミネルヴァ書房。

髙宮正貴（二〇二三）「道徳科の学習内容構成に関する倫理学的探究――内容項目私案（その一）」道徳科教育学を考える会『道徳科教育学研究　第二巻』パブファンセルフ。

髙宮正貴（二〇二四）「道徳的諸価値の関連１　西洋倫理学」髙宮正貴・椋木香子・鈴木宏編『道徳科「内容項目」を問い直す！　道徳授業づくりハンドブック（仮題）』北大路書房。

髙宮正貴・杉本遼（二〇二二）『道徳的判断力を育む授業づくり――多面的・多角的な教材の読み方と発問』北大路書房。

髙宮正貴・椋木香子・鈴木宏編（二〇二四）『道徳科「内容項目」を問い直す！　道徳授業づくりハンドブック（仮題）』北大路書房。

田沼茂紀（二〇二二）『道徳科教育学の構想とその展開』北樹出版。

中野真悟（二〇二〇）『研究授業の単元も作れるようになる！　道徳科のカリキュラム・マネジメントを実現する年間指導計画作り』渓水社。

西野真由美（二〇二二）「内容」道徳教育学フロンティア研究会編『続・道徳教育はいかにあるべきか――歴史・理論・実践・展望』ミネルヴァ書房。

ヒューム、Ｄ（石川徹・中釜浩一・伊勢俊彦訳）（二〇一九）『人間本性論　第二巻　情念について〈普及版〉』法政大学出版局。

ミラー、Ｄ（富沢克・伊藤恭彦・長谷川一年・施光恒・竹島博之訳）（二〇一一）『国際正義とは何か――グローバル化とネーションとしての責任』風行社。

村上敏治（一九七三）『道徳教育の構造』明治図書。

村上敏治（一九八一）「わかりやすい組み立ての道徳授業論とその展開」現代道徳教育研究会編『道徳教育の授業理論――十大主張とその展開』明治図書。

和辻哲郎（二〇〇七）『倫理学（一）～（四）』岩波書店。

［付記］　本章はJSPS科研費JP21K02475の助成を受けたものである。また、本章で提案した授業を行ってくださった足立区立足立小学校の杉本遼教諭には、この場を借りて深く御礼申し上げる。

第9章　道徳科学習における言語活動の充実についての一考察

木下美紀

1　問題の所在

「考え、議論する道徳」を掲げ、授業の質的転換を求めた「特別の教科　道徳」がスタートして、二〇二四年現在小学校が七年、中学校が六年経過した。教科化当初は、「何が変わり、何が変わらないか」など様々な議論が行われ、多様な方法論が試行された。教育現場では、年間指導計画に沿って、教科用図書教材を使用し、授業が確実に行われるようになった。その結果、教科化当初の道徳科授業の質的・量的担保というねらいは概ね達成できたといってもよいだろう。

しかし、文部科学省「令和三年度　道徳教育実施状況調査」では、「道徳科の授業を実施する上での課題」として、「話合いや議論を通じて、考えを深めるための指導」「物事を多面的・多角的に考えるための指導」「道徳的理解を自分との関わりで深める指導」の項目が上位を占めた（文部科学省 二〇二二）。このデータは、現場の悩みを示している。現在まで、「考え、議論する道徳」というキャッチフレーズをもとに、多様な方法論を試行する実践が行われてきた。その結果、従来の心情理解中心の授業から、認知的なアプローチを図る道徳科学習を多く目にするようになった。また、タブレットなどのＩＣＴ機器を活用した授業もかなり盛んに行われるようになってきた。ＩＣＴ機器は、可視化することで、従来の学習よりも効率化が図られ、メリットも大きい。また、個人の興味関心に応じた深化・発展的な学習も可能である。しかし、そのような知的ベースの授業において、子どもの心は、動いているだろうか。道徳科学習が各教科等の学習と大きく違うのは、「感情、心情を言語化すること」ではないか。子どもは、一人ひとりの価値観をベースにしながら、その表出した言葉で他者と対話し、自己と対話し、自己の生き方を模索していく。その繰り返しが子どもの道徳的な価値観形成に大きな影響を与える。

鯨岡は、コミュニケーションを「理性的コミュニケーション」と「感性的（情動）コミュニケーション」に分類し、理性的コミュニケーションで共有される情報（情報、知識の共有）は感性的コミュニケーション（情動の共有）にも関連し、その情報や情動は、往還するとしている。知的な情報共有が行われる理性的なコミュニケーションも、その根底で情動の共有としての感性的コミュニケーションに影響を受けるということである。また、情報や情動の共有は、「心理的に距離の近い間柄」によって影響を受けるということを指摘している（鯨岡 一九九七：一六五～一七二）。これらのことから、学習の母体となる学級集団における児童生徒同士の心理的な距離、学級集団としての凝集性についての重要性が見えるのではないか。

今後の道徳科における授業像として、学習の共同体としての学級集団をベースに、子どもの問題意識を生成する認知的なアプローチからスタートして、他者と対話する中で多面的・多角的に思考し、道徳的な体験のエピソードを介して情意的な側面と繋ぎ、実感・納得を伴う道徳科学習のあり方を構想したい。「言語活動」を充実させることこそが、今後の道徳教育の充実の鍵を握ると考える。

2　言語活動の充実が求められる社会的背景

言語活動の充実は、二〇〇八（平成二〇）年告示の小・中学校学習指導要領の改訂において導入された理念である。文部科学省は、言語活動の充実に関する基本的な考え方として、各教科等における言語活動の充実の意義として、次のように示している。

平成二〇年答申では、言語は知的活動（論理や思考）の基盤であるとともに、コミュニケーションや感性・情緒の基盤でもあり、豊かな心を育む上でも、言語に関する能力を高めていくことが重要であるとしている。このような観点から、新しい学習指導要領においては、言語に関する能力の育成を重視し、各教科等において言語活動を充実することとしている。……各教科等においては、国語科で培った能力を基本に、それぞれの教科等の目標を実現する手立てとして、知的活動（論理や思考）やコミュニケーション、感性・情緒の基盤といった言語の役割を踏まえて、言語活動を充実させる必要がある。

（文部科学省：二〇一一）

以上のように、言語活動については、「知的活動（論理や思考）の基盤」「コミュニケーションや感性・情緒の基盤」と説明されている。これらの言語活動では、国語科で培った能力が基盤になることはいうまでもない。この理念は、二〇一七（平成二九）年告示の小・中学校学習指導要領の改訂においても踏襲された。その学習指導要領解説を見てみると、各教科等に言語活動の項目があり、記述の仕方は様々ではあるが、各教科等における言語活動の内容・方法が明記されている。また、育む資質能力には、直接教科等の内容に関わる思考力・判断力・表現力等の中に、学習方法としての言語活動を含んで記述している教科も多い。

例えば、言語活動の育成を内容とする国語科においては、次のように示している。

言葉による見方・考え方を働かせるとは、児童が学習の中で、対象と言葉、言葉と言葉との関係を、言葉の意味、働き、使い方等に着目して捉えたり問い直したりして、言葉への自覚を高めることであると考えられる。……伝え合う力を高めるとは、人間と人間との関係の中で、互いの立場や考えを尊重し、言語を通して正確に理解したり適切に表現したりする力を高めることである。

また、道徳科における言葉の役割においては、次のように述べられている。

道徳科において行われる道徳的諸価値についての理解を基に、自己を見つめ、物事を多面的・多角的に考え、自己の生き方についての考えを深める学習では、道徳的価値を含んだ教材を基に、児童が自分の体験や感じ方、考え方を交えながら話合いを深める学習活動を行うことが多い。その意味からも、道徳科における言葉の役割は極めて大きいと言える。

国語科では言葉に関わる基本的な能力が培われるが、道徳科は、このような能力を基本に、教材や体験などから感じ方、考え方に接し、協働的に議論したりする。

また、道徳科における言語活動については、次のように説明されている。

道徳的価値の理解に基づいて自己を見つめ、自己の生き方についての考えを深める観点から、話し合う活動や書く活動など児童一人一人の感じ方や考え方を表現する機会を充実し、自らの道徳的な成長を実感できるようにすることが大切である。

このように国語科の言葉に関わる基本的な能力を基盤に、「考え、議論する道徳」において多様な価値観を議論し、自己の生き方を更新していくのが道徳科学習であるという構図を見ることができる。各教科等との関連を見ながら、共通する方法論として、言語活動、特に「対話活動」に着目して、本章を進めたい。

さて、文部科学省は、「『令和の日本型学校教育』の構築を目指して――全ての子供たちの可能性を引き出す、個別最適な学びと、協働的な学びの実現（答申）」（二〇二一年）において、「令和の日本型学校教育」として「個別最適な学び（指導の個別化と学習の個性化）」と「協働的な学び」を示した。この二つの学びは、単独ではなく、相互に関連し合うもので「個別最適な学び」と「協働的な学び」の一体化の重要性を述べている（文部科学省 二〇二一：一九）[1]。特に、答申の中で、その重要性も強調している。

「個別最適な学び」が「孤立した学び」に陥らないよう、これまでも「日本型学校教育」において重視されてきた、探究的な学習や体験活動などを通じ、子供同士で、あるいは地域の方々をはじめ多様な他者と協働しながら、あらゆる他者を価値のある存在として尊重し、様々な社会的な変化を乗り越え、持続可能な社会の創り手となることができるよう、必要な資質・能力を育成する「協働的な学び」を充実することも重要である。

（文部科学省 二〇二一：一八）

これらのことから考えると、特に、「考え、議論する道徳」においては、子ども同士や地域の人々をはじめ多様な他者との対話を大切にした「協働的な学び」に着目していきたい。あらゆる他者を価値ある存在として尊重することを大前提とし、多様な他者と多様な価値観を交流するならば、道徳教育の役割は、ますます大きくなるだろう。また、道徳科授業においては、それぞれの教材や生活場面に生じる問題場面における「問い」（個別最適な学び）をもとに、「対話」を方法論とし、多様な他者と多面的・多角的に思考し（協働的な学び）、問題解決する学習は重視されるであろう。今後、ますます言語活動の充実が必要になる。

3　言語活動について

ここまで、社会の要請としての言語活動の充実について述べてきたが、先述の通り、言語活動は国語の力が基盤となる。桑原は、言語、言語活動、言語生活という三つの構造を示し、特に、言語活動について、現実態の言語生活から、言葉を営む主体的な活動として抽出し、人間の「考える」という内的な精神的活動で支えられているとしている（桑原 一九九六：一四）。授業者は、このような言語活動を支える言語の本質的な特徴を意識して、授業を構想することが必要になる。

言語活動を支える「言語」について、ボルノー（O. F. Bollnow）は、次のように言語による世界理解と人間形成の両面を述べている。

言語を二元の本質の中心深く捉えること、そうして人間をば話す存在として、またその本質において言語によって規定された存在として理解するという、このように開示された人間理解から教育学に対してどのように帰結が生ずるかを探究することが肝要である。人間がどれほどまでに言語のなかに生き、また言語によって形成されるものであるか、また言語は人間の世界理解と自己実現にとって、どれほどの意味をもっているかがわかれば、教育学もまた、これからの歩みに十分な注意をむけなくてはならない。
（ボルノー　一九六九：九）

また、「対話としての言語」として、「言語における人間的交渉の諸形式、互いに話し合うことを説明の暫定的な仕方で「対話」としている（ボルノー　一九六九：二八）。

また、対話の条件として、対話の関連性、双方向性について指摘している。

対話には、一方の人の言葉が、何かそれに他方の人が結びつきうるようなものを開いたままにしておくということが必要であり、前者が後者に継続的の可能性をひそかに渡すことが必要である、そのためには交互に他のなかに入りこむことが必要とされる。対話に入るということは、いつでも、ある共同のもののなかに入りこむことを意味している。ひとは対話の自己形成的な外皮のなかへと共同的に閉じ込められるのである。
（ボルノー　一九六九：三七）

梶田は、「対話」を、「相互に独立した独自固有の世界にコミュニケーションの橋を架けていくこと、これこそがまさに『対話』である」とし、その成立条件として、以下の三つの基本条件を示している。①自分自身の見方や考え方を、自分自身の実感・納得・本音に基づき、ある程度まできちんと整えた上で発言する（その場の思いつき的発言を避ける)、②相手の見方や考え方に十分に耳を傾け、すぐに同調迎合したり、反発批判したりしないで、自分自身の見方や考え方と違うところ、同じところについて考えてみる。③自他の間の違いを多面的に吟味し、相互の成立が乗り越えられるような新しい視点を互いの努力によって見つけ出せるように努める(「正・反・合」という弁証法的過程の実現を目指す)としている(梶田 二〇二一:五四、五五)。

また、対話型授業の提唱者である多田は、対話型授業について、「新たな解や叡智の共創を目指して、対話を活用し、協働して探究する学び」としている。そして、対話型の授業の具体的な要件として批判的な思考、感性的アプローチなど一〇項目を示し、協働の学びの究極的な目的は、「推論、汎用力」を高めていくことだと述べている(多田 二〇二一:二七)。

以上のように、「言語」「言語活動」「対話」について見てきたが、このような言語活動は、道徳科ではどのような位置づけになるのだろうか。貝塚は、道徳教育の目指すものが、「道徳的な諸価値の自覚」とし、「腑に落ちる」という言葉で説明している(西野ほか 二〇一七:五)。

このように、「理解」から「自覚」へと繋ぐ架け橋としているのが「考え、議論する道徳」であり、理解の先にあるものが腑に落ちる「納得解」だと考えられる。そしてそれは、子どもが自分の考えを根拠(エピソード)をもとに語ることによってなされる。そこで、①実生活と関連づけた道徳的な問題意識の生成、②多面的・多角的な思考を促す言語活動、③道徳的な見方、考え方を拡充する視点の変更に着目し、活動を構成し、子どもの体験活動と繋ぎ、道徳的な体験のエピソードを介して、腑に落ちる体験を重視した活動を重視した道徳プログラムを構想したい。

永田(二〇二四)は、道徳科の目標構造を次のように表現する。「よりよく生きるための基盤となる道徳性を養うため(資質・能力)」「①道徳的諸価値についての理解を基に(価値)」「②自己を見つめ」「③物事を(広い視野から)多面的・多角的に考え」「④自己の生き方(人間としての生き方)について考えを深める学習を通して(価値観)」「⑤道徳的な判断力、心情、実践意欲と態度を育てる(資質・能力の様相)」と区分し、「価値」「価値観」に分けて、「考え、議論する道徳」と繋いでいる(永田 二〇二四:三)。

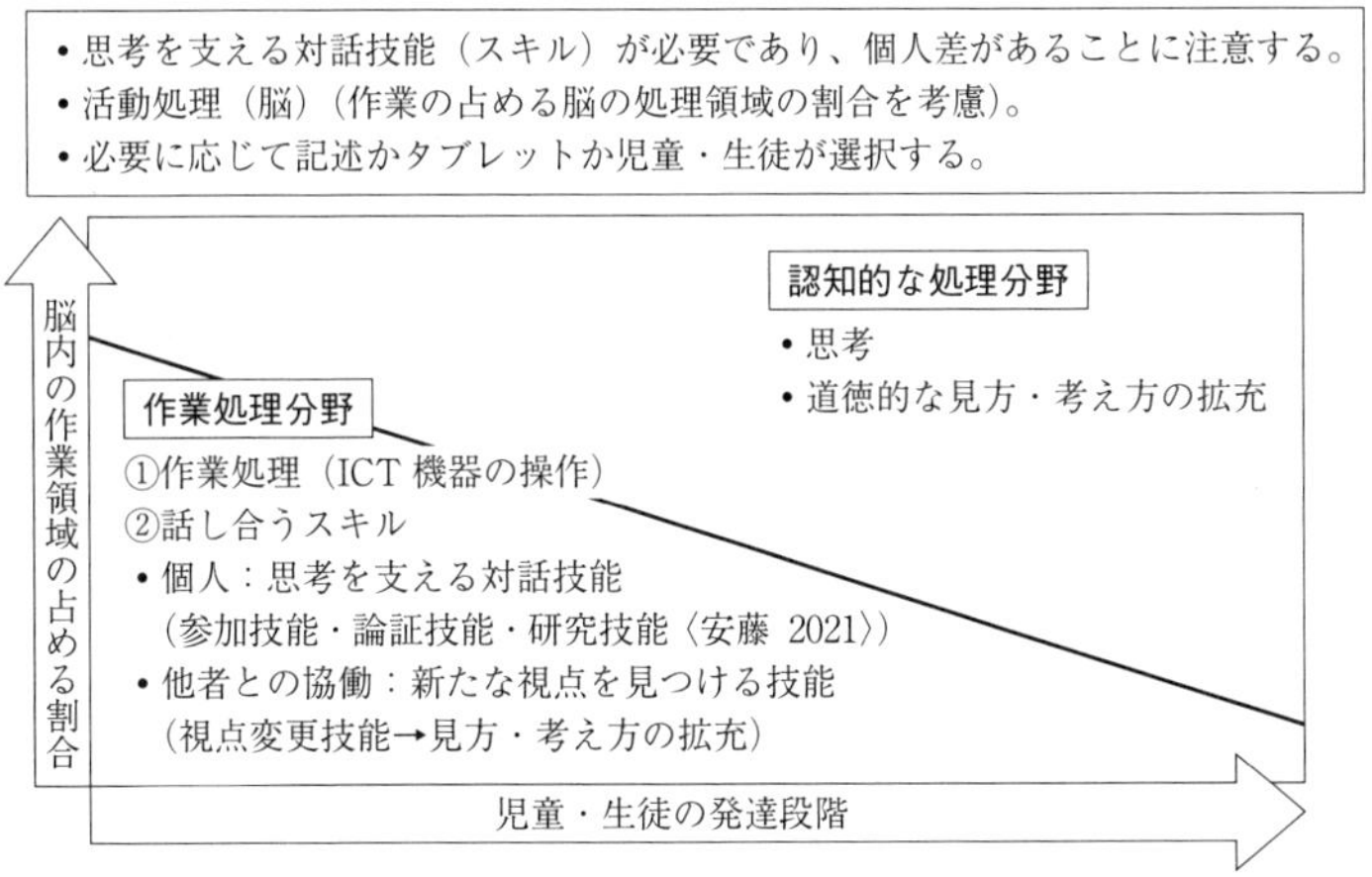

図９－１　言語活動を可能にする前提

永田の論をもとにすると、「考え、議論する道徳」は、道徳的価値理解を基盤とし、それを拠り所として他者と多様な価値観を交流し、自己の道徳的見方・考え方を拡充する授業像が浮かび上がる。多様な他者と多様な価値観の交流という「多様性」が重要になる。

「価値理解を図る授業」「価値観の拡充を図る授業」の両面とも必要であり、「考え、議論する道徳」は、後者を担うであろう。これらの授業は、児童生徒の発達段階を考慮する必要がある。小学校低学年段階では、「価値理解を図る授業」をスタートとし、さらに、「価値観の拡充を図る授業」へと至るであろう。後者は、判断の材料となる知識が必要となり、分析的な思考は、その知識がベースとなるからである。高学年、中学校段階では、「価値観の拡充を図る授業」の割合を増やし、「価値理解を図る授業」については、既成概念を崩す、思考の枠組みを揺さぶる導入が必要になろう。いずれにしても、発達段階を考慮した授業構想が重要である。その方法論については、後述する。

ここで、言語活動を可能にする前提について図９－１をもとに考えたい。この図の縦軸は、脳内の作業領域の占める割合を示し、横軸は、発達段階を示している。全体を脳内の作業領域と見なし、作業処理分野と認知的な処理分野に分けている。言語活動は、言葉を営む主体的な活動であり、それは、「考える」という内的な

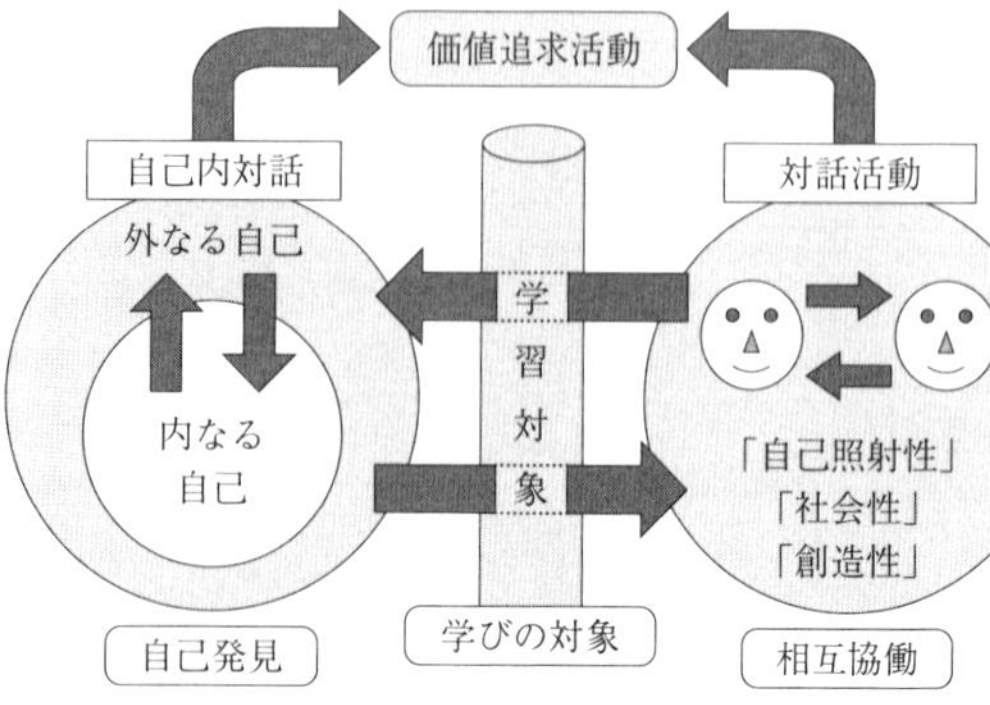

図9-2　対話活動の構造

精神的活動で支えられる子ども主体の活動と見ることができる。この言語活動を可能にする前提として、思考を支える対話技能（スキル）が必要であり、活動処理（作業処理が全体のうちで占める割合を考慮）等を見る必要がある。ICT機器を活用したり、対話活動を設定したりした場合、作業処理の占める割合は、回数を重ねるごとに減少し、認知的な処理分野に活用できる領域が増加する。車の運転を例にすると、初心者のドライバーは、初期段階、運転の操作に集中し、まだ余裕がなく（作業処理分野の使用量が多い）、ベテランドライバーは、様々なことを考えたり、様々な情報を処理したりする余裕も出てくる（認知的な分野の使用量が多い）。このように考えると、対話活動の前提として、対話するスキルが必要であり、国語科や特別活動等との、学び方の連携をしていく必要がある。

ここで、道徳科学習に見られる言語活動例を挙げてみたい。一つ目は、書く活動や話し合う活動など、言語を介した表現活動である。この中に、「対話活動」がある。二つ目は動作を介した表現活動である。動作化、役割演技などがこれにあたる。三つ目は、視覚を介した表現活動である。心情図、ネームカードなどの教具を活用し、自己の考えを表現するのがこれにあたる。これらは一例であり、デジタル教具も活用され、様々な方法論が試行されている。児童生徒の実態、授業のねらいに応じて、教師も児童生徒も選択できる柔軟な授業構想が望まれる。

次に、具体的な方法論である、言語活動の一つとしての「対話活動」について考えていきたい。

道徳科における対話活動の構造について、図９－２のように示した。「対話活動」は、自分を見つめ直す（自己照射性）、他者と繋がりあう（社会性）、共同でつくり出す（創造性）という機能をもつ相互作用の活動である。学びの対象である道徳的事象を捉え、多様な他者と多様な価値観をもとに対話し、同時に自己内で対話し、自己の道徳的見方、考え方を拡充させる価値追求活動だと示すことができる。問題場面における自己の取り得る行為や考えを熟考し、自分なりの納得解を得ることができる対話活動は有効な手法である。「考え、議論する道徳」への質的転換を要請されている現在、ぜひ重視したい活動である。

4　具体的な構想

今後求められる道徳科の学習像として、「問い」（対象を捉える際の学習対象へ向かう問いと自己内へ向かう内省の問い）、「問題解決」（問題解決の過程を重視すること）、「振り返り」（自己の学びの振り返り、自己モニタリング、自己課題／問いを連続、発展させることで学び続ける姿勢に繋がる／人間性）が重要だと考える。それら学習を支えるものとして、「問いの生成」（問いをどうつくるか）、「問い方の習得」（自己内、他者、教材に対する問い方）、「追求方法の習得」（教師伴走型から他者との共走型、さらに自力走型へ）が必要である。

以上、言語活動の充実に関する考察をしてきたが、今後求められる道徳科の授業像の具体を示していきたい。道徳科学習に、以下のような三つの視点を入れた活動を設定する。

導入段階

①子どもの主体的な活動を促すテーマ設定（問いの生成）

導入段階においては、実生活と関連づけ、道徳的な問題意識を生成する導入の工夫をする。道徳的な問題を捉え、対象との心的距離をどれだけ近づけるかが、児童生徒の主体的な学びを保障する上で重要になる（自我関与）。その

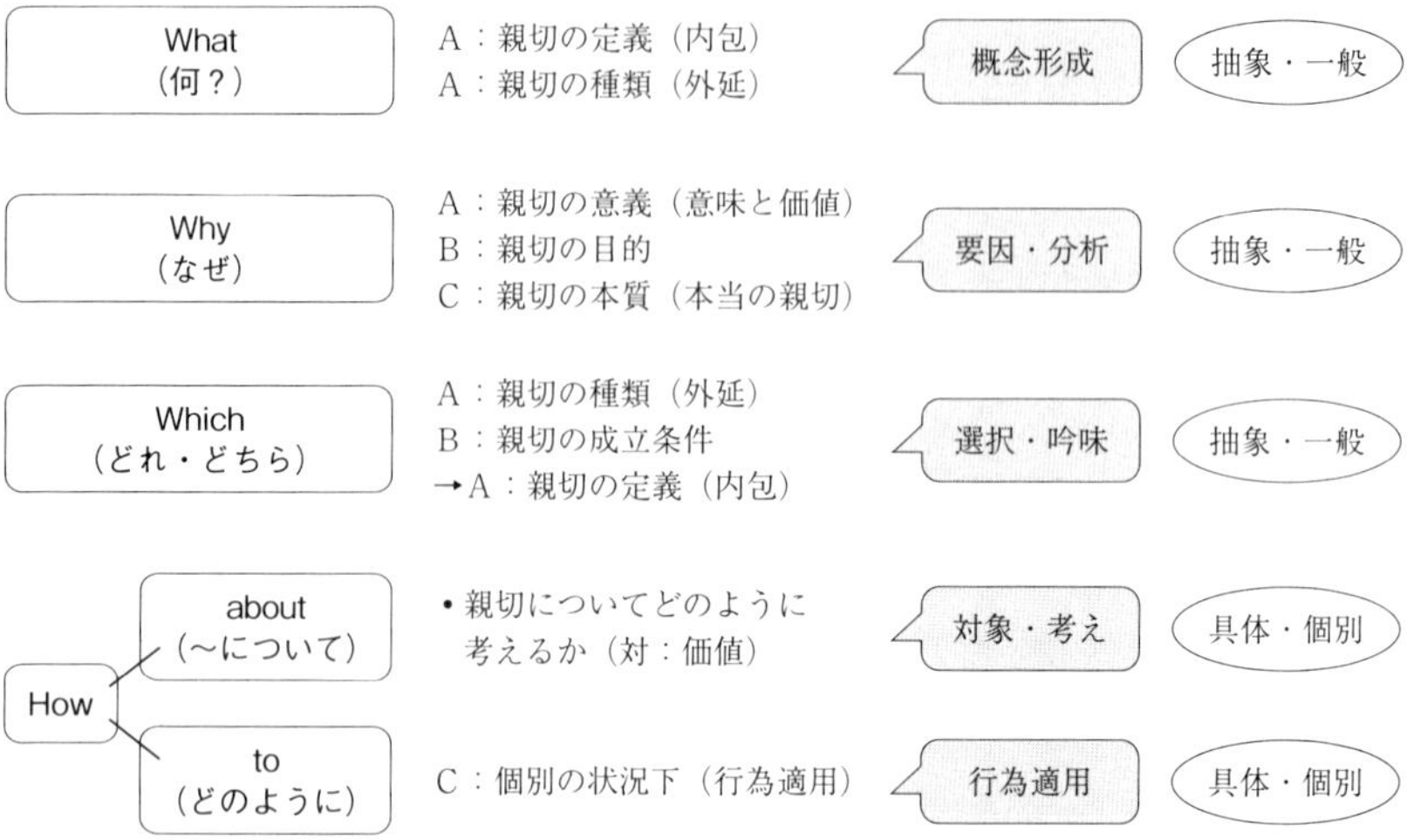

図 9-3　道徳的な問題意識を生成する発問の分類（B「親切・思いやり」の例）

出所：西野（2021）、高宮・杉本（2022）をもとに筆者作成。

際、発問が大きな位置を占める。

西野は、What や Why を活用して、児童生徒の問題意識を喚起し、それらの問いを追求する過程を重視することの重要性を指摘している（西野 二〇二一：一一三～一一五）。また、それを受けて、高宮は、道徳的判断力を育む学習モデルを示している（高宮・杉本 二〇二二：一一）。西野、高宮の理論をもとに、図9-3に道徳的な問題意識を生成する発問の分類を作成した。例えば、What は、「親切とは何か」という道徳的な価値の定義を問うものであり、児童生徒の既存の概念にアプローチし、最終的に児童生徒の中で、親切についての価値意識が再構築され、新たな概念が構築される過程を辿る。Why は、親切の意義（意味と価値）や親切の目的、本当の親切とは何かなど、価値の本質に向かう問いである。分析的な問いから、児童生徒は、道徳的な価値について自分にとっての意味や価値を見出すことになる（自我関与）。これらの What や Why は概念形成として、抽象・一般化を図ることになる。How about については、ある一定の道徳的な状況下においての道徳的価値（対象）についての考えを問うもので、児童生徒の具体的なエピソードが語られることになり、より具体的で、個別な事象への具体化が行われる。これらの発問は、単独で

1　思考軸を移動させる	2　思考形態を変える
•対称軸（立場を変えて考える）	•疑問的思考
•時間軸（時間を移動させて考える）	•批判的・論理的思考
•条件軸（条件を変えて考える）	•ケア的・心情的思考
•本質軸（どうしてか考える）	•創造的・発展的思考

図9－4　視点の変更の分野

出所：押谷（2022）をもとに筆者作成。

はなく、組み合わせて活用すると効果的であり、この活用が、深い学びへ向かう鍵を握る。

展開段階

②多面的・多角的な思考を促す対話活動

展開段階では、テーマをもとにした協働的な学びを創造する対話活動を設定する。その際、教材のどの場面を対話の場面に設定するかで、授業展開が変わる。例えば、「心と心のあく手」（『わたしたちの道徳　小学校三・四年』）において、リハビリ中だったおばあさんに手助けしようとして断られた主人公はやとが、二度目におばあさんに出会い、つらそうな状態を見て、声をかけようか迷う場面（価値葛藤の場面）か、見守るという行為をとった場面（価値に向かう場面）のどちらにするかで、対話の内容と方法が変わる。前者は、「声をかける」「声をかけない」で行為選択したその根拠をもとに対話が行われる。そこに、子どもの価値観が反映される。後者は、主人公が判断した理由を対話することになる。いずれも、子どもの価値観をもとに対話が行われ、判断した根拠を問うことで、道徳的見方・考え方の拡充を図ることができる。学びを深める鍵は、子どものエピソードである。

③道徳的な見方・考え方を拡充させる視点の変更

道徳的な価値に向かう深い学びを構築するには、視点の変更が必要である。二〇一九年の改訂でも重視された、見方・考え方である。押谷は、視点の変更を、時間軸、対称軸のような思考軸と批判的・論理的思考、ケア的・心情的思考などの思考形態の二つに分類している（押谷　二〇二二）（図9－4）。視点を変更することで、多面的・多角的に思考えることができ、子どもの道徳的見方・考え方を拡充させることに繋がる。

授業の終末段階では、何を学んだのか、どのように学んだのか、学びの結果と軌跡（メタ学習）を振り返る自己評価活動（振り返り）を位置づけるとよい。自己成長と自己の生き方の更新を自覚する活動が大切だと考える。

以上、道徳科学習における言語活動について、対話活動を中心的な手立てとして述べてきた。道徳は生き方教育を担う重要な教科である。自己の問いを大切にしながら（個別最適な学び）、他者と協働して問いを追求していく（協働的な学び）過程を大切にしたい。授業においては、「価値理解を図る授業」「価値観の拡充を図る授業」の両面とも必要であり、「考え、議論する道徳」は、後者を担うであろう。これらの授業は、発達段階を考慮する必要がある。授業を構想する際、①子どもの主体的な活動を促すテーマ設定（問いの生成）、②多面的・多角的な思考を促す対話活動、③道徳的な見方・考え方を拡充させる視点の変更を重視したい。多様な他者と多様な価値観を交流し、個々の生き方の更新を積み重ねながら、他者と共に持続可能な社会を目指す未来展望型の道徳学習を創造したい。

注

（1）　文部科学省（二〇二一）では以下のような指摘がある。授業づくりにあたっては、「個別最適な学び」と「協働的な学び」の要素が組み合わさって実現されていくことが多いと考えられる。各学校においては、教科等の特質に応じ、地域・学校や児童生徒の実情をふまえながら、授業の中で「個別最適な学び」の成果を「協働的な学び」に生かし、さらにその成果を「個別最適な学び」に還元するなど、「個別最適な学び」と「協働的な学び」を一体的に充実させ、「主体的・対話的で深い学び」の実現に向けた授業改善に繋げていくことが必要である。その際、家庭や地域の協力も得ながら人的・物的な体制を整え、教育活動を展開していくことも重要である。国においては、このような「個別最適な学び」と「協働的な学び」の一体的な充実の重要性について、関係者の理解を広げていくことが大切である。

参考文献

秋田喜代美（二〇〇〇）『子どもをはぐくむ授業づくり――知の創造へ』岩波書店。

秋田喜代美・石井順治編著（二〇〇六）『ことばの教育と学力』明石書店。

安藤雅之（二〇二一）「対話を通した学びの個別最適化」ぎょうせい編『新教育ライブラリ Premier Ⅱ Vol. 4 対話の研究――対話型授業の創造』ぎょうせい。

ヴィゴツキー（柴田義松訳）（二〇〇一）『新訳版 思考と言語』新読書社。

内田伸子（一九九九）『発達心理学――ことばの獲得と教育』岩波書店。

岡本夏木（一九八八）『認識とことばの発達心理学』ミネルヴァ書房。

押谷由夫（二〇二二）「『特別の教科 道徳』の本質に基づく多様な展開」（武庫川女子大学教育研究所・押谷由夫主催 第一回道徳教育オンラインフォーラム資料）。

梶田叡一（二〇二一）「対話的な学びとは何か」ぎょうせい編『新教育ライブラリ Premier Ⅱ Vol. 4 対話の研究――対話型授業の創造』ぎょうせい。

金子晴勇（一九八五）『対話の構造』玉川大学出版部。

鯨岡峻（一九九七）『原初的コミュニケーションの諸相』ミネルヴァ書房。

桑原隆（一九九六）『言語生活者を育てる――言語生活論&ホール・ランゲージの地平』東洋館出版。

高橋俊三（一九九三）『対話能力を磨く――話し言葉の授業改革』明治図書。

髙宮正貴・杉本遼（二〇二二）『道徳的判断力を育む授業づくり――多面的・多角的な教材の読み方と発問』北大路書房。

多田孝志（二〇二一）「対話型授業を創る」ぎょうせい編『新教育ライブラリ Premier Ⅱ Vol. 4 対話の研究――対話型授業の創造』ぎょうせい。

永田繁雄（二〇二四）「道徳教育の課題と今後の方向性」（日本道徳教育学会九州支部研修会資料）。

西野真由美（二〇二一）「価値と実践をつなぐ実践力を育てる道徳科の学び」『道徳と教育』第六五巻第三三九号。

西野真由美・鈴木明雄・貝塚茂樹編（二〇一七）『考え、議論する道徳の指導法と評価』教育出版。

堀井秀之（二〇〇四）『問題解決のための「社会技術」――分野を超えた知の協働』中央公論新社。

ボルノー、O・F（森田孝訳）（一九六九）『言語と教育』川島書店。

ボルノー、O・F（森田孝・大塚恵一訳）（一九八八）『問いへの教育　増補版』川島書店。

文部科学省（二〇一一）『言語活動の充実に関する指導事例集――思考力・判断力・表現力等の育成に向けて（小学校版）』教育出版。

文部科学省（二〇一四）『私たちの道徳　小学校三・四年』文部科学省。

文部科学省（二〇二一）「『令和の日本型学校教育』の構築を目指して――全ての子供たちの可能性を引き出す、個別最適な学びと、協働的な学びの実現（答申）」。

文部科学省（二〇二二）「令和三年度　道徳教育実施状況調査（結果概要）【設問三】道徳教育を推進する上での課題」。https://www.mext.go.jp/content/20220421-mxt_kyoiku01-000022136_01.pdf（最終閲覧日：二〇二四年九月三〇日）

第Ⅱ部　次期学習指導要領に向けての提言

概説

貝塚茂樹

道徳教育学フロンティア研究会は、次期学習指導要領の改訂に向けて道徳教育のさらなる充実のための提言を行うことを主要な目的として発足した。これまで、『道徳教育はいかにあるべきか——歴史・理論・実践』(二〇二一年)、『続・道徳教育はいかにあるべきか——歴史・理論・実践・展望』(二〇二二年)を刊行した。本書は三冊目となる。

本研究会は、二〇二一年度から全体会に加えて、「目的・内容(項目)・教科書部会」と「指導法・評価部会」の二つの分科会を設置し、二本立ての体制で研究を進めた。二つの分科会はそれぞれに概ね二か月に一回のペースで研究会を重ねたが、メンバーは相互に二つの分科会に参加することが多かった。そのため、メンバーの多くは、毎月一回から二回は研究会に参加したことになる(特に全体会がある月は毎週となる場合もあった)。もっとも、それぞれの分科会の研究対象は密接に関連しており、相互に交流をしたことは、それぞれの研究を深めることになった。

『続・道徳教育はいかにあるべきか——歴史・理論・実践・展望』第Ⅳ部は、二つの分科会の討議に基づいて、現行(二〇一七〈平成二九〉年告示)の学習指導要領についての道徳科の目標・内容・指導法・評価に関する問題点と課題を整理・析出して提示したものである。これは、「現行の学習指導要領を検証し、次期学習指導要領のモデルを検討すること」(『道徳教育はいかにあるべきか』「はじめに」)という本研究会の課題を具体化するための基礎作業(中間報告)として位置づくものであった。

この基礎作業(中間報告)をふまえ、二〇二三年四月から各分科会の課題についての検討・議論を本格化し、次期学習指導要領へ向けての提言をまとめる作業を進めた。しかし、道徳科の目標・内容・指導法・評価は道徳教育の根幹に関わるものであり(今回はこれに教科書が加わった)、二つの分科会は研究対象に関する方向性については大筋では合意はできていたものの、細部では「微妙な違い」が見えてきた。各分科会では、具体的な内容の違いを埋める討議を重ねたが、分科会のメンバー全員が納得する内容にまとめ上げ、統一した提言とすることは難しいためであった。

具体的にそれは、「次期学習指導要領のモデル」をどのように捉えるかという根本的な問題でもあったが、二〇二三年の秋以降は本研究会としての統一した「モデル」を提示するのではなく、メンバー相互の「微妙な違い」を認め、むしろそれを大切にしながら、分科会としての一つの「モデル」を提言することで意見は一致した。

しかし、今度はその「微妙な違い」を盛り込んだ提言をいかにまとめ、表現するかが現実的な課題となった。そこで採用したのが、『続・道徳教育はいかにあるべきか』において各項目を執筆したメンバー五人が、いわゆる「モデル論文」を執筆し、その内容についての座談会を開催し、「モデル論文」と一緒に掲載するという方法であった。これによって、二つの分科会の基本的な提言の方向性を提示しつつ、座談会での意見の表明によってお互いの「微妙な違い」をあわせて提示することができる。座談会でメンバーが自身のコメント・意見を表明することによって、多様な意見を読者に提示することができるメリットもあった。

ところが、座談会では「モデル論文」に対する異論はほとんど出なかった。考えてみればこれは当然のことでもあった。それまで多くの時間を費やして議論を重ねてきたことで、「モデル論文」の基本的な提言内容はメンバー相互に共有されていたからである。したがって、座談会での話し合いは文字通り「微妙な違い」を確認することが中心となった。もっとも、実際の座談会では、文字では伝わらない、緊張感漂う意見の「衝突」がなかったわけではなかった。そのため当初は予定していなかったが、各座談会の最後に、その内容をふまえた総括的なコメントを「モデル論文」執筆者が執筆した。このことで、結果的には「次期学習指導要領のモデル」としての意味合いが、さらに重層的なものになったといえる。

以上のように、第Ⅱ部は道徳教育学フロンティア研究会としての統一した「モデル」を提示したものではないが、その内容の基本的な方向性は、メンバーが共有した「合意点」に近いものである。その上で、座談会での「微妙な違い」に触れていただくことで、「多面的・多角的」な視点を含意した「次期学習指導要領のモデル」を提示できたと考えている。

第10章 目標
——道徳教育、道徳科の目標の課題と今後の方向性——

荒木寿友

1 教育政策の流れ

現在の教育改革の大きな流れの源流の一つは、二〇一五年より始まったOECD（経済開発協力機構）の Future of Education and Skills 2030 プロジェクトの Learning Compass 2030（OECD 2019a）にあるといえる。ここでは、目指すべき未来を「Well-being 2030」とし、個人と社会の幸福を目指した教育を展開していくことが提案された。本プロジェクトの実施にあたり、教育スキル局長のシュライヒャー（A. K. R. Schleicher）は次のように述べている。「グローバル化の進展や技術の進歩の加速によって、我々は、社会、経済、環境など様々な分野において前例のない変化に直面している。こうした変化は、一方では、人類の進歩のために多くの新たな機会を提供するものでもある。未来は不確実であり、予測することは困難である。……単に自分が良い仕事や高い収入を得るということだけでなく、友人や家族、コミュニティや地球全体のウェルビーイングのことを考えられなければならないのである」（OECD 2018）。

このようなウェルビーイングの実現に向けて重要な役割を担っているのが、生徒エージェンシー（student agency）の育成、ならびにそれを支える共同エージェンシー（co-agency）である。エージェンシーとは、「変化を起こすために、自分で目標を設定し、振り返り、責任を持って行動する能力」（OECD 2019b）と定義されるが、これは先の読めない未来を、子どもたちが自ら切り開いて自分の人生やよりよい社会を実現していくために、仲間や教師、地域コミュニティの助けを得ながら行動していくことを意味している。

このように、個人と社会のウェルビーイングを達成していくという視点は、例えば二〇一六年の中央教育審議会答申において「よりよい社会と幸福な人生の創り手となっていけるようにすることが重要である」（中央教育審議会二〇一六：一一）と述べられ、また二〇一七（平成二九）年告示の学習指導要領前文には「豊かな人生を切り拓き、持続可能な社会の創り手となることができるようにする」と表現されている。教育の目的によりよい人生や社会、幸福の実現を設定する傾向にあるといえる。

ＯＥＣＤとほぼ時を同じくして、ユネスコは二〇一五年に Rethinking Education を公表した。二〇一九年には Rethinking Education の後継にあたる Future of Education プロジェクトが開始され、二〇二一年にはレポートが公表されている。Rethinking Education の翻訳本である『教育を再考する』の「はじめに」において、監訳者の一人である百合田がユネスコが目指す教育について次のように記したことは大変興味深い。「ＰＩＳＡに代表される合理的で予測可能な人間像を想定した人的資本論の抽象性に対して、ユネスコの“Rethinking Education”は一元的に示される合理性で抽象化することのできない複雑で多様な人間像を想定し、これを『人間主義的』または『人間中心的』な視点と定義して二一世紀の教育と学びの姿を再考する」（ユネスコ 二〇二二：ⅳ）。ここでいう人間主義的とは、「他者や自然との関わりから人間主体の尊厳や能力、福祉の充実と向上を図る」（ユネスコ 二〇二二：三三）というヒューマニズム（人間主義）を意味しており、「誰一人取り残さない」というインクルーシブ教育を中心に据えている。

百合田の主張から、ユネスコは暗にＰＩＳＡ、すなわちその母体であるＯＥＣＤを仮想敵にしていたことがわかるが、それはＯＥＣＤが経済発展を基軸に、社会で役に立つ人材育成を主眼においていたからに他ならない。ＯＥＣＤが一九九七年から二〇〇二年まで実施していたＤｅＳｅＣｏ（コンピテンシーの定義と選択）プロジェクトにおいては、「人生の成功と正常に機能する社会の実現を高いレベルで達成する個人の特性」を明らかにするための研究が行われた（ライチェン・サルガニク 二〇〇六）。この「人生の成功」という表現が、いわゆる経済的に豊かになるという解釈、グローバル社会で「勝ち組」になる人材育成という解釈を生み出したといえよう。実際に、人生の成功の要因として「経済的地位と経済資源」や「政治的権利と政治力」「住居と社会基盤」などが挙げられていた。しかしながら、その後ＯＥＣＤ自身がＧＤＰの成長のみが豊かさや幸福を表すわけではないと捉え、より広い視点から幸福測定を始めたこと（Better Life Index）、そして先にも示したように、ウェルビーイングの実現を教育の目的にしたことからも、現在では経済発展のみを基軸にして教育を捉えているとはいえない。Learning Compass 2030 の中では、ユネスコと綿密に連携を図っていること、国連の提示しているＳＤＧｓ（持続可能な開発目標）とＯＥＣＤが提示したウェルビーイングの諸側面との関係性を示すなど、現在は目指す方向性は共有している（OECD 2019a）。

2　第四期教育振興基本計画で何が提起されたか

二〇二三年六月一六日、第四期教育振興基本計画が閣議決定された。教育振興基本計画は、教育基本法の理念の実現に向けて、政府が五年に一度今後の教育政策についてまとめる総合的な教育計画である。第四期教育振興基本計画の総括的な基本方針は、「二〇四〇年以降の社会を見据えた持続可能な社会の創り手の育成」「日本社会に根差したウェルビーイングの向上」である。この二つの総括的な基本方針のもと、五つの基本的な方針が掲げられ、一六の目標が設定されている。本章では道徳教育により関わりのあるところを取り上げたい。それは二つの総括的な基本方針と、目標二の「豊かな心の育成」である。以下それぞれ見ていこう。

二〇四〇年以降の社会を見据えた持続可能な社会の創り手の育成

「持続可能な社会の創り手」という表現は、二〇一七（平成二九）年告示の学習指導要領前文にすでに見られた。「持続可能（sustainable）」というキーワードは、二一世紀前後にＥＳＤ（Education for Sustainable Development）という言葉で教育の世界で語られ始め、二〇一五年より全世界で実施されている「持続可能な開発目標」（ＳＤＧｓ：Sustainable Development Goals）を契機として広く知られることになり（そもそもは一九八〇年の「世界保全戦略」で提唱された「持続可能な開発」が最初である）、経済や政治の分野だけではなく、産業や教育、環境、医療などの多くの分野において、その実現に向けて取り組みがなされている。

持続可能とは、今の世代が享受している利益をこの先の世代も同様に享受できるという世代間の公平さ、さらには、同世代においても生活する場所によって享受できる利益が異ならないという同世代の公平さを表している。つまり、私たちが地球のどこにいようと、この先も地球で暮らし続けていくことができるという概念である。持続可能な社会の創り手とは、まさにそのようなグローバルな視点に基づいて社会を形成していくことを意味している。

ＶＵＣＡ（「Volatility：変動性」「Uncertainty：不確実性」「Complexity：複雑性」「Ambiguity：曖昧性」）時代と呼ばれる将来の予測が困難な時代において、私たちは自己利益で社会を形成するのではなく、より広い視点に立って持続可能なよりよい社会を創り出していくことが求められている。この際の「よりよい社会」が、次に示されている「ウェルビーイング」が満たされた社会である。

日本社会に根差したウェルビーイングの向上

ウェルビーイング（well-being）とは、そもそもは「良好な状態」「満たされた状態」を意味し、そこから「健康」「幸福」「福祉」と文脈に応じて訳が使い分けられるようになった。良好な状態、すなわち単に身体が病気に侵されず健康であるという状態のみならず、精神的にも社会的にも良好な状態が保たれていることが、ウェルビーイングが元来もっている意味である。

教育の世界においてウェルビーイングが大きく着目されたのは、先にも述べたようにＯＥＣＤの Future of Education and Skills 2030（Education 2030 プロジェクト）が教育の目的に Well-being 2030 を掲げたことにあるといえるだろう。つまり「個人と社会のウェルビーイング」を実現していくという大きな目的のために、よりよい社会へと変革していくための行動する力（エージェンシー）を育成していくことが学校教育に求められたのである。

このような中、第四期教育振興基本計画においてもウェルビーイングが取り上げられ、ウェルビーイングを実現していくことが、学校教育の上位目標に据えられる可能性が出てきた。ただし、国際調査などから、従来のウェルビーイングは自尊感情や自己効力感といった個人が獲得する要素（獲得的要素）として描かれることが多いことが明らかになってきている。例えば、欧米を中心とした従来のウェルビーイングは個人の主観的幸福度を測定するものが中心であり、「私は自分の人生に満足している」「私の生活環境はすばらしいものである」といった何か理想的な状態の獲得を目指すものであったという（内田 二〇二〇）。

これに対して、アジアや日本は他者との関係性や利他性、協働性、社会貢献といった人との繋がりにウェルビーイングを感じる傾向があり、「協調的要素」が重要な意味をもっているという。例えば渡邉らは、日本や東アジアにおいては、人間関係や場における繋がり、関係性の中で価値を創り出していくという集合主義的なウェルビーイングが重要視されていることを指摘している（渡邉・チェン 二〇二〇）。

教育振興基本計画では「日本社会に根差したウェルビーイング」という表現がなされているが、「日本社会に根差した」とは、ウェルビーイングの獲得的要素と協調的要素を調和的・一体的に育むことを意味しており、両要素の「調和と協調（Balance and Harmony）」に基づくウェルビーイングの実現を目指している。

日本社会に根差したウェルビーイングの構成要素として、教育振興基本計画は下記を列挙している。それは「幸福感（現在と将来、自分と周りの他者）」「学校や地域でのつながり」「協働性」「利他性」「多様性への理解」「サポートを受けられる環境」「社会貢献意識」「自己肯定感」「自己実現（達成感、キャリア意識など）」「心身の健康」「安全・安心な環境」である。これらは次のように整理することが可能である。すなわち、獲得的要素として「自己肯定感」「自己実現（達成感、キャリア意識など）」、協調的要素として、「学校や地域でのつながり」「協働性」「利他性」「多様性への理解」「社会貢献意識」、そしてこれらの環境的基盤的要素として、「サポートを受けられる環境」「心身の健康」「安全・安心な環境」、これらの諸要素が学校教育などを通じて向上していくことによって、私たちの

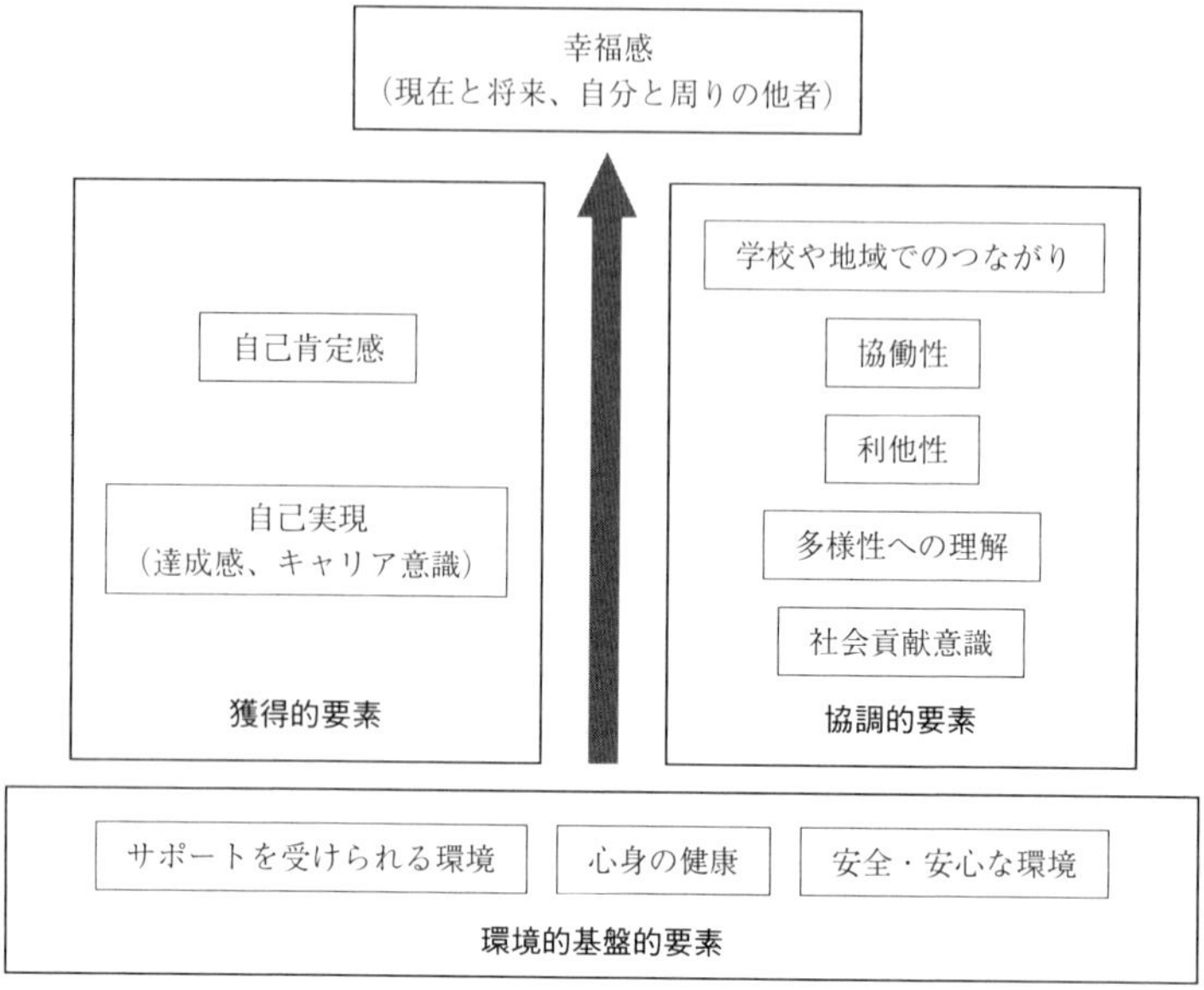

図10－1　ウェルビーイングの構成要素の図式化
出所：「第四期教育振興基本計画」をもとに筆者作成。

「幸福感（現在と将来、自分と周りの他者）」が向上していくと解釈できる（図10－1）。

ここで注意すべきは、協調的要素としてのウェルビーイングを求めていくことが「同調圧力」に繋がらないようにすることである。教育振興基本計画でも述べてあるように、「他者とのつながりやかかわりの中で共創する基盤としての協調」という考え方、つまり協調することそのものが目的ではなく、協調することによって課題発見・解決が可能になり、新たな価値を創造することが目的なのである。

「目標二　豊かな心の育成」

教育振興基本計画には全部で一六の目標が記載されているが、目標一～三までは日本の教育理念としての「知・徳・体」と同じ順番で記述されており、道徳教育に該当するのが目標二である。そこでは、次のように述べられている。「子供たちの豊かな情操や道徳心を培い、正義感、責任感、自他の生命の尊重、他者への思いやり、自己肯定感、人間関係を築く力、社会性などを、学校教育活動全体を通じて育み、子供の最善の利益の実現と主観的ウェルビーイングの向上を図るとともに人格形成の根幹及び民主的な国家・社会の持続的発展の基盤を育む」。ここには、学校の教育活動全体を通じて行われる道徳教育において正義感や責任感を育むと共に、児童の権利に関する条約やこども基本法の理念である子どもの最善の利益を実現すること、ならびに先に述べたウェルビーイングの実現、さらには教育基本法の目的である人格の形成及び平和で民主的な国家及び社会の形成者を育んでいくことが示されている。

目標二の基本施策として一二の施策が取り上げられているが、特に今後の道徳教育に大きく影響を与えると予想されるのが、「子供の権利利益の擁護」と「主観的ウェルビーイングの向上」である。ウェルビーイングについては先に取り上げたため、ここでは子どもの権利について考えてみたい。

二〇二二年六月にこども基本法が国会で成立し（二〇二三年四月施行）、子ども施策を社会全体で推進していくための国内法が制定された。一九八九年に国連総会で採択された「児童の権利に関する条約」がこども基本法のベースとなっているが、日本は本条約を一九九四年に批准したものの、子どもの権利を保護し推進していく国内法はなかなか制定されずにいた。

児童の権利に関する条約は、四つの原則、すなわち「差別の禁止」「子どもの最善の利益」「生命、生存及び発達に対する権利」「子どもの意見の尊重」と「生きる、育つ、守られる、参加する」という四つの柱から成り立っているが、こども基本法もこれに準じており、第三条において六つの基本理念を示している。ここでは詳述することは避けるが、道徳教育との関係でこども基本法を捉えるならば、それは道徳教育の理念として子どもが権利主体であることを再確認すること、子どもの基本的人権を尊重すること、そして子ども自身が自分たちには権利があるということを認識することである。とりわけ日本においては、子どもは未熟で弱い存在であるという「保護・支援の対象」と認識する側面が強く、意見表明や参加といった「権利の主体」として子どもを捉えることが弱かった。あるいは子ども自身が参加のもつ可能性をわかっていなかったり、さらには大人側が参加させたくともその支援の方法がわかっていないという側面もあった（子どもの参画情報センター 二〇〇二）。

こども基本法の理念が道徳教育に加わってくるということは、権利の主体としての子どもが学校や社会に参加・参画していくことを積極的に保障することに繋がり、それが持続可能な社会、ウェルビーイングが実現される社会の創り手としての子どもとなる。つまり、持続可能な社会、個と社会のウェルビーイングの実現のために、権利主体としての子どもの参加と対話を促していくことが、学校の教育活動全体を通じて行われる道徳教育、ならびに要としての道徳科に課せられた今後の課題であるといえよう。

3　新たな教育施策から導かれる道徳教育、道徳科の目標

これまでの議論をふまえて、以下において道徳教育の目標、ならびに道徳科の目標をどのように変えていく必要があるのか論じていきたい。

道徳教育の目標

周知の通り、二〇一七（平成二九）年告示の学習指導要領は三つの資質・能力を子どもたちに育成していくことをねらっている。その一つに「学びに向かう力、人間性等」があるが、この資質・能力は『小・中学校学習指導要領総則編　解説』において、知識・技能や思考力などを「どのような方向性で働かせていくかを決定付ける重要な要素」であると示されている。しかしながら、人間性についての記述が充実しているわけではない。それは例えば、「多様性を尊重する態度や互いのよさを生かして協働する力、持続可能な社会づくりに向けた態度、リーダーシップやチームワーク、感性、優しさや思いやりなどの人間性等に関するもの」と示されるにとどまっており、さらにいえば、資質・能力の「人間性」と道徳教育で涵養する「道徳性」がどういう関係にあるのか示されているわけでもない。まずはこの点を整理していく必要があるだろう。

すでに荒木（二〇二二）は人間性の定義を行っており、人間性を育てていくのが学校の教育活動全体を通じてな

される道徳教育であり、内面的資質としての道徳性を育てる道徳科との区別を試みている。荒木は人間性を「人間尊重と生命に対する尊重を倫理的指針とし、個々の幸福と持続可能な社会の実現に向けた生き方や在り方を望み、それを探究する態度」（荒木 二〇二二：一八二）と定義する。この人間性の考え方は、学校教育のあらゆる活動を通じて涵養していく方向目標であり、学校で学ぶあらゆる知識や技能、思考力に倫理的な方向性を与えるものである。というのも、知識や技能、思考力そのものは、他者を騙したり傷つけたりするためにも使用可能（さらには対人援助能力を詐欺に使うことも可能）だからである。

次に、教育基本法における「平和で民主的な国家及び社会の形成者」という視点、二〇一七（平成二九）年告示学習指導要領前文、ならびに第四期教育振興基本計画の「持続可能な社会の創り手」の視点が、道徳教育の目標に見出せない点である。学校の教育活動全体を通じて行われる道徳教育だからこそ、これらの「形成者・創造者」の視点は目標の中に明記すべきであろう。さらに、どのような社会を創っていくのかという点において、教育振興基本計画が提起したウェルビーイングがその方向性を示すと考えられる。そうすれば、教育基本法の理念、学習指導要領前文の意図、ならびに教育振興基本計画の基本方針が、道徳教育の目標の中に組み入れられることになり、教育基本法という上位法の理念を学習指導要領の目標に取り入れることで、目標の階層的構造が成立し、論理的に筋の通ったものになると考えられる。

最後に道徳的に振る舞うこと、道徳的行為や習慣について考えてみたい。道徳性は「人間としてよりよく生きようとする人格的特性であり、道徳的判断力、道徳的心情、道徳的実践意欲及び態度を諸様相とする内面的資質である」とされるが、ここからも明らかなように、道徳性には道徳的行為は含まれていない。しかしながら、例えばデューイ（J. Dewey）は「道徳は行為に関するものである」（デューイ 一九七五：二二五）と明言し、「道徳的に重要なことは、ある人が、その意識の内でどんな人であるかではなくて、彼が何をなすか――生ずる結果、彼が実際にもたらす変化――なのだ」（デューイ 一九七五：二三〇）と論じる。さらに、アリストテレス（Aristotelēs）は次のように述べる。「倫理的な卓越性ないしは徳の場合にあっては、これに反して、まずそうした活動を行うことによってわれわれはその徳を獲得するにいたる。……われわれはもろもろの正しい行為をなすことによって正しいひとになり、もろもろの節制的な行為をなすことによって節制的なひととなり、もろもろの勇敢な行為をなすことによって勇敢なひととなる」（アリストテレス 一九七一：五六、五七）。

ここに共通するのは、「道徳的に生きる」とは頭の中の思考実験によってよりよく生きる方法を考えて終わるのではなく、実際によりよく生きることを実践し、行為することであるといえる。Education 2030 で注目された概念に「エージェンシー」があるが、これは「変化を起こすために、自分で目標を設定し、振り返り、責任を持って行動する能力」（OECD 2019b）と定義される。つまるところ、エージェンシーとは「行動する能力」であり、自分の人生だけではなく、周りの社会や世界に対してよい方向に影響を与える能力や意志をもち、実際によりよい変化を起こしていく主体者としての自己を重視している。

白井は次のように述べる。「エージェンシーとは、単に個々人がやりたいことをやることではなく、むしろ、他者との相互のかかわり合いの中で、意思決定や行動を決めるものである。……他者や社会との関係性があるからこそ、自分だけの考えに陥らないようにしたり、自らの行動を社会的な規範に照らして律するなど、『責任』ある行動につながってくるのである」（白井 二〇二〇：八六）。つまり、エージェンシーには倫理的な側面（モラル・エージェンシー）が含まれているだけではなく、そのエージェンシーを具体的に発揮していくこと、行為していくことが重要なのであるといえよう。

エージェンシーという用語そのものは次期学習指導要領に入ってこないかもしれないが、変革主体として実際に行動を起こしていく人間を育てていくという理念は加えられる可能性が高い。となれば、道徳教育の目標の中に、あるいは人間性の定義の中に、よりよい変革を起こしていくための行動や行為というニュアンスを加えることはできないであろうか。

例えば先に定義した人間性は、次のように加筆可能である。すなわち「人間尊重と生命に対する尊重を倫理的指針とし、個々の幸福と持続可能な社会の実現に向けた生き方や在り方を望み、それを探究する態度、ならびにその実現に向けて行動する能力」である。
以上をふまえると、道徳教育の目標は次のように設定できるのではないだろうか。

道徳教育は、教育基本法及び学校教育法に定められた教育の根本精神に基づき、個と社会のウェルビーイングの実現に向けて、自己の生き方を考え、主体的な判断の下に責任を持って行動し、よりよい社会の創り手として、他者と共によりよく生きるための基盤となる人間性を養うことを目標とすること。

道徳科の目標

道徳科以外の教科や総合的な学習の時間、特別活動の目標は、三つの資質・能力の観点から記述されているが、道徳科については教科への改訂が学習指導要領本体の改訂より早かったこともあり、その観点から記述されていない。次期の学習指導要領の改訂に向けて、道徳科は「特別の教科」であるという理由から他教科や他領域と記述の足並みを揃える必要はないという意見もあるかもしれないが、ここでは三つの資質・能力の観点から再整理されるとするならばどうなるのか、つまり、二〇一七（平成二九）年告示の学習活動をベースとした道徳科の目標の記述から、他の教科や特別活動等の目標を参考に、資質・能力ベースへの書き換えを試みるならばどうなるのか考えてみたい。

中央教育審議会（二〇一六）において、道徳性は以下のように指摘されている。「道徳性の諸様相についての説明は昭和三〇年代から大きく変わっていないが、今後、関係する諸分野における科学的知見や資質・能力に関する研究等の進歩を踏まえながら、より分かりやすく適切な示し方について研究がなされることが期待される」（中央教育審議会 二〇一六：二二八）。昭和三〇年代、すなわち道徳の時間が特設されて以降、道徳性の捉え方は大きく変化していないが、発達心理学、道徳心理学、進化心理学、脳神経科学、行動経済学など様々な学問領域において人間の「心」は研究されてきている。

このような知見をふまえつつ、荒木は道徳性の定義を試みている（荒木 二〇二二）。そこでは三つの資質・能力の枠組みを参考にしながら、道徳性を「道徳的知識」「道徳的スキル」「道徳的態度」の三つの側面から捉えている。「道徳的知識」とは道徳的価値に関する知識、道徳的価値に関する手続き的知識などが含まれており、道徳教育の内容とも深く関わる。道徳的価値に関する手続き的知識とは、道徳的知識を用いて他者と対話することで、その知識の用い方や道徳的知識の活用について習得していくことを指している。「道徳的スキル」とは、認知的スキル（批判的思考力、問題・課題解決能力、メタ認知能力などのいわゆる思考力や判断力）、社会情動的スキル（共感性、責任感、自己肯定感など情意に関するもの）が含まれる。「道徳的態度」とは、道徳的価値を実現したいという信念であり、行為に強く影響を与えるものである。道徳性の諸様相である道徳的実践意欲と態度はここに位置づけられる。

さて、日本社会に根差したウェルビーングを取り上げた際に、ウェルビーイングの獲得的要素と協調的要素について述べた。この双方の要素は道徳科の目標にどう繋がるのであろうか。それはおそらく、「自己のよりよい生き方」については獲得的要素に、「他者とともによりよく生きる」が協調的要素に繋がると考えられる。そのため、自己の幸福な生き方と他者と共に幸福に生きるという二つの側面を表記していく必要があるだろう。

このような定義に基づきつつ、三つの資質・能力の視点をふまえて道徳科の目標を整理するならば、下記のような表現が考えられる。

> 道徳（道徳的な）の見方・考え方を働かせ、自己を見つめ、物事を多面的・多角的に考え、人間としての自己の生き方についての考えを深める学習を通して、他者とともによりよい生き方を追求し持続可能な社会の創り手として必要な資質・能力、すなわち道徳性を以下の通り育成することを目指す。
>
> (1) 自己のよりよい生き方、ならびに他者とともによりよく生きるために必要な道徳的価値について理解し、道徳的価値の用い方や活用の仕方を身につけるようにする。

(2)　道徳的価値の意味や意義を多面的・多角的に考えたり、自己のよりよい生き方について考えたり、多様な他者と道徳的価値について批判的に議論したりして、よりよい生き方を判断する力、判断したことを適切に表現する力を養う。
(3)　道徳的価値の実現に向けて、自己と他者、社会のよりよい姿を主体的に求める態度を養うとともに、道徳的価値を多面的・多角的に捉えることを通じて、人間としての自己の在り方や生き方についての考えを深め、持続可能なよりよい社会を創ろうとする態度を養う。

ところで、二〇〇八（平成二〇）年告示の道徳の時間の「目標」までは記載されており、道徳科になってから削られた表現の一つに「補充・深化・統合」がある。かつては次のように目標が提示されていた。「道徳の時間においては、以上の目標に基づき、各教科及び特別活動における道徳教育と密接な関連を図りながら、計画的、発展的な指導によってこれを補充、深化、統合し、児童の道徳的心情を豊かにし、道徳的判断力を高め、道徳的実践意欲と態度の向上を図ることを通して、道徳的実践力を育成するものとする」。ここにおいて、道徳の時間は学校の教育活動全体を通じて行われる道徳教育との間に関連性が求められており、それが「補充、深化、統合」という表現で明記されていた。

他方、二〇一七（平成二九）年告示の小学校学習指導要領「第三章　特別の教科　道徳」では、「第三　指導計画の作成と内容の取扱い」の二の（二）において、次のように述べられている（中学校学習指導要領にも同様の記述がある）。

各教科、外国語活動、総合的な学習の時間及び特別活動における道徳教育としては取り扱う機会が十分でない内容項目に関わる指導を補うことや、児童や学校の実態等を踏まえて指導をより一層深めること、内容項目の相互の関連を捉え直したり発展させたりすることに留意すること。

教育課程全体における道徳科のもつ役割をより明確にし、他領域との関連性を強調していくためには、「補充・深化・統合」という表現は再度提示された方がよいと考えられるが、「補充、深化、統合」する主体は授業を計画する教師であるために、道徳科の目標そのものに加えられると、児童生徒の道徳科の目標という趣旨から離れてしまう。そこで、第三章の「特別の教科　道徳」だけではなく総則の第一章の二の（二）において、「補充、深化、統合」という表現を掲載することを提案したい。それは例えば、次のような記述が考えられる。

> 学校における道徳教育は、特別の教科である道徳（以下「道徳科」という。）を要として学校の教育活動全体を通じて行うものであり、道徳科はもとより、各教科、外国語活動、総合的な学習の時間及び特別活動のそれぞれの特質に応じて補充、深化、統合し、児童（生徒）の発達の段階を考慮して、適切な指導を行うこと。

道徳の（道徳的な）見方・考え方とは何か

二〇一七（平成二九）年告示の学習指導要領の大きな特徴の一つに、「見方・考え方」が提示されたことが挙げられる。見方・考え方とは「どのような視点で物事を捉え、どのような考え方で思考していくのか」を示しているもので、例えば「言葉による見方・考え方」は、「対象と言葉、言葉と言葉との関係を、言葉の意味、働き、使い方等に着目して捉えたり問い直したりして、言葉への自覚を高めること」と定義されている。また、例えば、中学校の地理的分野では「社会的事象を、位置や空間的な広がりに着目して捉え、地域の環境条件や地域間の結び付きなどの地域という枠組みの中で、人間の営みと関連付けること」と定義されている。

これらの表現からわかるように、それぞれの教科独自の物事や事物を捉えていく包括的な視点と、教科ならではの思考や表現の方法が示されており、記述のスタイルはおおよそ「○を、△に着目して捉え、□すること」という形になっている。○にはその教科で扱う対象、△には見方、□には考え方、特に、その教科での特質をふまえた思考・判断・表現を通した学びが示されていることがわかる。

現在の道徳科の「見方・考え方」は中央教育審議会（二〇一六）を根拠資料として、「様々な事象を、道徳的諸価値の理解を基に自己との関わりで（広い視野から）多面的・多角的に捉え、自己の（人間としての）生き方について考えること」（（　）内は中学校）と定義されている。しかしこれは道徳科の目標、特に学習活動を中心に示しており、厳密な意味で道徳科の「見方・考え方」を表しているとはいえない。この点からも、次期学習指導要領では道徳科の「見方・考え方」を新たに提示していく必要がある。

その際には、小学校と中学校で記述に違いを表すかどうかが一つの論点になるだろう。例えば、「理科の見方・考え方」や「外国語によるコミュニケーションにおける見方・考え方」などは小学校と中学校では表記は同じであるが、社会や数学などは異なっている。また総合的な学習の時間では、中学校が「探究的な見方・考え方」と表現され、高等学校の総合的な探究の時間では「探究の見方・考え方」と表現に違いが見られる。

道徳科の目標においても、小学校は「自己の生き方」、中学校は「人間としての生き方」と表現の違いが見られ、自分自身から人間一般への視点の広がりが表現されているといえる。また総合的な学習の時間を参考にするならば、小学校が「道徳的な見方・考え方」、中学校が「道徳の見方・考え方」という形で分けることもあり得る。

以上を勘案すると、見方・考え方は次のように提案できる。

【小学校】道徳的な見方・考え方
様々な事象を、自己、他者、集団や社会、生命や自然、環境における道徳的諸価値に着目して捉え、それらの関係性を多面的・多角的に捉え、自己のよりよい生き方について考え判断し、適切に表現すること。

【中学校】道徳の見方・考え方
様々な事象を、自己、他者、集団や社会、生命や自然、環境における道徳的諸価値に着目して捉え、広い視野からそれらの関係性を多面的・多角的に捉え、人間としてよりよい生き方や在り方について考え判断し、適切に表現すること。

本章では現在の教育改革の流れを概観し、第四期教育振興基本計画の特質を明らかにした上で、次期学習指導要領「特別の教科　道徳」で記述される目標がどのような特徴をふまえたものになるのかについて論じた。二〇一五（平成二七）年に学習指導要領の一部改訂という形で告示され早くも八年が経過したが、その間にも世の中は大きく変化してきている。道徳教育の「不易と流行」を確実に捉えながら、新しい時代に対応する道徳教育のあり方を探っていく必然性がますます強くなっている。本章がその一助となれば幸いである。

参考文献

荒木寿友（二〇二二）「『資質・能力』の方向性を導くための〈道徳性〉の再定義」道徳教育フロンティア研究会編『続・道徳教育はいかにあるべきか——歴史・理論・実践・展望』ミネルヴァ書房。

アリストテレス（高田三郎訳）（一九七一／一九七三）『ニコマコス倫理学（上）（下）』岩波書店。

内田由紀子（二〇二〇）『これからの幸福について——文化的幸福観のすすめ』新曜社。

「教育振興基本計画（閣議決定）」（二〇二三）。https://www.mext.go.jp/content/20230615-mxt_soseisk02-100000597_01.pdf（最終閲覧日：二〇二四年九月二〇日）

子どもの参画情報センター編（二〇〇二）『子ども・若者の参画——R・ハートの問題提起に応えて』萌文社。

澤井陽介・加藤寿朗（二〇一七）『見方・考え方　社会科編』東洋館出版社。

白井俊（二〇二〇）『OECD Education 2030 プロジェクトが描く教育の未来——エージェンシー、資質・能力とカリキュラム』ミネルヴァ書房。

中央教育審議会（二〇一六）「幼稚園、小学校、中学校、高等学校及び特別支援学校の学習指導要領等の改善及び必要な方策等について（答申）」。

中央教育審議会（二〇二三）「次期教育振興基本計画について（答申）」。

デューイ、J（松野安男訳）（一九七五）『民主主義と教育（上）（下）』岩波書店。

ユネスコ（日本教師教育学会第一〇期国際研究交流部・百合田真樹人・矢野博之編訳著）（二〇二一）『教育を再考する——グローバル時代の参照軸』学文社。

ライチェン、D・S／サルガニク、L・H編著（立田慶裕監訳）（二〇〇六）『キー・コンピテンシー――国際標準の学力をめざして』明石書店。
渡邉淳司・チェン、ドミニク監修・編著（二〇二〇）『わたしたちのウェルビーイングをつくりあうために――その思想、実践、技術』ＢＮＮ新社。
OECD (2018) *The Future of Education and Skills, Education 2030, The Future We Want.*
OECD (2019a) *Future of Education and Skills 2030, Conceptual Learning Framework, Learning Compass 2030.*
OECD (2019b) *Future of Education and Skills 2030, Conceptual Learning Framework, Student Agency for 2030.*

第10章座談会——目標

【髙宮】（本書第10章について）単刀直入に気になったところを申し上げます。道徳教育の目標です。「人間性を養う」ということになってますよね。私は道徳性の方がよいと思うんです。なぜかというと、学校教育全体の道徳教育の目標と道徳科の目標が、どっちも道徳性になっていないと、そこで混乱が生じる。学校の先生たちが困っちゃうんじゃないかなと思うというのが一つです。

例えば、学校で学ぶ資質・能力の「知識や技能」とか「思考力」に倫理的な方向性を与えるということで「人間性」といってますし、この倫理的な方向性に、道徳とか善、善さが入っているから、「人間性」に変えなきゃいけない理由って何だろうっていうことです。

【荒木】ここは道徳性なのか、人間性なのかは悩みました。現行（二〇一七〈平成二九〉年告示）学習指導要領で「人間性」という言葉が明確に出されているので、そこをベースに道徳教育を寄せていった方がよいのか、それとも「人間性」という言葉そのものは残しておいて、道徳性は道徳性で出して残して、そっちを強めた方がよいのかという、そこの線引きが難しくて。「人間性」という言葉も別に今に始まった言葉ではなくて、過去にも検討された言葉ではあるんですけれども。だからこそ、それを道徳性という言葉とどう区別・整理したらいいのかというのは、悩んでいます。

【髙宮】「人間性」は元々の戦後の教育基本法制定の際に、話題に上がりましたね。端的にいうと人間性って悪い人間性もある。であれば、その方向づけ、まさに書かれているような倫理的方向性という意味では道徳性ってした方がいいと思ったんですよね。

【荒木】今回の「人間性」という言葉に関しては、ファデルが著書『二一世紀の学習者と教育の四つの次元——知識、スキル、人間性、そしてメタ学習』（二〇一六年、北大路書房）の中で使っている character という言葉に「人間性」という訳をあてたという背景はあるでしょう。元々、人間性には humanity という意味はあるとは思うんですけれども。character であれば品性教育の「品性」という言葉と繋がってくるし、ファデルはそこを意識して character という言葉を使っていると思うんです。

【貝塚】今の「人間性」の点については、髙宮先生がいわれるように、色々議論があると思うんですけれども、荒木先生が前回（『続・道徳教育はいかにあるべきか』二〇二一年、ミネルヴァ書房）、人間性についての定義をされてますよね。その連続性から考えていくと、人間性なのか、道徳性なのかというのは、最終的に微妙なところかもしれませんけれども、荒木先生の論考の一貫性としては、人間性で繋げた方がいいのかなという感じはしましたけどね。

【荒木】学問的にどう整合性をとるかが課題ですね。ただ、学校教育全体で育てるのも道徳性で、道徳科で育てるのも道徳性で、となった時に、学校教育全体として何を養っていて、それで道徳科として何を養うのかというところのすみ分けというところを考えた場合、「学校教育は人間性です」で、「その中での道徳性を育てるというのが道徳科の役目です」と、すみ分けをした方がわかりやすさというところはあるのかなと思っています。

あと、道徳科の中での行為の扱いです。道徳的行為は道徳教育の中に入っているので、「人間性」の方に入ってくるのかな。道徳性というと、資質・能力の方、コンピテンシーになってくるので、明確な行為そのものというところを、どこまで含めてよいのか、まだはっきりしてないところもあると感じています。

【貝塚】　一九四六年に設けられた教育刷新委員会の（教育基本法や教育理念に関する）議論において、当初、「人間性の開発」とされていて、それが「人格の完成」に変わります。その根拠の一つの考え方が、人間性には善の側面だけでなく、負の側面も含まれているということでした。その後、田中耕太郎（当時の文部大臣）は、「人間性」を教育目標と掲げることには強く反対をしたという経緯がありました。人格というと、それは善、善さということが前面に出るので、それを伸ばしていくというのが教育の役割であると。そこで、刷新委員会の「人間性の開発」という表現は、最終的に田中の強い意向で「人格の完成」に変更されたのだと思います。ちなみに、「人間性の開発」を強く主張したのは天野貞祐です。そのあたりの捉え方の違いも興味深いと思います。

【西野】　今回（二〇一七年）の改訂で目標を道徳性で統一したのは、道徳の時間の目標が「道徳的実践力」、道徳教育の目標が「道徳性」になっていて、両者の違いがわかりにくいことが背景にありました。特に、「道徳的実践力」については、一般的な「実践力」の意味とはかなり異なる道徳独自の定義で理解しにくいという指摘がありました。そこで、両者の目標を同じ言葉にして、道徳教育と道徳科、道徳の授業は同じものを目指していて、その中で役割分担がある、そう位置づけたのが今回の改訂の趣旨だと理解しています。

ですから、ここでもう一度、両者は区別する必要があると主張するのであれば、目標を統一することに対する反論、ないしは課題があるということを示す必要があると思います。私自身は、同じものを目指している中で、授業では道徳性を育むためにこれを目指す、それによって道徳教育で育む道徳性という大きな目標に資する、そういう位置づけの方がすっきりします。学校の様々な教育活動で養う道徳性もあれば、授業で目指す道徳性もある。そういう構造を学習指導要領で示せばよいと思いました。

【荒木】　西野先生にとって、授業で目指すことと学校教育全体目指すところの役割の一番大きな違いってどこにあると思いますか。

【西野】　反省的思考ですね。リフレクションがある、ということです。体験を通して学習するのが学校の様々な教育活動における道徳教育だとすると、授業では、そういった様々な体験を通して学んだことを、諸価値の視点や道徳的な見方に着目して、意味づけたり、吟味したりする。だからこそ、日常生活における道徳教育とは違う役割をもっている。このような位置づけで、道徳科における「思考、判断、表現」の役割をクローズアップすべきだと思います。

【荒木】　じゃあ、目標に道徳的行為があるかどうかってことは、大した問題ではないってことなんですね。

【西野】　道徳性の構成要素に、行為や道徳的習慣が含まれないような示し方は問題があると思います。ただ、そこには学校や先生方に道徳授業の特質をどう示していくかという課題があります。今回（二〇一七年）の改訂では、道徳教育の目標と授業の目標を統一した。そこで、道徳性に行為や習慣が含まれるとなると、先生方が授業で行為や習慣の指導をするようなことも起こり得るのではないか。このことに対する懸念が大きかったのではないでしょうか。道徳の授業で直接行為の指導をすべきではない、という姿勢は、戦後、道徳の時間が特設された時から一貫していると感じます。道徳教育と道徳の授業の目標を一緒にした際に、だからといって授業で行為の直接的な指導、つまり、「こういう行為をしなさい」などと具体的な指導をするわけじゃないんだよと、そのことをはっきりさせたかった、そういう背景があって、このような定義になってるのかと思います。

でも、道徳性の理論研究からすると、行為が排除されているのはおかしいわけです。実践的に見ても、道徳教育全体の目標としての道徳性には、当然、行為が含まれるし、道徳的習慣を身につけることも指導に含まれます。そのような行為の指導は生活の中の道徳教育で行うことであって、授業の役割は、体験を批判的、反省的に捉えること、あるいは体験を吟味することです。授業は道徳的思考や判断力を育てる場である、ということを明示すれば、授業で行為の指導をされてしまうんじゃないかというおそれはなくなるんじゃないでしょうか。

【荒木】　今回、（本書第10章において）デューイやアリストテレスを引用したのは、道徳はいかに振る舞うかっていうことを強調したかったからです。文科省の方も、頭の中で観念的に価値を捉えるわけではない、頭でっかちなことをいうのが道徳教育の役目ではないと示しているんですけれども、その中で道徳的行為とか習慣というものをどういうふうに育てていくのかってなった時に、私もリフレクションというところで行為の意味づけとか体験の意味づけということは大事だと思うんです。でももう少し踏み込めないのかというところがあって。つまり道徳教育や道徳科の目標設定の中に、道徳的行為っていう言葉が入らないにせよ、でも、そこを完全にねらってますよねっていう表現ができたらいいのかなっていう感じはしています。

【西野】「思考、判断、表現」が今まで入ってきてなかったことが一番の課題だと思います。現実の問題とか生き方に関わる問題に対する思考・判断・表現をクローズアップすれば、ある状況で具体的にどう行為すればいいんだろう、などと行為の仕方に関わる考え方を引き出したり、価値を表現するにはいかに振る舞うべきかという表現の仕方についてディスカッションしたりできるはずなんです。「こうするのが正しい行為です」という行為の指導ではなく、行為について考え、判断するということです。そういう意味では、今回、目標で示していただいたように「思考、判断、表現」を入れることで、先生が今、悩んでいらっしゃる部分は解決するんじゃないでしょうか。

【荒木】　道徳性が内面的資質であるっていうところはわかるんですけども、そこにとどまらない、そこから、どうアウトプットしていくのかっていうところも何とか射程に入れたいなって思います。内面的資質で閉じ込めてしまうのではなくて、アウトプットを目標の中に何とか組み込めないかなっていうところは考えています。

【貝塚】　目標部分に習慣とか行為っていうような文言がないことによって、逆に道徳授業が心情主義に流れた、ある意味では流れざるを得なかったという側面もあるのではないですか。内面的資質に道徳授業の範囲を限定してしまったことによって、結果的にその内面的資質と実践・行為との関連性や連続性が切れてしまっている側面もあると思うのです。

だから、そのところで微妙な書き方になると思うんですけど、本来、道徳教育は行為まで含むというのは当たり前の話ですが、結果的に色々な配慮をして、その関連性を曖昧にしたことが、結果的に今の状況を生んでいる大きな要因であると私は思います。道徳授業は、内面的資質を問題にしているので、行為は関係ないという非常にわかりにくい構造になっている。そのことが、道徳教育の構造的な問題だと私は思いますね。

【荒木】　多分に二元論で道徳教育が語られてしまったところがありますね。そこを一元的にどう連続的に捉えていくか、それをどう表現するかというのが難しいんですけれども、でも、一元的に捉えようという意識をもって、現場の先生は授業してると思うんです。先生は児童生徒に善い行為をしてほしいという思いで授業していると思うんですけれども、でも、授業の中では内面的資質を育てるっていわれてしまうと、どういうふうに行為するのかってとこには踏み込めない。踏み込んだ指導もできないとなってしまうし、行為だけ出してしまうと行為だけの練習になってしまう可能性もあるし。思考と行為の二元論をどう乗り越えていくかっていうところが、今後の大きな課題、そこを乗り越えていくかっていうところかなって感じはします。

【西野】　内面的資質に偏り過ぎている、そこを重視し過ぎてきた授業を乗り越えることが、今回の改訂の出発点だったんですよね。ですから、そこを変えていこう、どう行為するかというところまで踏み込むことが特別教科化の前の審議では強調されていました。実際に改訂されてみると、そのことが十分強調できていなかったのかもしれない、だから、学習指導要領の中でしっかり示していくということは必要なのかなと、改めて思いました。今のまま、「思考、判断、表現」という文言を入れるだけでは、内面的資質の偏重を乗り越えられないということですね。

【貝塚】　確認したいことがあるんですが、荒木先生が教育基本法の目標の「平和で民主主義な国家および社会の形成者」、あるいは学習指導要領の趣旨の視点が道徳教育に抜けていると指摘されていますが、私もその通りだと思います。そうすると、道徳科の目標の(3)の箇所「道徳的価値の実現に向けて、自己と他者、そして社会」のところに、国家が入るんじゃないかと思うんです。自己、他者から社会へ連続するのでなくて、教育基本法の趣旨からすれば、その間に国家が入るのではないでしょうか。そこが気になりました。

【荒木】　国家に関しては、悩んで意図的に外したところはあるんです。確かに教育基本法の「民主的な国家および社会の形成者」には、国家っていう視点はあるんですけれども、ここで国家が「民主的な国家」であればよいんですが、単独で「国家」と書くと偏狭なナショナリズムに依拠した国家も意味として含んでしまわないかと思い、その上で使わなかったっていうところがありました。

また、「民主的な国家および社会」って書いてしまうと、その前の「個人と他者」っていう言葉が浮いた感じになってしまうので、表現的におかしいなっていうところもあって、国家を省いたような表現になってしまいましたね。ただ、上位法との整合性を考えるなら、入れた方がいいと思います。

【木下】　目標に関しては、三点、現場からの意見としてお話ししたいと思います。まず一点目です。現行（二〇一七〈平成二九〉年告示）の学習指導要領では、道徳教育と道徳科の目標の道徳性を統一し、わかりやすくしたことが大きな特徴となります。しかし、学校現場では、かえってわかりづらくなったという意見があります。道徳性を育成することが、道徳科の授業レベルになった時、どのように焦点化されるのか漠としてしまった印象があるからです。道徳科においては、道徳性のどこに焦点化していくのか明らかにしたいです。例えば、道徳科では、「考え、議論する」と結びつけて、コンピテンシーベースで、思考、判断のところは大事にします等、焦点化がわかる書きぶりがあると、現場としてはありがたいです。

二点目は、他教科等の目標にある資質・能力ベースの「知識、技能」の面です。仮に道徳科もそれを適用するとすれば、「知識」の部分の規定が難しいと感じます。道徳的な価値を理解することは大前提として、学習指導要領にある価値理解、人間理解、他者理解をどう位置づけるか。また「技能」をどのように規定するのか。自己内省や共感性などは、学習を積み重ねれば育成できていくので、それらを育成するための方法知として「技能」を捉えるとか。「考え、議論する」ための対話の技能なども。ただ、それは「思考、判断、表現」とのすみ分けが難しいですね。

三点目が「見方、考え方」です。次期改訂では、道徳科でも定義することになるでしょう。他教科等では、文末が「考えること」となっているものが多いです。よって、この論文の「判断し、適切に表現すること」、つまり「表現」

まで求めるかどうかは、検討が必要だと考えます。

【荒木】 授業でどこに焦点化していくのかっていうのは、先ほどの西野先生のお話をふまえるのであればリフレクションになりますね。私が執筆したところだけでいえば、まず知識を押さえた上で、それをいかに活用していくのかっていう知識の活用に焦点を当てるっていうところになっていくのかなと思ってます。

さらにいえば道徳科で得た考え方を、日常生活の中で具体的にどう行為していくのかということと、日常生活で体験したことを道徳科の中で意味づけていくという、道徳科と道徳教育の往還が大事だと考えています。

それに関わって、技能をどう捉えるかっていうところですよね。ここは本当に難しくて、西野先生の論文（本書第11章）では、社会情動的能力（非認知能力）を技能に入れられていますけど、私の中では「思考、判断、表現」に入るのではと捉えています。これも三つの資質・能力と、どこまで足並み揃えたらいいのかなっていうところで悩みはあったんです。日本の学習指導要領は「知識、技能」っていう形で、そこに技能が入ってしまう。でも、それはいわゆる skill としての技能とはちょっとニュアンスが違うんじゃないかなっていう感じはしていて。英語で skill っていわれているものはいわゆる思考力等に該当するんじゃないかな。どちらかというと日本の技能っていうのは反復練習みたいに捉えられているところもあったりするんですけれども、コンピテンシーの枠組みの捉え方っていうところと深く関わるところではあるので、ちゃんと議論を深めていく必要が今後もあるでしょうね。

それと「見方、考え方」ですね。「表現すること」っていうところまで入れてるんですけど、先ほどの西野先生のお話と繋がるところがありますが、「思考、判断、表現」に行為の源泉があるんじゃないかと思い、アウトプットしていく中に行為的な意味ももたせました。

【関根】 評価の部分に関連するんですけど、他の教科が到達目標という形で、それに対する評価になっているんですが、道徳だけは方向目標的な、独特の評価をしますよね。ですので、道徳では到達目標ではない形の目標として掲げるようなものがあってもよいのかなと思います。その辺に何かご意見とかあれば。

【荒木】 三つの資質・能力に分けて評価する場合であれば、当然、例えば知識、技能の側面に関しては到達目標にすることはできると思うんですけれども、そこの知識を活用していくっていうところに関しては、善さに関する内面的な思考もあるので、そこは今まで現状通りの評価でしか無理なのかなっていう感じはします。道徳の中で今は観点別評価をしていませんが、今後の可能性としては、コンピテンシーベースで目標が書かれたのであれば、それに基づいた評価っていうのもあると考えています。

座談会を終えて

荒木寿友

言葉のもつ歴史的な意味を改めて考える機会となった座

談会であった。座談会の冒頭において話題となった「人間性」という言葉は、戦後の教育基本法制定における「人格」という言葉との関連性や違いがどうしてもついて回る。「人間性」という言葉が善悪の双方を含みもつ言葉であるのに対して、「人格」には善としての人間存在の追求というニュアンスが強くなる。このような経緯から、座談会中にも指摘があったように、教育基本法では「人間性の開発」ではなく「人格の完成」という言葉が用いられることになったわけだが、今に目を向けてみると、二〇一七（平成二九）年告示の学習指導要領では三つの資質・能力の一つに「学びに向かう力、人間性等」が設けられ、「人間性」（学習指導要領英訳では humanity が用いられている）という言葉が違和感なく使われている。おそらく、この「人間性」という言葉が用いられる契機となったのが、本文中にも示している通り、ファデルらが提唱した学習の四つの次元（知識、スキル、人間性〈character〉、メタ学習）だろう。次期学習指導要領の改訂において、もし「人間性」という言葉が道徳性との関連で用いられることになるのであれば、「人間性」がもつ価値中立的なニュアンスをどう定義し直すのかが問われることになるであろう。

上記と関連する用語としては、座談会の中で西野氏が指摘したように、従来使用されていた「道徳的実践力」（道徳の時間）と「道徳性」（道徳教育）という用語が「道徳性」に統一された経緯をふまえた上で、再度「人間性」（道徳教育）と「道徳性」（道徳科）を分けて考える意義を丁寧に示していく必要がある。道徳科の授業だからこそできること／できないこと、学校の教育活動全体だからこそできること／できないことをふまえた上で、両者の線引きを明確にしなければならない（もちろん両者の役割として重なっている部分は相当ある）。

どのように目標を設定し、それに基づいて何をどう教え、どのように評価していくのか、結果的に子どもたちは何を学んだのか、これらを総合的に捉えていくことがカリキュラム研究であり、道徳教育、道徳科の目標設定はその根幹となる。従来の道徳の授業の課題として、「望ましいと思われることや決まり切ったことを言わせたり書かせたりするような授業」という点が指摘されたが、望ましいことや決まりきったこととは、すなわち教師が暗に求めていた「答え」であり、さらにいうならば、それは授業のゴール、つまり目標ということもできる。誤解を恐れずにいえば、これは本来教育内容として設定されるべき道徳的価値が教育目標と同一視され、道徳的価値を教えることが教育目標となってしまったといえるのではないか。目標の一部として内容の習得は位置づけられることはあっても、目標と内容は同一のものではない。

コンピテンシーベースで道徳教育を捉えていくことによって、道徳教育と道徳科で何を目指すのか、そのために何をどう教えていくのかといった点を再整理することが可能になると思われる。

第11章　内　容
――学習指導要領「道徳」の内容構成の課題と検討の方向性――

西野真由美

1　内容構成をめぐる課題

道徳科の「内容」[1]について、西野（二〇二二）では次の四点を課題として指摘した。

①内容項目の関連性

道徳の「内容」が「一つの全体的構造」であり、各項目が相互に関連していることは、『指導書』や『学習指導要領解説』で繰り返し強調されてきたが、そのことは実際の教材開発や授業実践にほとんど生かされてこなかった。複数の項目を関連づけて主題化する学習が充実するような内容の示し方を検討する必要がある。

②内容の構造化

内容の構造化とは、ある内容の理解が別の内容に関連づけられたり、階層化によって発展的に捉えられたりすることである。一九九八（平成一〇）年告示学習指導要領以降、道徳の「内容」は四視点に分類されているが、視点相互の関係が見えにくく、学習の深まりや発展に繋がらない。

③学校による重点化

一九九八（平成一〇）年告示以降の学習指導要領は、各学年・学校段階における指導の重点を示すと共に、各学校に対し、地域の特色や児童生徒の実態に応じた重点化を求めている。重点的な指導は、学校の教育活動全体を通じて行うものであり、道徳授業で複数回扱わなければならないわけではないが、教科書に三五時間分の教材が用意されている現状では、各学校が独自に授業で重点項目を繰り返し扱うのは困難である。各学校のカリキュラム・マネジメントを充実する上でも、学校独自の重点的な学習が可能となるような示し方が求められる。

④現代的な諸課題に対応した教科等横断的な学習

二〇一七・二〇一八（平成二九・三〇）年告示学習指導要領（現行版）[2]は、教科等横断的な視点に立った資質・能力の一つに「現代的な諸課題に対応して求められる資質・能力」を挙げ、各学校の特色を生かして教育課程の編成を図るよう求めている。この「現代的な諸課題」（現代的課題）が学習指導要領で用語として明示されているのは、「総則」「特別の教科　道徳」「総合的な学習（探究）の時間」（以下、「総合」）のみであり、道徳科の果たす役割は大きい。

道徳科の教科書は、複数回の検定を経て、現代的な課題に関する教材を充実する傾向にある。しかし、それらの多くは、一つの内容項目を主題としており、諸価値が複合的に関わる現代的な課題を十分に扱えていない。現代的な諸課題に対応した学習を実現するには、テーマ学習や探究的な学習を「内容」の一領域として示すことや「総合」をはじめとする他教科等と連携した学習時間の積極的活用を「総則」に示すことなどを検討する必要がある。

以上の四点は、道徳科固有の課題である。これらに加え、次期改訂では、学習指導要領全体の構成をふまえた検討も要請される。具体的には、二〇一七（平成二九）年告示学習指導要領では、育成を目指す資質・能力の三つの柱が示され、教科等の「内容」は、目標に対応する「知識及び技能」と「思考力、判断力、表現力等」の二つの柱で構成されている。道徳科は先行的に改訂されたためこの形式に拠っていないが、次期改訂では他教科等同様の対応が求められるだろう。

また、近年、諸外国の道徳教育やキャラクター・エデュケーションでは、資質・能力ベースのカリキュラム改革の国際的な潮流のもとで、社会情動的能力（非認知能力）の育成を重視したカリキュラムが推進されるようになっている。道徳教育の「内容」が諸価値だけでよいのかについても検討が必要である。

以上の状況もふまえ、改めて道徳科の「内容」に関する検討課題を次のように整理しよう。

①内容の構成要素の見直し

他教科等の学習指導要領が、「育成を目指す資質・能力」を目標に明示し、内容構成をそれに対応させていることをふまえ、「内容」に示す事項を「諸価値（概念的知識）・技能（手続き的知識・方法知・社会情動的能力を含む）」と「思考力・判断力・表現力等（思考スキル・対話や議論のスキル・メタ認知〈内省〉）」に整理する。

②内容の構造化

他教科等で明示されている「見方・考え方」を道徳科の学習に即して整理すると共に、思考力を「内容」に位置づけ、資質・能力目標（道徳性の涵養）を実現するための内容の構造化を検討する。

③現代的な諸課題に対応した探究的学習の位置づけ

複数の諸価値を含む現代的諸課題の探究的学習を「内容」に盛り込むと共に、「内容の取扱い」において、学校の創意工夫による重点化や学校・地域の特色を生かした「探究課題」の設定を盛り込む。

本章では、これらの「内容」をめぐる改善案の具体化に向けて、他教科等の「内容」構成や、ＯＥＣＤのEducation 2030 プロジェクトにおける「価値観・態度」の位置づけを参照し、上の①・②を中心に検討する。

2　「内容」の構成要素の見直し

二〇一七・二〇一八（平成二九・三〇）年告示学習指導要領（他教科等）の「内容」構成

二〇一七年の学習指導要領改訂では、各教科等の「目標」に育成を目指す資質・能力の三つの柱を示すと共に、「内容」では、育成を目指す資質・能力との関係を明示し、「学習活動」を通して育成する「知識及び技能」と「思考力、判断力、表現力等」に関わる事項で構成するという大幅な見直しがなされた。しかし、道徳科の学習指導要領は、この「三つの柱」が中央教育審議会（以下、中教審）で検討される前に先行して改正されたため、この見直しが反映されておらず、学習対象となる「事項（項目）」のみを示す従来の構成を継承している。「三つの柱」の一つである「思考力・判断力・表現力等」を「内容」に含まないのは道徳科のみである。

学習指導要領の「内容」に「思考力、判断力、表現力等」を示すことについては、文言の繰り返しや重複が生じるという課題もあるため、次期改訂で見直される可能性がある。しかし、「内容」を資質・能力目標と関連づけ、その構成要素として教科の特質となる学習活動と主要な概念、それらを通して育成する「思考力、判断力、表現力等」を示す、という内容構成自体は、今後も継承されると予想される。

道徳科における思考力等の示し方には、複数の選択肢が考えられる。道徳科同様に「多面的・多角的」な思考を目標に示している社会科では、「内容」の項目ごとに、「～を考え、表現すること」といった表現を文末に加えている。道徳科でも同様の示し方は可能だが、「自己をみつめる」「多面的・多角的に考える」といった道徳科固有の視点を「見方・考え方」として具体化する検討も必要である。「音楽」や「美術」のように、「項目を通して共通に働く資質や能力」を〔共通事項〕として一括して示す、あるいは、理科のように思考力等の発達を、「比較」「関係付け」「条件制御」「多面的」などに分類して学年別に示す、「総合」のように「考えるための技法」を示すなど、各教科等の示し方を参考に、道徳科の学習活動の充実に繋がる示し方を検討したい。

道徳科における「内容」の構成要素

学習指導要領では、内容に示されている項目（内容項目）は、「道徳的諸価値を含む内容」として扱われている。例えば、『小学校学習指導要領（平成二九年告示）解説　特別の教科　道徳編』によれば、内容項目は、「児童が人間として他者とよりよく生きていく上で学ぶことが必要と考えられる道徳的価値を含む内容を、短い文章で平易に表現したもの」とされる。また、別の箇所では次のように示されている。「道徳的価値とは、よりよく生きるために必要とされるものであり、人間としての在り方や生き方の礎となるものである。学校教育においては、これらのうち発達の段階を考慮して、児童一人一人が道徳的価値観を形成する上で必要なものを内容項目として取り上げている」。

このように、個々の項目は、「道徳的価値を含む内容」、ないし、「道徳的価値観を形成する上で必要なもの」という位置づけである。ただ、個別に見てみると、狭義の道徳的諸価値とは異なる内容（美的情操、宗教的情操など）も含まれている。また、「善悪の判断」「個性の伸長」「強い意志」「創造性」「真理の探究」「相互理解」「国際理解」「感動、畏敬の念」「よりよく生きる喜び」などは、価値（観）というより、態度や能力に関わる内容である。

このことは、道徳教育の目標である「道徳性」の定義にも関わっている。一九八九（平成元）年告示学習指導要領について解説した『小学校指導書道徳編』以降、道徳性については、「道徳的行為を可能にする人格的特性であり、人格の基盤をなすもの」「人間らしいよさ」と示されている。つまり、日本の道徳教育は、狭義の道徳的諸価値の教育にとどまらず、人格や人間性に関わる広い領域を包含している。道徳の「内容」に示されているのは、「人間としての在り方や生き方に関わる態度、価値、能力」といってよいだろう。

このことをふまえると、道徳科の「内容」を各教科等と同様に、「知識及び技能」と「思考力、判断力、表現力等」で構成する場合、「知識及び技能」に相当する項目については、一律に「道徳的諸価値」として整理するのではなく、より広く、社会情動的スキル（いわゆる非認知能力）を含めて、人間としての在り方・生き方に関わる内容で構成することを検討すべきだろう。ただし、諸価値の理解を「知識」と捉えてよいかについては、賛否両論があり得るだろう。道徳的知識をどう位置づけるかについては、さらに議論を深める必要がある。

「知識及び技能」の「技能」について、教科によっては、「内容知」と「方法知」の区別を意識した解説も見られる。道徳科においても、内容知（価値理解）と方法知（問題解決・議論や対話の技法）を区別し、価値理解に基づいた問題解決的な思考や議論の過程において求められる方法知を「技能」として示すことを検討したい。

道徳科における「三つの柱」を整理した中教審（二〇一六）の「参考資料」に掲載されている「道徳教育で育成を目指す資質・能力の整理」では、「知識及び技能」に対応する柱が、「道徳的諸価値の理解と自分自身の固有の選択基準・判断基準の形成」と説明されている（表11－1）。この整理では、「小学校、中学校」では、「道徳的諸価値の意義及びその大切さなどを理解すること」とされ、「高等学校」において「道徳的諸価値の理解に基づき、自分自身に固有の選択基準・判断基準を形成すること」と示されている。つまり、「選択基準・判断基準」の形成は、

表11－1　高等学校の道徳教育で育成を目指す資質・能力

道徳的諸価値の理解と自分自身に固有の選択基準・判断基準の形成	生徒一人一人の人間としての在り方生き方についての考え（思考）	人間としてよりよく生きようとする道徳性
道徳的諸価値の理解に基づき、自分自身に固有の選択基準・判断基準を形成すること	物事を広い視野から多面的・多角的に考え、自分自身の人間としての在り方生き方についての考えを深めること	人間としての在り方生き方を考え、主体的な判断の下に行動し、自立した人間として他者とともによりよく生きるための基盤となる道徳性

出所：中央教育審議会（2016）別添資料16－1をもとに筆者作成。

高等学校の道徳教育で養うという位置づけとなっており、小・中学校の道徳では、「選択基準・判断基準の形成」が明示されていない。

他方、三つの柱のうち、「思考力、判断力、表現力等」に対応する柱である「物事を多面的・多角的に考え、生き方についての考えを深めること」は、小・中・高等学校に共通である。小・中学校の道徳科において、高等学校と同様に物事を多面的・多角的に考えながら、自己を見つめる学習活動が重視されているのに、「知識及び技能」に対応する柱では「価値の理解」だけが示され、「自分自身の選択基準・判断基準の形成」や個々の価値理解に基づく人生観や価値観の形成に関する言及がないことは、道徳教育の学校間の接続や系統性を担保する観点から見直す必要があるだろう。

この「選択基準・判断基準の形成」に関して、『高等学校学習指導要領（平成三〇年告示）解説　総則編』では、「社会の変化に対応して主体的に判断し行動しうるためには、選択可能ないくつかの生き方の中から自分にふさわしく、しかもよりよい生き方を選ぶ上で必要な、自分自身に固有な選択基準ないし判断基準をもたなければならない」と示されている。「自分自身に固有な選択基準ないし判断基準」は、よりよい生き方を選び、主体的に判断して行動するために必要とされていることから、その育成の主要な学習の場が「人間としての在り方を問う」高等学校における道徳教育であるとしても、「自己の生き方」（小学校）や「人間としての生き方」（中学校）についての考えを深める学習においても、高等学校の学習に繋がる内容の充実が求められねばならない。

高等学校における道徳教育の「中核」として位置づけられている「公共」では、

や社会的問題を考える学習活動を通して育成できるようにすることが妥当であろう。

「選択基準ないし判断基準」は、例えば、「行為の結果である個人や社会全体の幸福を重視する考え方」「行為の動機となる公正などの義務を重視する考え方」などの倫理・道徳理論の学習を手がかりとして育成される。小・中学校の道徳科は、義務論や功利主義等の理論を学習する場ではないため、子どもが日常的に出会うような道徳的問題や社会的問題を考える学習活動を通して育成できるようにすることが妥当であろう。

3　OECD Education 2030 のカリキュラム研究における「態度・価値（観）」

二〇一五年に発足したＯＥＣＤのプロジェクト Education 2030 は、コンピテンシーを構成する各要素（知識、スキル、態度・価値観）の相互関係に注目し、キー・コンピテンシーを提起した二〇〇〇年代の整理に比べ、態度や価値観の育成をいっそう重視するようになっている。では、そこではどのような内容が想定されているのだろうか。

ＯＥＣＤによれば、態度や価値観とは、個人的、社会的、環境的な幸福（well-being）を実現する上で、自己の選択、判断、行動、行為に影響を与える原則や信念を意味する（OECD 2019b）。具体的な定義は次の通りである。

価値（観）：私生活や公的生活のあらゆる領域で意思決定を行う際に、人々が重要だと信じるものを支える指針となる原則。

態度：価値観や信念に裏打ちされ、行動に影響を与えるもの。

「諸価値・態度」は、さらに、次のように、個人的（personal）、対人関係的（social）、社会的（societal）、人間的（human）の四つのカテゴリーに分類される。

• 個人的なもの：個人の人生目標の定義に関するもの。

どんな人でありたいか、意義ある人生をどう定義し、どんな人生を送り、どんな目標を達成したいかに関わる。

- 対人関係的なもの：他者との積極的な交流や関係に関するもの。他者に対してどのように振る舞うか、対立を含む相互作用をどのように管理するかなどが含まれる。
- 社会的なもの：社会的・制度的結束の促進に関するもの。社会文化の優先順位、社会秩序や制度的生活のフレームとなる共有の原則や指針。
- 人間的なもの：文化的でグローバルなウェルビーイングの推進に関するもの。社会的価値観と共通点が多いが、国や文化を超え、人類の幸福に適用されるもの。世界人権宣言やＳＤＧｓのように、国際的に合意された条約に示されたもの。

この分類を見ると、最初の三つは、日本の学習指導要領の四つの視点と重なっている。四つ目のグローバルな視点は、学習指導要領では「集団や社会」に関わる視点の「国際理解」に含まれる。学習指導要領が四つ目の視点として「自然や超越的なもの」を挙げていることは、日本の分類の特徴といえるだろう。

諸外国の価値教育等で示された個々の内容の共通性について、ＯＥＣＤの報告書は、各国カリキュラムの比較分析に基づいて、こう指摘している。「カリキュラムに明示されている態度や価値観は、国や管轄区域によって異なるが、それでも、公平で人間的、公正で多様な社会を支え、促進するという点では、ある程度共通の目的がある。たとえば、尊重、文化の多様性、個人的・社会的責任、人間の尊厳、寛容、民主主義、平等、誠実、自己認識、正義、自由、包摂、国際性、公平、公正などである」（OECD 2021b：7～8）。

態度や価値に関わる検討過程で示された“Conceptual Note”では、「包括的で、公正で、持続可能な経済と社会の構築に向け、制度や地域社会における信頼を強化し刷新するためには、学校において、市民として共有される中核的な諸価値（尊重、公正、個人的・社会的責任、誠実さ、自己認識）を身につけることが重要である」として、特に多くの国・地域で取り上げられている諸価値が「中核的な諸価値」として位置づけている。

OECD 2030 Learning Compass では、各国等の教育課程の調査に基づいて、「態度・価値」に関わるコンピテンシーのサブセットとして、九つの構成要素（内省、協働と協力、学び方の学習、尊重、責任、共感、自己調整、粘り強さ、信頼）を挙げている。

一方、「社会情動的スキル」は、「諸価値・態度」ではなく、思考力と同様に「スキル」に位置づけられている。とはいえ、「社会情動的スキル」の中身を見ると、「責任」「共感」「信頼」「協力」など、「諸価値・態度」と重なる内容が含まれており、両者の厳密な区別はなされていない。

ＯＥＣＤによる国際調査では、「社会情動的スキル」を六つの領域に分け、一七のスキルを挙げている（OECD 2021a：36）。リストには、学習指導要領の内容と同様の表現（広い心、寛容、創造、信頼など）、もしくは、関連する内容（忍耐・粘り強さ、自制、目標に向かって努力する）が含まれる。これらは、「行為を指導する原理（価値）」であると同時に、実践するためのスキルを要請する能力でもあるといえよう。これら社会情動的スキルを諸価値を実現する技能として「内容」に位置づけることで、複数の諸価値の関連づけもしやすくなるのではないか。

4　内容の構造化——見方・考え方に基づく概念基盤型カリキュラムの構想

学習指導要領における「見方・考え方」と概念的知識（理解）

現行学習指導要領は、道徳以外のすべての教科等において、目標に「見方・考え方」を位置づけると共に、この「見方・考え方」を働かせるための視点を「内容」の中で明示している。道徳科は先行改訂されたため、その後に中教審で検討された「見方・考え方」は、道徳科の学習指導要領には反映されていない。ただ、中教審（二〇一六）には、他教科等と並んで、「道徳科における見方・考え方」が、「様々な事象を、道徳的諸価値の理解を基に自己との関わりで（広い視野から）多面的・多角的に捉え、自己の（人間としての）生き方について考えること」（（　）内は中学校）と示されている。各教科等では、目標で示された「見方・考え方」について、「内容」で具体化して学習内容を整理・構造化しているため、道徳科においても同様の検討が求められる。

二〇一七（平成二九）年告示小学校学習指導要領「第一章　総則」には、「見方・考え方」が次のように示されている。

各教科等において身に付けた知識及び技能を活用したり、思考力、判断力、表現力等や学びに向かう力、人間性等を発揮させたりして、学習の対象となる物事を捉え思考することにより、各教科等の特質に応じた物事を捉える視点や考え方（以下「見方・考え方」という。）が鍛えられていくことに留意し、児童が各教科等の特質に応じた見方・考え方を働かせながら、知識を相互に関連付けてより深く理解したり、情報を精査して考えを形成したり、問題を見いだして解決策を考えたり、思いや考えを基に創造したりすることに向かう学習の過程を重視した学習の充実を図ること。

中教審（二〇一六）によれば、「見方・考え方」は、「各教科等を学ぶ本質的な意義の中核をなすものとして、教科等の教育と社会をつなぐもの」であり、目標と内容を繋ぐと同時に、内容に示された個々の事項を関連づけることによって、個別の事実的知識を概念的理解（知識）へ統合する役割を担っている。

『学習指導要領解説』に全教科等共通で掲載されている「改訂の経緯」には、「知識の概念的な理解」について次のように示されている。「学校教育には、子供たちが様々な変化に積極的に向き合い、他者と協働して課題を解決していくことや、様々な情報を見極め知識の概念的な理解を実現し情報を再構成するなどして新たな価値につなげていくこと、複雑な状況変化の中で目的を再構築することができるようにすることが求められている」。現行学習指導要領は、育成を目指す資質・能力を明示した、いわゆる資質・能力ベース（competency-based）の改訂と総括されることがあるが、「内容」に関する改訂には、ビッグアイデアや概念基盤型（concept-based）カリキュラム（Erickson & Lanning 2014；2017）の知見が生かされていると見られる。

ただし、「見方・考え方」という用語は、これら最新のカリキュラム研究からとられたものではなく、日本の学校教育にも「見方や考え方」に注目してきた研究の蓄積がある（戸井田 一九九九）。学習指導要領では、一九八七年に雑誌『教育研究』の特集「見方、考え方を育てる授業」において、当時の文部省教科調査官高野尚好が「各教科等の中では、見方、考え方の育成を重要な指導事項として位置づけている」（高野 一九八七：一〇）と説明している。二〇〇八（平成二〇）年告示学習指導要領には、「社会的な見方や考え方」「科学的な見方や考え方」などの用語が示されている。

ここで注意すべきは、二〇一七・二〇一八（平成二九・三〇）年告示の学習指導要領において、「見方・考え方」は、育成を目指す資質・能力としては位置づけられていないことである。学習指導要領本文で「働かせて学ぶ」「鍛える」などと表現されているように、「見方・考え方」は、学習で新たに獲得する知識や能力ではなく、子どもがすでにもっている見方・考え方の成長と捉えられている。奈須が整理しているように、「生活の中で身に付けてきた先入観や予断を、子ども自身が切実な問いとして設定した探究課題の解決を目指した学習を通して、より妥当性の高い本質的な概念的知識へと自己更新していく」（奈須 二〇一八：四）という位置づけである。

「見方・考え方」は、各教科等の本質をなすものであるが、それを身につけることが目標ではなく、それらを働かせることが教科等の目標の実現に通じている。つまり、個々の内容の学習において、各教科等に固有の見方・考え方を働かせた学習活動を構想することで、内容の学びを資質・能力目標に繋げようとしているのである。道徳科においても、「見方・考え方」を「内容」に示すことは、それらを項目として学ぶことを想定するのではなく、道徳性を育む学習過程で活用し、働かせる視点や考え方として構想することを意味する。

では、道徳科の学習で働かせる「見方・考え方」をどのように示せばよいだろうか。

ここでは、各教科等における「見方・考え方」の整理を参照してその枠組みを確認した上で、特に、高等学校の「公共」や「倫理」で示されている「見方・考え方」に注目して、道徳科の「内容」で示す「見方・考え方」を検討することにしたい。

「見方・考え方」の構成

各教科等における「見方・考え方」の示し方を概観すると、それらは主として、事象をどのような視点で捉えるかという「見方」と、学習や探究の過程においてどのように思考していくかという「考え方」で構成されていることが確認できる。

例えば、『中学校学習指導要領（平成二九年告示）解説　社会編』では、「社会的な見方・考え方」は、次のように説明されている。

社会科、地理歴史科、公民科の特質に応じた見方・考え方の総称であり、社会的事象等の意味や意義、特色や相互の関連を考察したり、社会に見られる課題を把握して、その解決に向けて構想したりする際の「視点や方法（考え方）」であると考えられる。そして、社会的な見方・考え方を働かせるとは、そうした「視点や方法（考え方）」を用いて課題を追究したり解決したりする学び方を表すとともに、これを用いることにより児童生徒の「社会的な見方・考え方」が鍛えられていくことを併せて表現している。

教科固有の「見方」をどのように示すかについては、教科によってアプローチがやや異なる。例えば、理科では、エネルギーでは「量的・関係的な視点」、粒子では「質的・実体的な視点」、生命では「多様性と共通性の視点」、地球は「時間的・空間的な視点」として示されている。これらは領域固有ではなく、他領域でも扱われるため、教科等横断的な概念となっている。各教科等における「見方・考え方」、特に「見方」については、事象を捉える「視点」であることは共通しているものの、その具体化は各教科等の特質に応じて検討されたためか、教科等横断的な概念として示す教科もあれば、教科固有の概念を示している教科もあり、統一はされていない。「見方・考え方」をどう示すかについては、次期学習指導要領改訂の審議において、もう一段階の検討が要請される可能性が高い。

そこで、以下では、各教科等における「見方・考え方」の現行の示し方に表現を合わせるのではなく、それらを多様な例示として参照しつつ、道徳科の示し方を検討する。

道徳科における「見方」の構成

各教科における「見方・考え方」は、「視点と方法（考え方）」で構成されている。このうち、「視点」については、「〇〇に着目して」などと具体的な「視点」が示されている。これらの「視点」は、各学習事項を繋ぐ「主要な概念」と捉えることができるため、これらの「視点」を「重要概念（key concept）」と位置づければ、個別の事実的知識の学習を慣例づけ、統合する概念基盤型カリキュラムを整備することが可能である。

道徳科の「内容」についても、「見方」として具体的な視点を示すことが求められる。しかし、この作業は、特定の「見方（視点）」をコア概念と見なすことで、諸価値の中から「中核的な価値」を選定することに通じるため、慎重な検討が必要である。道徳科における「見方」は、人間としての在り方・生き方に関わるものであるため、まず、道徳科独自の課題として、諸価値について多様な「見方」が存在することを前提としなければならない。

では、多様な「見方」が存在する中で、道徳科で学習する「見方」を整理するための何らかの根拠を説得的に示すことができるだろうか。この課題は、従来の道徳教育が、特定の理論に立脚せず、内容の配列も順序性はないとして示してきた方針と両立しにくい。

一つの方策は、教育基本法第二条に示された諸価値を活用することである。「教育の目標」を示した第二条に示された諸価値は、道徳の内容とも関連している。具体的には、第一項「真理を求める態度」「豊かな情操と道徳心」、第二項「個人の価値を尊重」「創造性」「自主及び自律の精神」「勤労を重んずる態度」、第三項「正義と責任」「男女の平等」「自他の敬愛と協力」「公共の精神」「主体的に社会の形成に参画し、その発展に寄与する態度」、第四項「生命を尊び、自然を大切にし、環境の保全に寄与する態度」、第五項「伝統と文化を尊重し、それらをはぐくんできた我が国と郷土を愛するとともに、他国を尊重し、国際社会の平和と発展に寄与する態度」である。

この整理は、道徳の四視点と重なるため、「自律の精神」「敬愛と協力」「正義と責任」「伝統と文化」「尊重（自他・生命・自然環境）」などを、各内容項目の学習で共通に着目する「見方」として位置づけることは整合性がある。もう一つの方策は、道徳教育の系統性の観点から、高等学校の公共や倫理で示された視点を参照することである。高等学校公民の公共・倫理で示されている「見方（視点）」を抜粋すると、次の通りである。

【公共】

(1) 公共的な空間を作る私たち：個人の尊厳と自主・自律、人間と社会の多様性と共通性など

(2) 公共的な空間における人間としての在り方生き方：幸福、正義、公正など

(3) 公共的な空間における基本的原理：幸福、正義、公正など

【倫理】

A　現代に生きる自己の課題と人間としての在り方生き方

(1) 人間としての在り方生き方の自覚

ア　知識及び技能

(ア) 個性、感情、認知、発達などに着目して……人間の心の在り方について理解する

(イ) 幸福、愛、徳などに着目して、様々な人生観について理解する

(ウ) 善、正義、義務などに着目して、社会の在り方と……について理解する

(エ) 心理、存在などに着目して、世界と人間の在り方について……理解する

これらの視点は、「現代の諸課題を追究したり解決に向けて構想したりする際の視点」として、「人間としての在り方生き方についての見方・考え方を概念や理論などに着目して構成した」（『高等学校学習指導要領解説　公民編』）

と説明されている。そのため、「認知」「発達」「徳」「心理」「存在」といった倫理学・心理学の理論的概念が含まれており、これらをそのまま小・中学校における道徳学習の「視点」とするのは難しい。

他方、「個人の尊厳」「自主・自律」「幸福」「正義」「公正」などは、小・中学校の「内容」や教材と親和性がある。これらを道徳学習で働かせる「見方（視点）」と位置づければ、高等学校の学習に繋ぐことができる。

中学校社会科と高等学校公共・倫理における「見方・考え方」のうち、「見方（視点）」については、中教審の教科等部会で様々な価値を例示しながら検討が重ねられた。学習指導要領の「見方・考え方」は、これらの例示をもとに学習指導要領作成協力者会議で作成されたものである。これまで「見方・考え方」について十分に検討されてこなかった道徳科では、これらの例示を参照しつつ、諸価値や道徳的問題を多面的・多角的に考える学習活動に繋がるキーワードを現行の四つの視点から抽出するための議論を重ねることを提案したい。

道徳科における「考え方」の構成

各教科等では、「考え方」として、問題解決的な学習や探究的な学習に求められる手続きや思考のプロセスを示している。対象や事象に迫るためのアプローチに注目すると、例えば、「比較」「分類」「総合」「関係づけ」といった、複数教科等に共通のキーワードを抽出することもできる。

多様な見方（視点）を関連づけて、「よりよく生きる」ことに繋ぐ、として示されている例では、「よりよい社会の構築に向けて、課題解決のための選択・判断に資する概念や理論などと関連付ける」（中学校社会）、「対象や事象を、造形的な視点で捉え、自分としての意味や価値をつくりだす」（中学校美術）、「生活の質の向上、健康を支える環境づくりと関連付ける」（小学校体育・保健分野、中学校保健体育・保健分野）などがある。

道徳科における問題解決的な学習の積極的な実践は緒に就いたばかりであり、他教科等に比べると、問題解決的な学習過程に関する実践研究の歴史が浅い。現段階で参考となり得るのは、学習活動の評価に関して『学習指導要領解説』で示されている「一面的な見方から多面的・多角的な見方へと発展しているか」「道徳的価値の理解を自分自身との関わりの中で深めているか」などの「評価の視点」である。「多面的・多角的な見方」と「自分との関わりで考えること」の二点は、道徳科における本質的な学習に通じる「考え方」として位置づけることができよう。

また、道徳的な思考については、特に、道徳性の認知発達に関する多様な研究の蓄積がある。それらの研究で注目されてきた、「脱中心化」「役割取得」「立場の交換」「他者の視点」といった「パースペクティブ・テイキング」は、道徳学習の目標を実現する重要なプロセスとして、「考え方」に位置づけることを検討してよいだろう。

さらに、本章第二節で確認したように、高等学校との接続の観点から、「見方・考え方」と「自分自身に固有の選択基準・判断基準の形成」を関連づけた示し方を検討したい。例えば、「諸価値の理解や道徳的問題の探究を自分自身の選択基準・判断基準の形成に関連付ける」「自己の生き方との関わりでよりよい生き方を考え、議論し、自分自身の選択基準・判断基準の形成に関連付ける」「様々な事象を、道徳的諸価値や人間としての生き方に着目して多面的・多角的に考え、自己の生き方に関わる選択・判断と関連付けること」といった示し方が考えられる。

もう一つ検討したいのは、道徳科における「見方・考え方」と他教科等における「見方・考え方」との関係である。現行版では、特別活動と総合的な学習（探究）の時間の二領域のみ、それぞれ、「各教科等における見方・考え方を総合的に活用して」（総合）、「各教科等の見方・考え方を総合的に働かせながら」（特別活動）として、各教科等の学習で得られた「見方・考え方」を総合する役割が明示されている。道徳教育では、道徳の時間の特設以来、道徳の授業が学校の教育活動全体を通じた道徳教育を「補充・深化・統合」する役割を担ってきた。この位置づけは特別教科化後も継承されているが、「統合」という表現自体は現行学習指導要領には示されていない。道徳科では、各教科等の学習を含め、様々な体験を諸価値の理解やよりよい生き方の探求へと統合していくことが求められている。特別活動や総合と同様に、「各教科等の見方・考え方を総合的に働かせながら」などの表現を検討したい。

道徳科の内容の要素を「諸価値の理解と技能（社会情動的スキル）」「選択基準・判断基準の形成」と、「よりよい生き方を探求する思考力・判断力・表現力」で構成し、学習において共通に着目すべき「見方・考え方」を具体的に示す。この改善の方向が実現すれば、これまで個別の教材に分断されてきた内容項目において、それらを相互に関連づける「見方・考え方」を働かせて、自分自身の生き方を探求し、「よりよく生きること」を学ぶ学習活動を充実する道が開ける。「見方・考え方」に、「幸福（well-being）」や「持続可能性」といった視点を加えれば、現代的な諸課題を単一の内容項目を主題とするのではなく、複数の諸価値を内包する道徳的問題として、「幸福や持続可能性に着目して多面的・多角的に考える」学習単元も構想しやすくなる。

本章では「検討課題」と検討の方針を整理するにとどまったが、今後、理論・実践面での多様な場での議論を喚起し、内容の示し方を具体化、精緻化していくことを目指したい。

注

(1) 本章では、「内容」と括弧書きにする場合は、学習指導要領に示された「第二　内容」を指すこととし、内容構成や学習内容等の一般的な用語としての内容とは区別して用いる。

(2) 本章では、二〇一七・二〇一八（平成二九・三〇）年告示学習指導要領を「現行版」と表記する。また、「次期改訂」とは、この現行版の次の改訂を指す。

参考文献

高野尚好（一九八七）「見方、考え方を育成する授業における新しい観点」筑波大学附属小学校初等教育研究会『教育研究』第四二巻第二号。

中央教育審議会（二〇一六）「幼稚園、小学校、中学校、高等学校及び特別支援学校の学習指導要領等の改善及び必要な方策等について（答申）」。

戸井田克己（一九九九）「地理的見方・考え方の基礎的考察」井上征造・相澤善雄・戸井田克己編著『新しい地理授業のすすめ方――見方・考え方を育てる』古今書院。

奈須正裕（二〇一八）「新学習指導要領と授業づくり（第七回）概念的で統合的な知識」『内外教育』六六五五。

西野真由美（二〇二二）「内容」道徳教育学フロンティア研究会編『続・道徳教育はいかにあるべきか――歴史・理論・実

践・展望』ミネルヴァ書房。
Erickson, H. L., & Lanning, L. A. (2014) *Transition to Concept-Based Curriculum and Instruction*. Corwin Press.
Erickson, H. L., Lanning, L. A., & French, R. (2017) *Concept-Based Curriculum and Instruction for the Thinking Classroom*. 2nd ed. Corwin Press.（＝遠藤みゆき・ベアード真理子訳〈二〇二〇〉『思考する教室をつくる概念型カリキュラムの理論と実践』北大路書房。）
OECD (2019a) *Conceptual Learning Framework: Learning Compass 2030, Future of Education and Skills 2030*.
OECD (2019b) *Future of Education and Skills 2030 Conceptual Learning Framework. Attitudes and Values*.
OECD (2021a) *Beyond Academic Learning: First Results from the Survey of Social and Emotional Skills*. OECD Publishing.（＝矢倉美登里・松尾恵子訳〈二〇二二〉『社会情動的スキルの国際比較——教科の学びを超える力』明石書店）。
OECD (2021b) *Embedding Values and Attitudes in Curriculum: Shaping a Better Future*. OECD Publishing.

【高宮】　本書第11章について、質問が四点あります。

一つ目は、内容の関連性についてです。関連を考えるには、中心的な価値がある場合と複数の価値が並列して含まれる場合を分ける必要があります。例えば、「規則の尊重」が主題の授業で、そのためには勇気とか努力も必要、となる場合、中心価値は一つです。それに対して、現代的課題のように複数の価値が関連する場合、中心価値はありません。この違いを明確にしないと現場は理解しにくいでしょう。

二つ目が、この関連性について現場に混乱が見られることです。例えば、「銀の燭台」には、司教の「寛容」、ジャン・バルジャンの「気高さ」「自律」等の価値が含まれますが、指導案でそれらが並列されていることがあります。司教の寛容さとジャン・バルジャンの気高さは、偶然、複数の登場人物が体現しているだけで直接関連はありません。他方で、「気高さ」を考える上で「自律」は関連します。偶然的な関連と本質的な関連を研究者が区別して示さないと、現場は理解できません。

三つ目です。諸価値の関連性を示すには、それぞれの価値の固有性を示すことが必要です。区別してこそ繋げられるということです。例えば、「よりよく生きる喜び」の説明には「弱さ」が含まれていますが、「希望と勇気」にも「弱さ」が出てきます。この二つはどう違うのかと現場の先生は思うはずです。

四つ目です。各教科の「見方・考え方」を総合的に働かせることにも同意します。ただ、例えば、「どうしたらみなが投票に行くだろう」という問いを考える場合、「よりよい社会にしたい」という考えは道徳科です。しかし「選挙前にメディアで放送を増やす」という答えが出ると社会科になる。だから、これも道徳科の固有性を明確にした上で、道徳科と各教科等を関連させる必要があります。

【西野】　内容の関連にはいくつか種類があり得る、また、それぞれの固有性を示した上で区別がある、というご指摘は、『解説』の説明に反映できるでしょう。学習指導要領本文をシェイプアップして『解説』を厚くするという方針で対応すればよいのではないでしょうか。

諸価値の固有性を重視する必要があるという先生のご指摘に賛同した上で、それでも確認したいのは、これまでの道徳授業は、内容項目一つひとつの固有性にこだわり過ぎてきたのではないか、ということです。「分けてこそ繋げられる」。私もそう思います。でも、授業では「分けることしかやってこなかった」とも思っています。分けるだけで終わっていることが問題だという認識です。分けた上で繋げていく必要があるからこそ、諸価値を学習した上でそれらを総合的に扱った学習が必要だということです。

諸価値を関連づけるやり方は一つではなく、主題によっても違います。例えば、「思いやり」が主題の学習において、「思いやりとは何か」という問いは、子どもがこれまでもっていた価値理解を見直すことができるので、道徳科の学びにとって本質的な問いの一つです。この問いの探求は、子ども自身の様々な体験を繋げながら、それらに共通する「思いやり」という価値理解を深めていく概念形成的な学びに繋がります。ですから、「思いやり」の学習では、この中心価値の固有性に焦点化して考えることが大切です。「思いやり」は、道徳性に直接関わる中核的な価値なので、その固有性に焦点化した学習が、その後の様々な学習に関連づけられていくことになります。

それに対して、例えば、子どもたちが日常でよく出会う問題である「友情」について、「本当の友情とは何だろう」と問うことは、「思いやり」への問いとは少し違う意味をもっています。子どもたちにとってこの問いは、友情という価値、概念の理解にとどまらない、現実の人間関係で出会う様々な問題や体験に直結する実践的な問いでもあります。多様な価値の視点からアプローチできる複合的な問題という意味では、現代的な諸課題と共通の特徴があります。

「よりよい友情」の実現を目指そうとする時、そこでは、髙宮先生が中心価値に関連するものと位置づけられた「誠実」「公正」「自分自身の弱さに向き合うこと」など多様な価値を関連づけながら、自分はどんな友情を育んでいくかを考える学習が求められます。ですから、授業では、これまで学習してきた様々な価値をもとにしながら自分自身の「友情」のあり方を考える学習を構想しなければならないのです。ところが、実際の教材はそうなっていません。小学校一年生から中学三年生まで「友情」を扱っているのに、多様な価値を関連づけて学習できる教材はほとんどありません。だから毎年、「友情」に特化した授業になってしまいます。「友情」が主題だから「友情」に集中してそれ以外の価値については考えない。

これが内容の構造化を進めたい一番の理由です。諸価値の関連性は、道徳の時間特設当初から五〇年以上、指導書や解説で一貫して示されてきたのに、実現していません。それなら、これまでとは別の示し方を考えるべきです。諸価値の関連性を意識して統合的に学習する「深い学び」を内容の構造化と『解説』の充実によって実現したいのです。

【髙宮】　価値を繋ぐことについては、学習ユニットを組めるように、例示でよいので研究者が倫理学的に諸価値の関連を示して助言すべきです。

教科書の話題に関わりますが、走井先生がおっしゃる一学年で扱う価値を減らすことによってユニットをつくりやすくしていくという考え方（本書第12章）に同意します。だからこそ「この価値ではここがポイントですよ」ということをしないで、関連だけをいってしまうことの危険性を指摘したいのです。「この教材には色々な価値が入っているよ」では、子どもたちも何を学んだのかがわからない。それならむしろ、「今日は規則は何のためにあるかを考えよう」、この方が子どもたちが規則の意義を色々答えるから深まっていく。

諸価値の関連性については、『解説』に項目を設けるとよいでしょう。例えば、思いやりは当然、友情の前提ですし、さらにいえば友情はアリストテレスでは友愛です。国家であろうが、家族であろうが、郷土であろうが、国際社会であろうが「愛」は成り立っている。これまでは、「価値がずれましたね」などといわれてしまっていましたが、そうではないということを研究者が示す必要があります。

【西野】 もちろん、一つの価値に焦点化した学習は大切です。実際、現行（二〇一七〈平成二九〉年告示）の『学習指導要領解説』では、それぞれの価値のポイントが明示されています。私の論点は、焦点化に比べて関連性が軽視されているのではないか、ということです。一九六五年に文部省から示された「読み物資料の具備すべき要件」で、「指導のねらいである道徳的価値が、明確にとらえられるものであること」が挙げられました。教材開発では今もこの方針が継承されているようです。

このことが実際の授業にも影響を与えていて、主題になっている価値以外について触れた発言、例えば、「公正に行動するには勇気が必要だよ」といった発言はスルーされがちです。このように別の価値と関連づけることで主題とする価値理解自体が深まる、むしろ望ましい思考であるという構造化の考え方が共有されていません。

私はそちらの方に注目していたのですが、関連づけによってかえって授業が混迷する可能性があるというご指摘については考えなければいけませんね。

【酒井】 構造化が重要であるというご指摘はごもっともだと思います。私はいま大学で道徳教育に関する授業をやっていますが、そこで見え隠れするのが、これも大事、あれも大事、結局全部大事だよねという学生たちの理解や態度です。その先に進ませるのが、つまり構造化の問題が存在することを自覚させるのが道徳教育学の役割の一つだと思います。ですから何が主要な概念で、何が派生的な概念なのか、まず分析して総合すべきですが、現段階では分析すら十分にできていないのかなと感じました。

例えば、『ニコマコス倫理学』の邦訳の目次を見ると様々な価値（徳）が列挙されていますが、「講義」をしていたアリストテレス自身の中ではそれらが構造化されていたはずです。教師が道徳の授業をする時も同じです。一見、諸価値をバラバラに扱っていたとしても、その背後にあるまさに unity とか統一性のようなもの、それが教師の中にないといけない。教師がそれをどう身につけるかというと、手前味噌になるのですが、哲学や倫理学的な知見のもとで、かつ方法としては、先ほど髙宮先生がおっしゃったように、例示しながら学習しておかないと実質的な道徳授業ができないのではないでしょうか。

【西野】 髙宮先生と酒井先生のご意見に共通するのは、教師自身が学ばなければいけないというご指摘ですね。それはもちろん大切ですが、同時に難しさも感じています。

道徳授業は学級担任が担当します。その教師に倫理や価値に関する専門性をどこまで求めるか。倫理や道徳を深く研究すれば授業にも深まりが生まれるでしょう。でも、敷居を高くし過ぎるのはどうでしょう。難しさを感じて自分にはできないと思われてしまうのではないでしょうか。現場をよくご存じの木下先生はどう思われますか。

【木下】　内容項目の関連性や構造化を検討していただけるのは、現場として非常にありがたいです。私たち教員にとって、学習指導要領は、バイブル的なものなのです。ですから、初任者も学習指導要領や解説を読み込みます。

高宮先生もおっしゃいましたが、教材の中で描かれている関連的な価値は、とても大事な役目があると思っています。様々な価値は、それぞれの人の生き方の中で働いていく作用価値です。平野武夫は『倫理観確立への道』（一九五九年、関西道徳教育研究会）の中で、道徳的価値を芸術や経済のような「対象的価値」と区別して、主体の作用において現れる「作用価値」であり、主体の担う価値という意味において、「人格的価値」といえると示しています。アリストテレスやカントのように、哲学・倫理学説としての価値と、人間が対象に働きかける時に生じる、つまり作用することによって生まれる作用価値の両面を考える必要があると思います。対象となる価値は一つでも、それぞれの生き方によって違う。現場では、それらの捉えを大切にしています。

【西野】　今のご発言をうかがって、一つ思いつきました。教科書のあり方に繫がることです。

教科書の編集には大学の先生方が参加していらっしゃいます。その方々のご専門は、哲学や倫理学、教育哲学、心理学など多彩です。豪華な布陣で作成されているのに、完成した教科書にはほぼ読み物教材しか掲載されていない。これはとてももったいないです。専門家の先生方に、教材で描かれた諸価値の関連性を示していただく。この価値についてはこんな見方がある、といったコラムをご執筆いただく、など、専門性を生かした活躍を期待したいです。

『私たちの道徳』や『心のノート』には、価値に関する解説的な記述がありましたが、現行の教科書にはそうした記述は少ない。読み物教材を三五時間分揃えるよりも、一つの教材からさらに学習を発展できる構成をぜひ考えていただきたいです。小学校の先生方は全教科のプロフェッショナルではありません。その先生方の授業づくりを支えているのが教科書です。教科書に関わっている専門家の先生方に構造化や関連づけを意識していただくことで、現場の授業づくりを支える教科書の可能性を広げられると期待できます。

【荒木】　学習指導要領の内容項目は、発達的な視点で、小学校なら低・中・高学年別に示されています。内容に関する発達段階についてはどのようにお考えですか。

内容項目を発達の視点で見ると、小学校低・中・高学年とそれぞれで提示されている内容が高度過ぎるように思います。内容項目は扱う内容を示しているだけで、理想とする姿ではないので、立派なことが書かれていても問題はないのかもしれませんが、それを差し置いてもちょっと素晴らし過ぎるのでは、と感じます。例えば、あらゆる人に対して優しくするとか、中学生にはすべての人類を愛しなさいみたいな、「いや、大人でも無理なのに」と思ってしまう。いわゆる理想的な姿が描かれていることに対して、それと発達段階を照らし合わせた時にその整合性をどう考えたらよいでしょうか。

【西野】　発達の視点について、道徳的思考力やディスカッションに関して、他者の立場に立って考えたり、想像、共感したりする力の発達としてならしっくりくるのですが、また、内容項目でいえば、公正や思いやりについては発達心理学の研究蓄積もありますが、すべての内容項目を価値理解の発達の視点で段階づけられるのか疑問です。

ピアジェやコールバーグが注目した認知発達の視点は今も重要な意義をもつと評価していますが、ＯＥＣＤも指摘するように、現代の学習理論・学習科学では、発達を直線的な上昇ではなく、行きつ戻りつすることもある非線形的な発展と捉えるようになっています。こうした近年の研究成果をふまえて、この年齢ではこのぐらいの価値理解という捉え方を見直す必要があります。ここは、道徳性心理学や発達心理学の知見にぜひ学びたいところです。

【髙宮】　発達の段階なのか、内容の違いなのか、混乱があるように思います。例えば、自然に「親しむ」のが低学年、次に「不思議さ」、最後に「偉大さ」となっていますが、これは内容の違いで発達とはいえません。

おっしゃるように役割取得は発達しますから、「思いやり」を扱う時、低学年では相手の立場に立つのは難しい、ということはある。しかし、自然愛護の内容は発達の違いではなく内容の違いではないか。こういったことは研究者がいうべきだし、いえることだと思います。

【荒木】　役割取得に関しては明確に発達段階があると思います。もう一つ、子どもの生活経験の影響もあります。どんな経験をするかによって発達にも違いが生まれますし、経験したからといってそれを意味づける力、いわゆるリフレクションですが、意味づけることで初めて意味が出てくる。意味づけなかったら同じ経験をしても発達が生じないこともあり得るので、個人差がすごくあります。

だから、例えば「思いやり」に関しては、おそらく発達的に捉えることができるけれど、「自然愛護」に関しては内容の抽象度が上がっているだけです。すべての内容項目で発達の表現を入れるのではなく、表現できる部分とできない部分のすみ分けが必要になるのではないでしょうか。

【貝塚】　本書第11章では、内容項目を質的な問題から検討なさっていますが、一番の問題は量的な問題だと思います。カリキュラム・オーバーロードとまではいいませんが、内容項目があまりにも多く、三五時間で全部やれという方が無理な話です。内容の構造化を提言するなら、量をいかに減らすかという視点も必要ではないですか。まず量を減らす。そこから質の向上に繋がってくると思います。

【西野】　内容の構造化とは、先ほどの酒井先生のご説明にもあったように、中心となる抽象度の高い主要な概念・中核的な概念と、派生的な概念や個別の知識を区別して、個別的・事実的知識を主要概念に関連づけることです。それによって一つの事実的知識を学習すれば、そこでの理解が次の別な事実に関する学習にも活用できる。結果的に、学習の負担は軽減される、と捉えます。

そうすると、重要なのは、量より質です。内容が多くても、それらが主要な概念や基盤となる考え方に関連づけられるなら、価値の学習の場合は、それらを自分の生き方に統合していけるなら、負担はむしろ軽減されるはずです。

他方で、量を、つまり内容に示されている価値を削減するのは、明確な原理なしに行おうとすると大変困難な作業になります。そう考えると、内容項目は現行のままであっても、コアとなる内容とそれに通じる内容を分けて示す構造化が最も望ましいと考えました。

内容の扱いを考える上で、もう一つ大事にしたいのは、学校による重点化です。道徳の学習指導要領に示されている内容は、道徳科での学習だけでなく、学校の教育活動全体を通じて取り組む課題でもあります。内容の中には、自分の価値理解を捉え直す省察的思考に重点を置くべき内容と、生活の中での実践的な指導に重点を置く方が効果的な内容があります。授業での扱いに軽重をつけたり、生徒指導の重点に位置づけたりと、学習・指導のバランスを各学校自体が意識することで、授業での重点化が実現します。

【貝塚】　それはわかりますが、その方が難しいのではないですか。例えば、第11章の「見方・考え方」の検討で教育基本法の第二条に言及なさっていますよね。教育基本法に合わせて内容を削減する方がむしろすっきりします。現行の内容項目を段階別に再構成する方が議論が噴出する。そちらの方がずっと困難ではないでしょうか。

【西野】　現行の内容は、それぞれ価値を含んでいるので、教育基本法であれ他の原理であれ、一つの考え方に基づいて内容項目を削減するのは難しいと思います。神々の争いになってしまう。

【高宮】　内容項目の重複はあると思います。例えば、感謝には家族愛も入ります。関連づけることで重複を減らせると思いますよ。

【西野】　その点ではシンガポールのカリキュラムが参考になります。「誠実」「思いやり」「公正」「責任」「尊重」という中核価値と、それらを発揮する場所となる家庭、学校、地域や国家という二つの柱で内容を構成して、両者を関連づけた主題で教材や授業を開発するという考え方です。この整理なら、例えば、国家に関する学習では、伝統文化の尊重だけでなく、公正や福祉など多様な価値の視点で学習できます。家庭だから家族愛、郷土なら郷土愛と、場所それ自体が一つの価値に対応するような現行の示し方が重複を生んでいるともいえます。このような示し方の見直しも必要ですね。

座談会を終えて

西野真由美

学校で子どもたちが学習する内容は、教育課程に設置された教科等別に編成され、さらに各教科等の領域別に構成されている。では、それらの内容をすべて学習すれば、人格の完成を目指す学校教育の目標は実現するのだろうか。また、学校における道徳教育の要である道徳科において、内容に示された項目の一つひとつを取り上げて学習すれば、道徳科で目指す道徳性が育まれるのだろうか。

これらは、部分と全体、分析と総合に関わる問いである。カリキュラムにおける目標と内容の関係を考えるためには、そして、カリキュラムの構成原理をコンテンツベースからコンピテンシーベースへ転換しようとする教育改革のもとではなおさら、内容の学びがどのように目標に通じているかという視点で内容構成を再検討することが求められる。アリストテレスに従って、全体は部分の集合体や総体とは異なる統一的な何かであると捉えるなら、内容を目標に繋ぐには、部分を全体へ統合する場が必要である。

各教科等の学習指導要領は、学習を現実に生かす視点で内容構成を見直すことで、この要請に応えようとしてきた。例えば、小学校算数の「内容」において、「数量」と「図形」は異なる領域であり、小学校段階ではそれらを関連づけた学習は求められてこなかった。現在は、「数学的活動」を各領域共通の「内容」として導入することによって、日常の事象から算数に関わる問題を見出したり、その解決のために、既習内容を総合的に活用して思考・表現したりする学習が実現するようになっている。この改訂が示唆するのは、内容の学びを複雑な現実と繋ぐことで、生きて働く資質・能力が育まれる可能性があるいうことである。

私たちが現実生活で出会う問題は、道徳的な諸価値を含め、様々な価値を内包している。その現実を一つの価値の視点で切り取った教材で学習するだけでは、複雑な現実に向き合えない。一つの価値にじっくり向き合う学習は、今の内容構成と教材で十分実現可能である。だからこそ、これからの道徳学習で実現すべきなのは、「今は道徳の授業だから」といって他の要素を排除して考えさせようとするのではなく、複雑な現実の中で、この問題状況を乗り越えるために、あるいはまた、自分らしく生きていくために、何が本当に大切かを見きわめ、その都度の行為を選択・決定し、実践していく力を育てることではないだろうか。

そんな複雑な現実に向き合うのはまだ早い、という声もあるだろう。しかし、答えが一つでない状況の中で選択や判断が求められる道徳的な問題をめぐる葛藤は、小さな子どもたちの世界にも存在する。多様な声を聴き合って、考え、議論できる授業で子どもたちの思いに応えたい。

座談会で発せられた多様な声にあえて合意形成としての成果を確認するなら、現行の内容構成の見直しが必要であること、そして、学校での授業づくりを支援するわかりやすい示し方が求められているということである。さらに多くの声を聴く場を重ねながら、新しい道を拓く歩みを進めたい。

第12章 教科書
――道徳科教科書の成果と課題――

走井洋一

1 道徳教育における教科書制度と検定制度

教科書（教科用図書）とは「小学校、中学校、義務教育学校、高等学校、中等教育学校及びこれらに準ずる学校において、教育課程の構成に応じて組織排列された教科の主たる教材として、教授の用に供せられる児童又は生徒用図書であつて、文部科学大臣の検定を経たもの又は文部科学省が著作の名義を有するもの」（教科書の発行に関する臨時措置法第二条）と定められている。当然であるが、道徳科は二〇一五（平成二七）年学習指導要領改正によって初めて教科となったため、教科書はそれ以降に設けられた。後述するように、教科となる以前には、呼称が統一されていたわけではないが、読み物資料集、副教材、等（以下、読み物資料集[1]）と呼ばれるものが使用されていた。読み物資料集は任意の教材であって使用義務はないが、教科書は使用義務がある（学校教育法第三十四条第一項）。そのため、作成された図書が教科書として適切であるかどうかを判断することが求められる。これが検定制度である。

検定とは「民間で著作・編集された図書について、文部科学大臣が教科書として適切か否かを審査し、これに合格したものを教科書として使用することを認めること」「教科書の著作・編集を民間に委ねることにより、著作者の創意工夫に期待するとともに、検定を行うことにより、適切な教科書を確保することをねらいとして設けられているもの」（文部科学省初等中等教育局 二〇二一）である。検定にあたっては、検定基準に基づき、①学習指導要領の内容等に照らして適切か（準拠性）、②取り上げる題材の選択・扱い等が公正か（公正性）、③客観的な学問的成果や適切な資料等に照らして事実関係の記述が正確か（正確性）といった観点から、記述の欠陥を指摘することを基本として実施されている（教科用図書検定調査審議会 二〇一五：六）。道徳科についてはさらに、①生命の尊厳、（社会参画）自然、伝統と文化、先人の伝記、スポーツ、情報化への対応等の現代的な課題などの題材のすべてを教材として取り上げているか、②「児童（生徒）の発達の段階に即し、ねらいを達成するのにふさわしいものであること」「人間尊重の精神にかなうものであって、悩みや葛藤等の心の揺れ、人間関係の理解等の課題も含め、児童（生徒）が深く考えることができ、人間としてよりよく生きる喜びや勇気を与えられるものであること」（二〇一七〈平成二九〉年告示学習指導要領）に照らして適切な教材を取り上げているか、③言語活動、及び、問題解決的な学習や道徳的行為に関する体験的な学習についての適切な配慮がされているか、④図書の主たる記述と学習指導要領の内容項目との関係が明示されており、その関係が適切であるか、といった観点が定められている（「義務教育諸学校教科用図書検定基準」〈二〇一七年〉）。これらから明らかになるのは、検定が学習指導要領に照らして妥当かどうかを指摘することを基本としていることである。それゆえ、学習指導要領において教材に関する記述がどのように変容してきたのかを次に確認したい。

2　学習指導要領における内容の取り扱いに関する記述の変遷

先述の通り、教科書は道徳科が教科となって以降設けられたものであるが、それ以前から学習指導要領では教材を制約する記述があった。[2]ここではそれらの記述がどのように変遷してきたのかについて、道徳（科）の指導計画についての計画性、内容項目間の関係性、教材に対する配慮事項の三点について確認していく。

まず、計画性についてであるが、道徳が導入された一九五八（昭和三三）年告示学習指導要領では、「指導計画は、固定的なものとは、考えず……弾力性を持たせることが特にたいせつである」（小学校）、「指導計画は、固定的なものでなく……弾力性をもたせることが必要である」（中学校）とされており、指導計画の柔軟性が意識されていた。

一九六八・一九六九（昭和四三・四四）年告示、一九七七・一九七八（昭和五二・五三）年告示、一九八九（平成元）年告示学習指導要領においても若干の文言の違いはあるが、固定的なものとしないことについては共通していた。しかし、一九九八（平成一〇）年告示学習指導要領において固定的なものとしないという文言が消え、二〇〇八（平成二〇）年告示学習指導要領では、「計画的・発展的に授業がなされる」ことが求められると共に、「各学年段階ごとの内容項目は相当する各学年においてすべて取り上げること」（小学校）、「内容項目はいずれの学年においてもすべて取り上げること」（中学校）と規定された。小学校において内容を学年段階ごとに示すことになり、内容項目と称せられるようになったのは一九八九年告示学習指導要領からであるが[3]、この内容項目のすべてについて各学年ですべて取り扱うことを求めたのである。二〇〇八年告示学習指導要領においても、そして、教科となった二〇一五（平成二七）年一部改正学習指導要領及び二〇一七（平成二九）年告示学習指導要領においても、同様に規定されていた。

　内容項目間の関係について、一九五七年告示学習指導要領では、指導の順序を示していないこと、単なる羅列ではないことについて言及されていたが、相互にどのように関係づけるかまでは明示的ではなかった。一九六八・一九六九年告示学習指導要領において、「特に必要とされる内容についてこれを重点的に取り上げ、また、いくつかの内容を関連づけて指導するように配慮することが必要」（小学校）、「必要とされる内容を重点的に取り上げること、いくつかの内容を関連づけて指導することなどのくふうをする」（中学校）と言及され、重点的に取り上げることと共に、関連づけて指導することが求められるようになった。一九七七・一九七八年告示学習指導要領では若干の文言の違いはあるものの同様の趣旨が示されていたが、先に指摘したように一九八九年告示学習指導要領において内容項目として位置づけられ、「学年段階に応じて指導する内容項目を重点的に示し」（小学校）、「必要な内容項目を重点的にあるいは繰り返して取り上げたり、幾つかの内容項目を関連付けて指導したりするなどの工夫」を求め[4]、より具体的な扱い方に言及されるに至った。一九九八年告示学習指導要領では、「二学年（三学年）を見通した重点的な指導や内容項目の関連を密にした指導」が示され、二〇〇八年告示、二〇一五年一部改正、二〇一七年告示学習指導要領でも同様の記載がなされていた。

最後に、教材に対する配慮事項について確認する。一九五七年告示小学校学習指導要領では、「指導は、広い角度から種々の場面・機会・教材を利用して行わなければならない」とし、「話し合い、教師の説話、読み物の利用、視聴覚教材の利用、劇化、実践活動などの諸方法を適切に組み合わせて用い、教師の一方的な教授や単なる徳目の解説に終ることのないようにしなければならない」と示された。また、同中学校学習指導要領でも「生徒の経験や関心を考慮し、なるべくその具体的な生活に即しながら、討議（作文などの利用を含む）、問答、説話、読み物の利用、視聴覚教材の利用、劇化、実践活動など種々な方法を適切に用い、一方的な教授や、単なる徳目の解説に終ることのないように特に注意しなければならない」と示され、道徳の発足当初は必ずしも読み物教材に限定されていたわけではなかった。

ただ、一九六三年の教育課程審議会「学校における道徳教育の充実方策について（答申）」において、「道徳的な判断力や心情を養い、実践的な意欲を培うために、児童生徒にとって適切な道徳の読み物資料[5]の使用が望ましい」（国立教育政策研究所 二〇〇五）として、児童生徒用の読み物教材の充実を図ることが提案され、その後文部省はその提案の方向で様々な資料を刊行するなど充実方策を図り（足立 二〇二一：五九～六〇）、道徳の授業において読み物教材を用いることが一般化していくことになった。ただ、一九六八・一九六九年告示、一九七七・一九七八年告示学習指導要領においては教材に関する記載がなく、一九八九年告示学習指導要領で「児童（生徒）が興味や関心をもつ教材を開発」することや、一九九八年告示学習指導要領で「地域教材の開発や活用」がわずかに付加されるにとどまっていた。

しかし、二〇〇八年告示学習指導要領において「先人の伝記、自然、伝統と文化、スポーツなどを題材とし、児童（生徒）が感動を覚えるような魅力的な教材の開発や活用」が求められ、より具体的な教材像が示されることになった。この流れは、二〇一五年一部改正、二〇一七年告示学習指導要領においてさらに強くなり、多様な教材を活用するように求めた上で、特に「生命の尊厳、（社会参画、）自然、伝統と文化、先人の伝記、スポーツ、情報化への対応等の現代的な課題などを題材とし、児童（生徒）が問題意識をもって多面的・多角的に考えたり、感動を覚えたりするような充実した教材の開発や活用」を求めている。なお、先述の教材の適切性について記載されたのも、二〇一五年一部改正、二〇一七年告示学習指導要領からであった。

3　道徳科教科書の現状

「学習材」としての道徳科教科書

道徳科が教科となることで教科書が設けられたことは先述したが、それは従来の読み物教材の集積を教科書としたということと同義ではない。すでに教科書は、教（育）材から「学習材」（細野 二〇一三）への転換が図られていた。二〇〇八（平成二〇）年告示学習指導要領に基づく教科書の改訂にあたって、「多くの教員や保護者の間に定着している『教科書に記述されている内容は、すべて教えるものである』という教科書観について、『個々の児童生徒の理解の程度に応じた指導の充実に資する教科書』や『児童生徒の学ぶ意欲の向上に資する教科書』、『児童生徒の自学自習に資する教科書』といった見方に転換されていくことが求められる」（教科用図書検定調査審議会 二〇〇八）と提案されて以降、教科書は「学習材」という新しい教科書観に立脚し、編修・検定・採択されるに至っている。

読み物資料集であれば読み物教材を集めたものでよいわけだが、新たに教科となった道徳科の教科書でも「学習材」であることが求められる。その顕著な違いは、オリエンテーションページと「問い」[6]にあるといってよい。道徳科の教科書は、発行者にかかわらずいずれのものも、冒頭部分に道徳科の位置づけを行う内容が掲載されており、これをオリエンテーションページと呼んでおくが、このページが設けられたことが「学習材」であることの大きな現われと見てよい。というのも、そのページで道徳科ではどのような学び方をするのか、どのような内容を学ぶのか、などについて説明されることで、子どもたちは道徳科の位置づけを容易に理解することが可能になっているからである。

また、読み物資料集は読み物教材を集めただけのものであったが、道徳科の教科書では、それらの教材に対して、授業と「自学自習」のいずれにおいても活用することができる「問い」が付加された。このことは、後述するように教科化以前から熱心に道徳の授業に取り組んできた教員にとっては、授業のしにくさなどを感じさせることも指摘されているが、道徳科が「道徳的諸価値についての理解をもとに」学習されることが期待されるものである限り、教材を読んだだけでは必ずしも至ることのできない価値に関して「問い」を設けることは、「学習材」としての教科書にとって必要不可欠なものであるといってよいだろう。

道徳科教科書の現状

ここまで、道徳科の教科書には、第一に従来の道徳の教材を生かしたものとすること、第二に「学習材」としての教科書として作成することが求められていたことを確認してきたが、実際に二〇二〇年度採択（小学校）、二〇二一年度採択（中学校）道徳科教科書がどのような現状であるのかについて、公益財団法人教科書研究センター（二〇二四）「授業における教科書の使い方に関する調査研究（二〇一八〈平成三〇〉年度～二〇二三〈令和五〉年度）研究成果報告書」（以下、報告書）から主要な論点を取り上げていくこととする。

まず、教科書編修にあたって作成される各社の教科書趣意書に共通して指摘できるのは、学習指導要領に示される道徳教育の目標、道徳科の目標をふまえつつ編修するという方針に立っているということである。特に、登場人物の心情理解に偏りがちであった「読み物道徳」からの脱却を図るために、問題解決的な学習、道徳的行為に関する体験的な学習といった指導方法の取り入れ、道徳が「特別の教科　道徳」へと教科化される背景となったいじめなどの現代的な課題についての扱いの充実、などを指摘できる。

次に、オリエンテーションページに注目すると、ほぼすべての教科書で、道徳科の目標の中の「自己を見つめ、物事を（広い視野から）多面的・多角的に考え、自己の（人間としての）生き方についての考えを深める学習」の内

表 12－1　「共通教材」一覧

教材名	内容項目	東書	学図	教出	光村	日文	光文	学研	あかつき	日本教科書
かぼちゃのつる	節度、節制	小1	小1	小1	小1	小1	小1	小1	小1	
はしのうえのおおかみ	親切、思いやり	小1	小1	小1	小1	小1	小1	小1	小1	
金のおの／きんのおの ぎんのおの	正直、誠実	小2	小1	小2	小1	小2	小1	小1	小1	
七つのほし／七つぼし／ひしゃくぼし	感動、畏敬の念	小2	小2	小1	小1	小2	小1	小1	小1	
ブラッドレーのせい求書／お母さんのせい求書	家族愛、家庭生活の充実	小4	小3	小4	小4	小3	小4	小4	小3	
花さき山	感動、畏敬の念	小4	小3	小3	小4	小4	小3	小4	小4	
雨のバスていりゅう所で	規則の尊重	小4	小4	小4	小4	小4	小4	小4	小4	
手品師	正直、誠実	小6	小5	小6	小6	小6	小5	小5	小6	
足袋の季節	よりよく生きる喜び／思いやり、感謝	中3		中3	中3	中2		中2	中2	中2
二通の手紙／元さんと二通の手紙	遵法精神、公徳心／付録	中3		中3	中3	中3		中3	中3	中2

注：東書…東京書籍、学図…学校図書、教出…教育出版、光村…光村図書、日文…日本文教出版、光文…光文書院、学研…学研教育みらい、あかつき…廣済堂あかつき。色のついた欄は他社と異なった学年に配当されているもの。

実が子どもにもわかるように説明されている。加えて先に指摘した問題解決的な学習、道徳的行為に関する体験的な学習に関して授業の進め方・学び方として具体的に示されている。また、学習内容についても、内容項目のキーワードをわかりやすい言葉で示す、表を掲載する、四つの視点に分類して示す、などの形であらかじめ示されている。

　最後に、個々の読み物教材がどのように扱われているのかを確認しておく。各社の教科書に共通して掲載されている読み物教材を「共通教材[7]」と位置づけると、表12－1のようになる。これらが教科書でどのように扱われているのかを比較すると、「問い」の数にばらつきがあり、それらが置かれている場所も冒頭、脚注欄、文末、別冊と様々であった。ただし、教材や発行者によっては、問題解決的な学習や道徳的行為に関する体験的な学習に繋がる促しがなされているものもあった。また、教材の冒頭に、「問い」の他にも、内容項目、主題名（キーワード）が掲げられているものも見られた一方で、掲載していないものもあった。

道徳科教科書の受けとめ

教科となって新たに設けられた道徳科の教科書を小・中学校の現場はどのように受けとめたのであろうか。これについても、報告書で示された校長・教員へのヒアリングの結果からいくつか指摘しておきたい。

教科書ができたことで、三五回（小学校第一学年では三四回）分の授業時数を着実に実施する前提が整ったという認識がもたれていた。加えて、いわゆる「定番教材」[8]にとどまらず、「考え、議論する」ことに適した教材や、学習指導要領に例示されているものにとどまらないアップツーデートな現代的な課題、例えばＬＧＢＴＱなどを扱った教材が十分には掲載されていないとの認識が示されていた。学習材としての教科書の特徴でもあった「問い」については、ベテラン教員や道徳科に精通している教員ほど、自分で組み立てようとする授業の方向性と異なる「問い」であるなどの理由で不要と考え、初任者や道徳科の授業を苦手とする教員ほど、指導書と連関した「問い」であることからあった方がよいと考える傾向があることがわかった。

4　道徳科教科書の成果と課題

道徳科教科書の成果

道徳科の教科書の成果として第一に指摘できるのは、三五回（三四回）分の教材を確保することで、授業の確実な実施（文部科学省 二〇二二：二五）に寄与したことである。このことは、報告書のヒアリングからもうかがえたところである。また、授業時数を確保して実施する際には、教員・子ども双方にとって道徳科の位置づけが明確であることが求められるが、オリエンテーションページなどを通じて、それが明示的になったこともまた重要な成果であろう。そして、オリエンテーションページと共に、「問い」や、問題解決的な学習や道徳的行為に関する体験的な学習などが示され、「学習材」としての教科書の特徴が現れていたといってよいだろう。

また、本章では詳細に検討することはできていないが、教科書には発行者による様々な工夫が施されていた。例えば、複数教材を集めてテーマ・ユニットとして学習を進める、一教材の中に複数内容項目を扱う、心情円などのツールを教科書の一部として提供する、など様々なものが見られた。

そして、教科化以前から、道徳では読み物教材を用いることとされてきたが、授業時数分の読み物教材が用意されたことで、道徳科の授業は読み物教材を用いて行うという認識がより強固なものとなった。読み物教材の使用が徹底されたことで、教科化以前に課題として指摘されていた道徳の授業が適切に運営されていないなどの状況に対する一定の効果があったと考えられる。

道徳科教科書の課題

道徳科の教科書の課題として、第一に、教科となる際に指摘されていた従来の道徳からの転換が、教科書の教材のあり方に十分に反映されなかった点を指摘できる。中央教育審議会（二〇一五：一一）において指導方法の問題の一つとして「読み物の登場人物の心情理解のみに偏った形式的な指導」が批判されたが、これは指導方法だけの問題ではなかった。すなわち、価値志向的な教材での登場人物に対して心情理解を促すことで、一定の価値観の獲得を目指す、いわゆる「読み取り道徳」となることが問題であって、その点では指導方法と教材は相即の関係にあった。そのため、「読み物の登場人物の心情理解のみに偏った形式的な指導」を乗り越えるために、教材の刷新が求められていたはずである。(9) しかし、教科化後の検定基準改訂に先立って出された「『特別の教科　道徳』の教科書検定について（報告）」において、「これまで民間の発行者から刊行されてきた副読本や教育委員会等が作成した地域教材、『私たちの道徳』など文部科学省（文部省）が作成した教材など様々な教材のよさを生かすこと」（教科用図書検定調査審議会 二〇一五：七）と既存の教材を転用することが示唆され、先に見たように、教科化以前の教材が多数転用された教科書が発行されるに至った。もちろん、教科書が教材としての側面だけであるならば、指導方法の問題として解決することも可能であろうが、「学習材」としての側面が求められるのだとすれば、子どもたちに教材を批判的に読むことを期待することよりも、教材そのもののあり方を見直す必要があったはずである。つまり、教科書政策の動向に沿って「学習材」としての教科書を志向しつつも、その中に掲載される教材が「学習材」として適切とは言い難いものも含まれていたため、総体としての教科書も「学習材」とはなり得ていなかった。その意味では、アンビバレントな教科書となっていたといってよいだろう。

第二に、一九九八（平成一〇）年告示学習指導要領以降、改訂ごとに計画性を重視する方向へと改められてきた。教科書はこの計画性を重視した記述に基づき編修されるため、三五回（三四回）の授業時数と同数の教材を配置するというきわめて窮屈な立てつけになっていた。一部発行者では付録として複数回分を確保し、三〇回程度に収めているものもあるが、一九～二二の内容項目を網羅することが求められるため、いきおい教材数が多くならざるを得ない。他教科の場合、単元の中での自由度はある程度確保できるが、道徳科では、あるテーマのもとに複数教材を関連づけて実施するという点での自由度は残されているものの、「単元＝教材」が一般的であるため、新しい教材を開発するインセンティブが働きにくくなった。授業時数分の授業がなされていなかった教科化以前の状況に対しては一定の成果をもたらした反面、現場サイドの自由度を制限し、新たな教材の開発の余地を狭めることになっていることは否定できない。

第三に、内容項目は複数の道徳的価値を含んだ文章として示されている。そして、二〇一七（平成二九）年告示義務教育諸学校教科用図書検定基準（以下、検定基準）で「『内容』に示す項目との関係が明示されており、その関係は適切であること」と示されているため、内容項目と教材が十分に対応することが求められることになる。しかし、内容項目内に含まれる複数の道徳的価値を含んだ教材を作成することは難しいと考えてよい[10]。教科化以前の検定がない読み物資料集では、内容と教材との対応関係が曖昧でも成り立っていたが、検定によって厳密な対応関係が求められることになった。もちろん、複数の教材で一つの内容項目を充足することは可能であるが、上述の通り、内容項目数と授業時数との関係からすべての内容項目でそのような対応をすることはできず、現状では、現実世界で生じる事態かどうかよりも、内容項目を充足するかどうかという視点で教材を作成しなければならないという問題が残ることになった。

第四に、学習指導要領、検定基準上の制約だけではなく、発行者側の問題も含まれるが、複数内容項目に関わる教材が十分には用意されていない点である。一部発行者においてはそうした教材を掲載しているが、これも内容項目数と授業時数との関係から、多くを掲載することが困難となっている。さらに、日本学術会議（二〇二〇：二〇）は、「考え、議論する」ことを想定した優れた教材がある一方で、「国家主義への傾斜の問題」「自由と権利への言及の弱さの問題」「価値の注入の問題」「多様性の不十分さへの危惧」といった問題が含まれている教材もあると指摘している。具体的な教材への言及がないため、その批判の妥当性は留保せざるを得ないが、それでも、「一内容項目＝一教材」がもたらす弊害の一つを表しているものとして受け取ることは可能である。すなわち、複数内容項目に関わる現実世界に生じる事態を、一つの内容項目に即して教材化することによって、その内容項目に含まれる道徳的価値を望ましいものとして志向する傾向が生じる。確かに、教材を教えるのではなく、教材で教えるのだから、教材の価値志向性は問題ではないという反論も成り立ち得るが、それは批判的な読みをすることが担保されて初めて可能となる。しかし、「学習材」であることが求められるのであれば、批判的に読むことを子どもに期待する教材の方に課題があると考えるべきであろう。

そして最後に、学習指導要領、検定基準で「生命の尊厳」「社会参画」「自然」「伝統と文化」「先人の伝記」「スポーツ」に関する教材を掲載することが求められる点についてである。「生命の尊厳」「社会参画」「自然」「伝統と文化」については、それぞれ「生命の尊さ」「社会参画、公共の精神」「自然愛護」「伝統と文化の尊重、国や郷土を愛する態度」「郷土の伝統と文化の尊重、郷土を愛する態度」「我が国の伝統と文化の尊重、国を愛する態度」といった内容項目と関連するが、「先人の伝記」「スポーツ」は学習指導要領解説で関連する内容項目に言及されているものの、それらでなければならない理由は判然とせず、内容項目に合致する教材を作成する際の制約となっている。内容項目と関連する例示についても、内容項目が示されているのにあえてここで例示される合理性は乏しい。

5　学習指導要領の改訂案

以下では、上述の道徳科の教科書の成果と課題を受けて、次期学習指導要領でどのような点について改訂が要請されるのかについて指摘していく。

二〇一七（平成二九）年告示学習指導要領	改善提案
第2　内容 （略）	①内容項目内に含まれる道徳的価値の分割 二学年（三学年）で示されている内容項目を学年ごと、道徳的価値ごとに分割する（道徳的価値のみを提示することが望ましい）。 ②一学年あたりに扱う道徳的価値を一〇～一五程度に削減する。 ③内容を道徳的価値と現代的な課題へ二元化 内容を道徳的価値と現代的な課題の二カテゴリーから構成する。現代的課題については、情報化への対応、社会の持続可能な発展、いじめ、などを例示すると共に、例示であることを強調する。

複数学年にわたる内容項目の示し方に課題があったことから、まず学年ごとに分割し、あわせて、内容項目を一つのものとして扱うことに無理があることから、道徳的価値ごとに分割することを提案する（①）。また、一学年に配当される授業時数は三五回（三四回）分しかないことから、余裕をもって取り組むために、①で分割した道徳的価値を各学年一〇～一五程度に削減することを提案する（②）。なお、各学年一〇～一五程度と

すると大幅な削減のように思われるが、現行のように、すべての内容項目について少し位相を変えながらすべての学年で扱うのではなく、道徳的価値の重要度に応じて、すべての学年で扱うもの、複数学年で扱うもの、特定の学年のみで扱うものと分けて配当すれば、十分に実現可能である。

最後に、二〇一七（平成二九）年告示学習指導要領では、教材として取り扱う内容について言及されていたが、それらが内容項目と重複しており、およそ合理的な示し方とはなっていなかった。そのため、現実的課題を内容として例示し、現実的課題に即した教材開発を促すことを提案したい（③）。この場合、例示のみに縛られるのではなく、多様な教材がつくられることを期待するような記載が必要であることも付言しておく。

二〇一七（平成二九）年告示学習指導要領	改善提案
第3　指導計画の作成と内容の取扱い 1　（略）なお、作成に当たっては、第2に示す各学年段階の内容項目（第2に示す内容項目）について、相当する各学年（各学年）において全て取り上げることとする。その際、児童（生徒）や学校の実態に応じ、2学年（3学年）間を見通した重点的な指導や内容項目間の関連を密にした指導、一つの内容項目を複数の時間で扱う指導を取り入れるなどの工夫を行うものとする。	1　（略）なお、作成に当たっては、第2に示す各学年の道徳的価値について全て取り上げることとする。その際、児童（生徒）や学校の実態に応じ、学年を見通した重点的な指導や道徳的価値間の関連を密にした指導、一つの道徳的価値を複数の時間で扱う指導を取り入れるなどの工夫を行うものとする。

ここは、従来の記述をほぼ踏襲するが、先に提案した部分と整合するように修正を行う。

二〇一七（平成二九）年告示学習指導要領	改善提案
2　第2の内容の指導に当たっては、次の事項に配慮するも	

のとする。 （1）～（5）略 （6）児童（生徒）の発達の段階や特性等を考慮し、第2に示す内容との関連を踏まえつつ、情報モラルに関する指導を充実すること。また、児童の発達の段階や特性等を考慮し（中学校には記載なし）、例えば、（科学技術の発展と生命倫理との関係や）社会の持続可能な発展などの現代的な課題の取扱いにも留意し、身近な社会的課題を自分との関係において考え、それらの解決に寄与しようとする意欲や態度を育てるよう努めること。なお、多様な見方や考え方のできる事柄について、特定の見方や考え方に偏った指導を行うことのないようにすること。 （7）略	（6）身近な社会的課題を自分との関係において考え、それらの解決に寄与しようとする意欲や態度を育てるよう努めること。また、特定の見方や考え方に偏った指導を行うことのないようにすること。なお、第2の内容の現代的課題については、児童（生徒）の実態に応じて多様な課題を扱うこと。

（6）の前半部分は、現代的課題について言及している部分であり、これらは内容として扱うこととするため、ここでは削除する。ただし、最後に、多様な課題を扱うことを求める記述を付加した。また、「多様な見方や考え方のできる事柄について」のみ、「特定の見方や考え方に偏った指導を行うことのないようにする」ことが求められる記述と受け取られかねないため、削除する。

二〇一七（平成二九）年告示学習指導要領	改善提案
3　教材については、次の事項に留意するものとする。 （1）児童（生徒）の発達の段階や特性、地域の実情等を考慮し、多様な教材の活用に努めること。特に、生	（1）児童（生徒）の発達の段階や特性、地域の実情等を考慮し、多様な教材の開発や活用に努めること。

命の尊厳、（社会参画、）自然、伝統と文化、先人の伝記、スポーツ、情報化への対応等の現代的な課題などを題材とし、児童（生徒）が問題意識をもって多面的・多角的に考えたり、感動を覚えたりするような充実した教材の開発や活用を行うこと。	

先に指摘したように、教材として例示されているものは削除し、必要不可欠なものは内容として示すこととする。

二〇一七（平成二九）年告示学習指導要領	改善提案
（2）教材については、教育基本法や学校教育法その他の法令に従い、次の観点に照らし適切と判断されるものであること。 ア　略 イ　人間尊重の精神にかなうものであって、悩みや葛藤等の心の揺れ、人間関係の理解等の課題も含め、児童（生徒）が深く考えることができ、人間としてよりよく生きる喜びや勇気を与えられるものであること。 ウ　略	イ　人間尊重の精神にかなうものであって、悩みや葛藤等の心の揺れ、人間関係の理解等の課題も含め、児童（生徒）が深く考えることができるものであること。

教材の適切性についての記述において示される「よりよく生きる喜び」「勇気を与えられるもの」は、内容項目の「よりよく生きる喜び」「希望と勇気、努力と強い意志」「希望と勇気、克己と強い意志」に関わるものであるため、削除する。

注

(1)　本章において、「読み物資料」「読み物教材」「読み物資料集」を使い分けることとする。読み物資料と読み物教材はいずれも道徳の授業で用いられることが期待される読み物を指すが、後者の方が教育材としての意図性が強いものとして本章では解している。この意図性の強さは価値志向性の強さとして理解されることは後に指摘する。その点で、教科化以前に道徳の授業で用いられていた読み物教材を集めた冊子は本来的には「読み物教材集」と呼ばれるべきものであるが、これまでの通例から読み物資料集としておく。

(2)　「内容項目」という文言の初出は一九八九（平成元）年告示学習指導要領であり、それ以前の学習指導要領においては用いられていないが、内容が項目として示される形式自体は当初から変わらないため、さしあたって内容項目としておく。

(3)　ただし、その前段として、一九五八（昭和三三）年告示小学校学習指導要領で一部項目について学年段階ごとの重点事項が示され、一九六八（昭和四三）年告示小学校学習指導要領から、すべての項目に学年段階の重点事項が示されていた。そして、一九八九（平成元）年告示小学校学習指導要領において「学年段階に応じて指導する内容項目を重点的に示している」とされているように、これらの重点事項をふまえて整理されたと考えて差し支えない。

(4)　ここで明らかになるのは、重点化の二重性である。すなわち、学年段階に応じた重点化と、内容項目の中で重点的に指導するという意味での重点化である。

(5)　ここでは「読み物資料」とされているが、注(1)において指摘した本章の使い分けに従えば、読み物教材と解されることが妥当であろう。それゆえ、以下では読み物教材と読み換えて記述する。

(6)　道徳の授業では、子どもが考え、話し合いをしていくことを期待して教師が問いかけを行うことが一般的であり（一般的ではあるが、標準ではないことは付言しておく）、それを発問と呼ぶことが多い。ただ、本章では、「学習材」の特徴として位置づけ、教師や教科書発行者の授業づくりという企図だけでなく、「自学自習」のための「問い」でもあるものとして、「問い」と表記することにした。

(7)　学習指導要領では、音楽科での歌唱教材の中で共通教材を示しているが、道徳科をはじめ、他の教科ではそうしたものを示しているわけではない。ただ、事実として共通して用いられている読み物教材ということで、「共通教材」としておく。

(8)　注(7)の「共通教材」を含めて、教科化以前より多くの実践で用いられてきた読み物教材を意味する。

（9）「読み物の登場人物の心情理解のみに偏った形式的な指導」からの非連続的な転換を図るべきかどうかについては意見が分かれるところであろう。馬場（二〇二二）は、道徳が教科となる前後の審議会等の議事録から、「『問題解決』というニューカマー」を従前の授業論と連続したものとして受け入れるのか、非連続的なものとして位置づけるのか、という議論がなされたことを跡づけた上で、楠木建『経営センスの論理』（二〇一三年、新潮社）を引きつつ、「イノベーションにおいて『非連続性の中に一定の連続性が確保してあるということ』（非連続の中の連続）」が重要であるとし、「非連続が連続を全面否定してその地位を奪取することには無理が生じやすい」と指摘している。しかし、この捉え方は、非連続を向かうべき道であると認めるものでもある。とすれば、急激な変化に対する警鐘と理解することはできるが、それ以上の意味をもち得ない。

（10）二〇二〇年度採択（小学校）、二〇二一年度採択（中学校）道徳科教科書の検定意見書（文部科学省 二〇一九／二〇二〇）によれば、小学校一四九件、中学校三〇件の検定意見が付されており、そのうち、検定基準二に該当するものは小学校二四件、中学校五件にとどまるが、その中の小学校七件、中学校一件が、「学習指導要領に示す内容に照らして、扱いが不適切である」と指摘されている。これを多いと見るかどうかは難しいところであるが、内容項目に照らして教材をつくることの難しさを表していると見ることもできるだろう。

参考文献

足立佳菜（二〇二一）「道徳の時間の確立・展開・模索」日本道徳教育学会全集編集委員会編『新道徳教育全集第一巻　道徳教育の変遷・展開・展望』学文社。

教科用図書検定調査審議会（二〇〇八）「教科書の改善について――教科書の質・量両面での充実と教科書検定手続きの透明化（報告）」。

教科用図書検定調査審議会（二〇一五）「『特別の教科　道徳』の教科書検定について（報告）」。

公益財団法人教科書研究センター（二〇二四）「授業における教科書の使い方に関する調査研究（平成三〇〈二〇一八〉年度～令和五〈二〇二三〉年度）研究成果報告書」。https://textbook-rc.or.jp/wp-content/uploads/2024/03/1e2acf18ef26168 68f76d70bb8b97816.pdf（最終閲覧日：二〇二四年四月七日）

国立教育政策研究所（二〇〇五）「教育課程の改善の方針、各教科等の目標、評価の観点等の変遷――教育課程審議会答申、

学習指導要領、指導要録（昭和二二年～平成一五年）」。https://www.nier.go.jp/kiso/sisitu/page1.html（最終閲覧日：二〇二三年一〇月二〇日）
国立教育政策研究所（二〇一四）「学習指導要領データベース」。https://www.nier.go.jp/yoshioka/cofs_new/（最終閲覧日：二〇二三年一〇月一八日）
中央教育審議会（二〇一五）「道徳に係る教育課程の改善等について（答申）」。
日本学術会議（二〇二〇）「道徳科において『考え、議論する』教育を推進するために」。https://www.scj.go.jp/ja/info/kohyo/pdf/kohyo-24-h200609.pdf
走井洋一（二〇二二）「道徳教育実践・研究の現状と課題――次の一〇〇回を目指すための課題共有に向けて」『道徳と教育（第一〇〇回大会記念号）』第三四一号。
馬場勝（二〇二二）「『考える道徳』に向けた議論における授業論（指導方法論）に関する考察」道徳教育学フロンティア研究会編『続・道徳教育はいかにあるべきか――歴史・理論・実践・展望』ミネルヴァ書房。
細野二郎（二〇一三）「教科書の『学習材としての教科書』への変化」公益財団法人教科書研究センター「センター通信」第一〇一号。
文部科学省（二〇一九）「平成三〇年度　検定意見書」。https://www.mext.go.jp/a_menu/shotou/kyoukasho/kentei/1416452.htm（最終閲覧日：二〇二三年一〇月二五日）
文部科学省（二〇二〇）「令和元年度　検定意見書」。https://www.mext.go.jp/a_menu/shotou/kyoukasho/kentei/1416452_00001.htm（最終閲覧日：二〇二三年一〇月二五日）
文部科学省（二〇二二）「令和三年度　道徳教育実施状況調査　報告書」。https://www.mext.go.jp/content/20220427-mxt_kyoiku01-000022136_02.pdf（最終閲覧日：二〇二三年一〇月二三日）
文部科学省初等中等教育局（二〇二一）「教科書制度の概要」。https://www.mext.go.jp/a_menu/shotou/kyoukasho/gaiyou/04060901.htm（最終閲覧日：二〇二三年一〇月五日）

［付記］　本章を執筆するにあたって、公益財団法人教科書研究センターに設けられ、筆者が道徳部会の主査として参加した「授業における教科書の使い方に関する調査研究」（二〇一八年度～二〇二〇年度：予備研究、二〇二一年度～二〇二三

年度：本研究）の研究成果を活用させていただいた。また、同センター参与・特別研究員（当時）の細野二郎先生には「学習材」への転換の経緯について御教示いただいた。ここに記し、感謝申し上げたい。

【高宮】（内容項目の）減らし方は色々考えられると思いますが、学年ごとに分けて示すということを含めて内容項目を減らすべきであるという提案には同意します。以下は質問になります。本書第12章で言及されたことに対して、一点目として、「読み取り道徳」「読み物の登場人物の心情理解のみに偏った形式的な指導」を同一のものと考えておられるのかどうか、二点目として、「教材の価値志向性」で何を批判され、提案されようとしているのか、三点目として、「従来の道徳の教材を生かしたものとすること」と記述があるのですが、どこにそのような根拠があるのか、についてうかがいたいと思います。

【走井】一点目ですが、心情理解そのものを否定しているわけではなく、まさに字義通り「心情理解のみに偏った形式的な指導」となると、「読み取り道徳」になってしまうという意味で書いていますので、同義ととっていただいてかまわないと考えています。二点目についてです。「読み取り道徳」は、教師は直接的には教えないけれども、教材から望ましい考え方や価値観を受け取ってほしいというものでした。教材の価値志向性という認識を共有することで、そうした「読み取り道徳」に向かい得る可能性を排除しようとしています。教科書は教育材ではなく、「学習材」であるとしていることを第12章で強調しましたが、「学習材」であるとすると、教師の介在がなく読み物教材を読んだだけで、子どもたちが多面的・多角的に考えたり、考えを深めたりすることが求められるはずです。しかし、特定の価値志向的な読み物教材では望ましい考え方や価値観を身につけることを期待することになってしまうのではないかという危惧を表しました。三点目ですが、論述が前後逆になっていてわかりにくかったようです。これについては、教科用図書検定調査審議会「『特別の教科　道徳』の教科書検定について（報告）」（二〇一五年）にそのように示されていました。

【西野】内容項目の示し方について、学年ごとに分割するというご提案は、内容構成を考える上でも重要だと思います。ある価値はどの学年でも扱う、別の価値は特定の学年だけで扱うということだとすると、どの学年でも扱うものはコアという扱いになるように思います。ここで提案されているイメージを教えていただけますか。

【走井】御指摘の通り、ある価値はどの学年でも扱う、別の価値は特定の学年だけで扱うと考えていました。ただ、いずれかの価値をコアとするといったことまで教科書の検討からは出てきません。ここでの提案は、二学年（三学年）にわたって内容項目を示していること、内容項目の中に複数の道徳的価値が含まれることが教科書の検討から問題として浮かび上がったので、その解決策として上記のような提案を行ったということです。

第12章には記載していませんが、採択年度に教科書会社が変更された場合、多くの自治体で小学校の奇数学年は新規採択の教科書、偶数学年は既採択の教科書を使用します。これは複数学年にわたって（内容項目を）示していることから生じる問題だと考えています。

【西野】　中心的に扱う価値とそれに付随する価値を区別した内容構成に取り組む必要があると改めて思いました。

ところで、学習指導要領の変遷に関する記述で一つ気になったことがあります。内容項目を「各学年においてすべて取り上げること」と示されたことによって、教材への制限が強くなったように記述されていますが、内容を「いずれの学年においても指導しなければならない」ということは、小学校では一九六八（昭和四三）年告示版にも示されていました。この文言が復活したのは、その前の学習指導要領で、重点的な指導などについて、小学校では「二学年間を見通した」、中学校では「三学年間を見通した」指導を行うよう示されたことを受けたものと理解しています。この示し方だと、内容項目を二年間（中学校では三年間）で扱えばよいと解釈できるので、どの学年でも指導することを確認したのではないでしょうか。それ以前から内容項目をすべて指導しているかどうかを学校の年間指導計画で確認していた教育委員会もあったようですし、この記述によって変化があったとはいえないのではないでしょうか。

また、表12－1の「共通教材」という言葉に違和感があります。「共通教材」という用語は学習指導要領では小学校音楽科で用いられていて、各学年で取り扱うよう指定された特定の教材を指します。この語をそれとは異なる意味で用いるのは誤解を招きませんか。例えば、「ごんぎつね」は小学校国語のすべての教科書に掲載されていますが、「共通教材」とは呼びません。「共通教材」には必ず扱うという強い意味があるので、「定番教材」と呼ぶ方がよいと思います。

【走井】　学習指導要領の記述の変化をどのように理解するかについてですが、実態として制限されていたことと、それを法令に準ずる学習指導要領に記載するのでは意味が異なると理解しています。

また「授業における教科書の使い方に関する研究成果報告書」では、教科化以前から用いられ、教科後に教科書にも採用されているものを「定番教材」、すべての教科書に掲載されているものを「共通教材」とし、第**12**章もそれを踏襲し、そのことを注記しましたが、学習指導要領において「共通教材」という言葉は、必ず扱うという意味になるのはおっしゃる通りだと思います。

【関根】　内容項目をスリム化するという提案には同感です。現在の検定では、内容項目が網羅されているかどうかが問題になります。しかし、細かな表現のすべてを網羅しようとすると、窮屈な形になってしまいます。例えば、小学校では家族愛は学年段階ごとに「父母、祖父母を敬愛し、進んで家の手伝いなどをして、家族の役に立つこと」（一・二年）、「父母、祖父母を敬愛し、家族みんなで協力し合って楽しい家庭をつくること」（三・四年）、「父母、祖父母を敬愛し、家族の幸せを求めて、進んで役に立つこと」（五・

六年）とコンテンツで書かれていて、コンテンツからコンピテンシーベースといいながらも、コンテンツのままですよね。そして、そのコンテンツを網羅しようとするので、非常な窮屈さがあります。

二〇二二年にマイナーチェンジされた韓国のカリキュラムでは、小学校の三・四年生に家族が出てきますが、家族の幸福のために何をするべきか、中学校では、家庭の姿はどのようにあるべきか、といったように、コンテンツとしては示さず、問いの形でシンプルに子どもに投げかける形になっています。その点で、家族愛だけを示すという提案は斬新だと思いました。

そこで、一点質問です。教材というと、読み物教材を思い浮かべる人が多いと思いますが、読み物教材ではない教材としてどのようなものが望ましいとお考えですか。

【走井】 まず、内容を疑問として示すという韓国の例は非常によいアイデアだと思いました。

ご質問についてですが、読み物教材がどの範囲までを指すかが難しいと思います。読み物教材にも、物語系の教材と非物語系の教材が含まれています。最近では、非物語系の教材でグラフなどを用いて具体的事実をもとに考えさせるものなども増えてきています。実は、教科化以前の方が教材が多様だったのではないかと考えています。検定がなかったために、内容項目との対応関係を厳密にチェックされることがありませんでした。例えば、一枚絵をもとにした授業実践も盛んに行われていましたが、複数の道徳的価値を含む内容項目との対応が求められると、一枚絵だけでは充足できなくなりますし、教科書会社もそうした教材を自主的に排除しようという動きになってしまいます。

複数の道徳的価値を含んだ内容項目を充足しようとすると、教材を作成するのは難しいわけです。しかし、「定番教材」と呼ばれる教材群であれば、すでに内容項目を充足しているので、新たに教材をつくるよりもよいということになってしまいます。

しかし、内容項目で示す道徳的価値を一つに制限することができれば、「定番教材」は減っていき、教科書会社それぞれの工夫に基づいた新たな教材の提案が行われることになるだろうと思います。そして、それこそが検定制度の本旨に適っているのではないでしょうか。現状ではそのようになっていませんが、その原因が内容項目の示し方にあるということにあると申し上げたかったわけです。

【関根】 第12章で道徳の時間が特設された時代には自由度が高く、多様であった教材が徐々に収斂されてきたと指摘されていましたが、なるほどと思いました。

【荒木】 「定番教材」の問題ですが、教科書では「定番教材」を採用するかどうかが採択に影響するということはないのでしょうか。

【走井】 おっしゃる通り、教科書会社も利益を求めなければならないので、その点では商業的なロジックに左右される点はあるようです。ただ、現状の窮屈な立てつけの中でも「定番教材」が非常に緩やかな速度ですが、徐々に減ってきているようには思います。教科書会社がそちらの方向に移行したいけれども一気にはできないということの現われでもあると思いますので、一つの道徳的価値だけを表す内容項目を一〇〜一五程度で示せば、「定番教材」を残しつつも、より挑戦的な取り組みを教科書会社に促すことができるのではないかと考えています。

【髙宮】　教科化以前には内容項目との対応関係は曖昧でもよかったけれども、教科となり、検定が行われるようになって、その対応関係が厳密になったという点なのですが、内容項目と教材との対応関係について、教科化にあたって十分に検討されたのでしょうか。

【走井】　第12章で示したように、「義務教育諸学校教科用図書検定基準」において内容項目との対応関係が厳密に審査することが明示されています。

ですから、内容項目を簡略化すべきであるという私の主張は、教科書の現状と課題から導かれる提案ということですが、残念ながら、道徳科は歴史が浅く、教科書の改訂がようやく二回目で、いまだに教科書の編修・採択・使用についての課題が学習指導要領の改訂にフィードバックされてはいません。教科化後最初の教科書は、言葉は悪いですが、かなりやっつけ仕事だったと感じています。しかし、改訂を重ねるごとに徐々によくなっているのも事実です。同様に、学習指導要領の改訂もまた、教科書の現状と課題に基づいて行われていけばよりよくなってくるのではないかと考えています。他教科では、教科書会社、研究者、実践者がフィードバックを行い、学習指導要領、教科書の改善が繰り返されて現在の状態になっているわけですから、道徳科も今後歴史を積み重ねる必要があると思います。

髙宮先生のご質問に答えるなら、内容項目それ自体は検討されたとしても、教科書との関係を十分に検討されたとはいえなかった、だからこそ、教科書の課題をふまえて、次の学習指導要領の改訂を行う必要があると考えています。もちろん、内容を減らすということはきわめて難しいことだと思います。ですから、道徳的価値ごとに分けて、学年ごとに分配することを提案したわけです。

【木下】　初期の教科書はタイトなスケジュールの中で作成されたのですが、そこでは確実に内容が入っているということと、教科書会社の独自性を保障することの二点を大事にしていました。ただ、誤解が生じている部分があるとすれば、確かに最初は確実に内容が入っている点が強調されてしまっていたように思います。ですが、改訂を繰り返すうちに、教科書会社ごとに独自のものになってきたのではないでしょうか。その点では、今後フィードバックしつつ改善していく方向になっていくと感じています。

社会科出身で道徳に取り組んでおられる先輩から、社会科の教科書が参考になるのではないかと助言されたことがありました。例えば、導入段階では、様々な社会現象を提示し、次にそれに焦点化した人の話を載せ、その後、調べ学習、自分なりのまとめへ繋がるユニットが組まれています。子どもたちは調べ学習では自己選択ができるようにもなっていて、ただ使うというだけにとどまらないものになっています。

道徳科においても、そのようなユニットを組んだ教材提示もできるのではないかと考えています。そのような自由度が認められるようになるとよいのではないでしょうか。

【走井】 第12章では、道徳的価値と現代的な課題の二つのカテゴリーで示すのがよいと提案しました。ただ、現代的な課題についての捉え方は学習指導要領解説で網羅できるものではないので、教科書会社の独自性が発揮できるところだと思います。ご提案いただいたような事象から提示するもの、物語から提示するもの、様々な形でユニットを組めるのではないかと思います。

【西野】 「学習材」としての可能性を広げるという意味では、デジタル教科書がもっと活用されてよいと思いました。現代的な諸課題について調べ学習をしたいと思った時に、デジタル教科書のリンクからより詳しい情報が入手できる、といった使い方ができるとよいですね。学校の先生が現代的な諸課題を授業で全部扱うのは負担なので、子どもの調べ学習に対応できるようになってほしいです。

【荒木】 ただ、デジタル教科書は現行規定では紙媒体の教科書と同じ内容でなければならないという制約がありますよね。

【西野】 そういう規定を見直していくことも含めてですが、デジタル教科書の可能性を広げたいです。

【走井】 教科書には二次元コードが多く掲載されるようになりました。これらは検定そのものの対象とはなっておらず、採択後も変更の申請だけでよいようですので、現行規定のもとでも、その部分を活用することで現代的な課題にアップツーデートに対応することができるように思います。

【荒木】 教科書には編修・採択・使用にタイムラグがありますよね。例えば、二〇二四年四月から使用する教科書は、二〇二〇、二〇二一年頃に編修していたものです。ですから、デジタル教科書はそうしたタイムラグを補う意味でも可能性があるといえると思います。

【小池】 荒木先生は教育振興基本計画をもとに、西野先生は他教科の学習指導要領との関連で、走井先生は歴史と検定を中心に検討されたと捉えましたが、それぞれが入り組んでいて、その時の必要や批判に応じて、腐心した上で出来上がってきたのだと思いました。一点だけ補足をすれば、高等学校との接続をどのように考えればよいのかという点は今後の大きな課題ではないかと思いました。高等学校で公共が新たに科目として設置されたことをどのように考えていくのかも課題になるように思いました。

【江島】 「学習材」としての教科書ということから考えれば、「学習材」としての読み物教材がもっと増えてもよいのではないかと思いました。「定番教材」はそうした考え方に立脚して必ずしもつくられたわけではないので、今後「学習材」としての教材が求められるように思いますが、どのようにお考えでしょうか。

【走井】 先ほどお答えした点と関わりますが、特定の道徳的価値をよいものとして提示する教材ではなく、読むだけで多様に考えられる教材が求められると思います。物語だけでなく、様々な資料であったり、木下先生が提案くださったユニットのようなものであったり、教科書会社の工夫によって多様に出てくることを期待したいと思っています。

【小池】　現在の教科書では、地域教材を使いにくい状況になるので、そうしたものを使えるような余地ができることを期待したいと思います。

座談会を終えて

走井洋一

教科書は本来的には多様な発行者が創意工夫を生かして編修するものであるから、その自由度を確保するような諸規定でなければならないはずである。ただ、道徳科に至るまでの道徳教育に関わる学習指導要領の記述は、計画的に実施されていなかった状況に対する改善として計画性を強化する方向で改訂されてきており、教科化にあたってもそれらの記述が概ね踏襲されることになった。その上、教科用図書検定調査審議会「『特別の教科　道徳』の教科書検定について（報告）」（二〇一五年）において、「従来の道徳の教材を生かしたものとすること」と示されたことも加わって、教科書を編修するにはきわめて窮屈な状態になっていたといってよい。

本書第12章、座談会によって、こうした教科書の課題がよりはっきりしたのではないかと思う。第12章では、二〇一七（平成二九）年告示学習指導要領での内容項目を整理し、道徳的価値に分割して、それらを学年ごとに配分し、複数学年で扱うもの、特定の学年だけで扱うものと分けることを提案した。座談会では、内容の内実をどうするのかについてまでは意見交換ができなかったが、内容を整理するという方向性は合意されたのではないか。もちろん、道徳科の内容は、教科書のあるべき姿から見て課題があるからといって、それだけで決定できるものではない。ただ、本研究会では目標、内容、評価、方法の観点からも検討を行ってきており、座談会の参加者はそれらの検討を行ってきたメンバーでもある。そこで内容を整理する必要について概ね合意されたということは、次期学習指導要領にとって重要な論点であることを確認できたといえる。

また、第12章では言及できなかったが、座談会においてデジタル教科書の可能性について議論が及んだ。荒木先生が言及されていたように、現状では、紙媒体の教科書と同一内容となっているため、デジタル教科書の優位性はそれほどない。ただ、第12章でも示したように、現代的な課題についてのニーズは今後ますます増してくるだろうし、そうした課題はアップツーデートな情報の更新が必要になる。二次元コードを使って外部のリンクにアクセスするという方法もあることを言及したが、それにとどまらず、教科書本体の柔軟な運用も求められる。とはいえ、検定を受けた教科書を頻繁に改訂してよいのかという問題をどうすれば回避できるのかについて答える準備は筆者にはない。しかし、他教科を含めて教科書がその制度上、編修から実際の使用までにタイムラグがあり、そのことが現代的な課題からの隔たりを生んでいるのであれば、それに教科書としてどのように対応するのかを検討する必要がある。

教科化されてから間もないことで教科書が洗練されていなかったことを指摘したが、フィードバックを経て洗練される時間を待つこともまた必要であることは否定できない。より創意工夫がなされた教科書を実現していくために、私たちもまた、フィードバック・洗練のプロセスに積極的に関与することが求められることを最後に触れておきたい。

第13章　方　法
――二〇一七（平成二九）年告示学習指導要領「道徳」の方法論的観点からの検討――

足立佳菜

1　方法に関する動向

本章は、『道徳教育はいかにあるべきか』（道徳教育学フロンティア研究会 二〇二一）、『続・道徳教育はいかにあるべきか』（道徳教育学フロンティア研究会 二〇二二）に続く三篇目として、二〇一七（平成二九）年告示学習指導要領を具体的な検討材料に据え、「特別の教科　道徳」の指導法に関する課題と展望を論じるものである。道徳教育の指導法に関するこれまでの歴史や課題、「特別の教科　道徳」に焦点化した課題の整理を前述の二つの書籍（足立二〇二二／二〇二三ａ）にて行っているので、本節の詳細などはそちらも参照いただきたい。

「特別の教科化」まで

周知の通り、「特別の教科　道徳」は道徳授業の質的転換を使命とするものであった。その理念は「読み取り道徳」から「考え、議論する道徳」へと表現され、「道徳の時間」の着実な実施という量的課題を越えた、読み物資料中心、「心」重視の道徳教育からの抜本的改革が目指されてきた。より具体的には、道徳教育に係る評価等の在り方に関する専門家会議が「質の高い指導法」として、①読み物教材の登場人物への自我関与が中心の学習、②問題解決的な学習、③道徳的行為に関する体験的な学習という三つの学習形態を提示し、資料の登場人物の気持ちをおさえるだけの授業や単なる話し合い活動に陥らないよう注意が促されている。

この方向性が意味していることは、第一に、社会や生活の現実的課題への接近、第二に、行為の次元への過度な警戒からの解放、総じて、実践力重視の志向である。すなわち、教科化の背景でもあるいじめ問題と道徳授業の関係についての説明は次のように展開されている。例えば、これまでも道徳教育ではいじめ問題に取り組んできたが、「指導が『読み物教材の登場人物の心情理解』に偏ったり、わかりきったことをいわせたり書かせたりする指導に終始しがち」であり、「現実のいじめ問題に対応できていなかった」。そのため、「『あなたならどうするか』を真正面から問う、『考え、議論する道徳への転換』」を図り、問題解決的な学習や体験的な学習など多様な指導方法を工夫することで、いじめに関する問題を自分自身のこととして、多面的・多角的に考えることを実現していく、と。(1)このように、授業で学んだことが、授業の外で――つまり実際生活で――生かされること、また、授業の外の――つまり実際生活の――出来事が授業の内容と結びつくことが企図されている。

このことは、「道徳」の「学習」としての見直しとも言い換えられよう。従来「道徳の時間」は授業としての捉えが弱い側面があったが、学習者の確実な成長と変容を目指す「学習の場」とすることが、「特別の教科化」の意義であり責任である。

「特別の教科化」以後

では、「特別の教科化」以降、道徳授業はどのように変化してきただろうか。

道徳授業に関するキーワードで近年盛んに耳にするのは、「自分事」「多面的・多角的」「対話」「問い」「納得解」といったキーワードではないだろうか。特に、ペアトークやグループトークなどの対話活動を取り入れる実践は非常に多いと思われる。また、様々な視覚化ツール（心情円盤など）や思考ツール（ウェビングマップなど）を用いた工夫により、自分事として捉えさせたり、多面的・多角的に物事を捉えさせたりする実践や、「振り返り活動」を授業の終末に行い、学習の自覚化やポートフォリオ化を進める実践も多い。

「令和三年度　道徳教育実施状況調査」によれば、「『特別の教科』化で求められているような授業ができていないということではなく、道徳教育に対する教師や学校の意識の高まり」から「さらなる授業改善のために、指導力の向上に向けた取組が模索」されており、教育委員会・学校共に、今後の道徳教育の充実に向けて「授業改善」が最も大きな課題と捉えていることが報告されている（文部科学省 二〇二二：四〇）。つまり、道徳授業改善に取り組むほどに「どうすれば道徳授業が深まるのか」という課題に直面しているのが現状ではないだろうか。様々なツールを工夫し対話活動も取り入れているが、どうすれば道徳科として学びが深まるのか。換言すれば、道徳授業が「道徳の」授業であるためには何が必要なのか、改めて道徳科としての特質、固有性、道徳の学びとは何なのかが問われている。

「質の高い三つの指導法」などの現在の指導法の方向性は、道徳の学びに必要な要素を確かに示している。主体性・自律性を本質とする道徳における「自我関与」や「自分ならどうするか」という思考、生活現実の中では複雑に関連している道徳的価値の連関や葛藤を再現する「問題解決的な学習」、そもそも行為として現れる道徳の身体性を重視する「体験的な活動」、そして、あらゆる他者との間柄の中で成り立ち「他者と共によりよく生きる」ための道徳が欠かせない「多面的・多角的視点」や「対話活動」。いずれも道徳学習に不可欠な要素であり、これらは今後も引き続き取り入れられるべきものである。

にもかかわらず、どこか「これでよいのか」という不安定さや「もう少し深められないか」という思いが残る。この要因の一つは、道徳の学びの成果が見えづらいことにもあろう。道徳の成長は非常に長期的なスパンで見る必要があるし、一度学べばできるようになるというような類のものでもない。そのことをまず前提としてふまえる必要がある。一方で、「道徳」「道徳教育」の概念それ自体の難しさが道徳授業の捉え難さを生み出している側面も多分にあろう。このことをふまえると、方法論的観点からの課題も煎じ詰めれば、目標論・そもそも論の理解と繋がる点が多い。そのためややマクロな視点となるが、今後のさらなる道徳授業の改善・向上を期して、方法に関わる提案を行っていきたい。

2　学習指導要領改訂案の骨子

提案に移る前に一点前提を共有しておきたい。それは、学習指導要領において指導方法について詳細を規定し過ぎることは、教育の自律性を担保する観点から適当ではないということである。しかし、第一に、道徳授業の質的転換を図る臨時的必要性から、第二に、道徳教育の性質上、指導方法の方向性が教授学習内容に強く関わりをもつ（例えば、「自律」を抑圧的方法で教えることは、実践を志向する道徳教育においては矛盾である）ことから、一定の方向性は示すべきであるというスタンスで提案を行うこととする。

提案1

（主旨）

> 道徳の指導方法は、道徳観・道徳教育観によって多様な幅があることを共通認識とし、授業のねらいに応じ、各教員が適切な指導方法を選択・活用することを推奨すべきである。

（学習指導要領の主な関連個所）

- 第3－2－（5）において、「指導方法を工夫すること」の表現を強化する。
- 学習指導要領解説にて、指導法の例を複数挙げ、見取り図を示す。

（解説）

道徳の指導法はしばしば、「価値主義」と「生活主義」（宮田 一九六八）、「理想主義」と「現実主義」（吉田・木原 二〇一八）、カリキュラム論的には「系統学習」と「経験学習」あるいは「問題解決的な学習」（西野 二〇一九）などの対立構図で捉えられ、歴史的にもこの両極を揺れ動いてきた。そして二〇一七（平成二九）年告示の学習指導要領はこの双方の統合が試みられている（西野 二〇一九）。研究的にも、これらの二項対立図式を越え道徳指導法を俯瞰する知見も提供されている（例えば、吉田・木原 二〇一八、髙宮 二〇二〇）。これらに学ぶことは、道徳の学習にはどちらの学び方も有用であるし、道徳の授業づくりにおいては双方の違いを生かす必要があるということである。だからこそ教師に求められるのは、各種指導法の意義と役割を理解し、授業のねらいに応じて意図的に指導法を選択・活用、時に組み合わせる力量である。

ただしこれは容易なことではない。このことを実現するには、少なくとも学習指導要領解説（以下、『解説』）レベルで、複数の指導法を例示すると共に、それら指導法の見取り図を示すことが必要であると考える（例えば、諸富 二〇一七、吉田・木原 二〇一八、足立 二〇二二bなどを参考）。現在、三つの質の高い指導法が並列的に示されているが、それぞれの関係性や役割の違いはわかりづらい。特に「問題解決的な学習」の導入は、上述の両極の振り子が振れるような歴史的にインパクトをもった改訂であったが、その意義は伝わりにくく、「問題状況を取り上げ話し合う」あるいは「『あなたならどうする？』と発問をする」といった手法的な次元での理解にとどまるきらいがある。その背景にある道徳観・道徳教育観の違いをおさえなければ、定着している心情読解型の指導法を乗り越えることはできないであろう。

提案2

（主旨）

> 道徳学習の目標像となる「道徳としての問題を考え続ける姿勢」の醸成を明確に打ち出し、教授学習観の転換をふまえた授業の新たなゴール像を示すべきである。

（学習指導要領の主な関連個所）

- 第1にて、授業前の学習者の既有知識を考慮する趣旨をふまえた記述とする。「考え続ける姿勢」を明記する。

（解説）

「考え、議論する道徳」がなぜ必要なのかという問いに立ち戻ると、『解説』にある次の文章に目がとまる。

「多様な価値観の、時に対立がある場合を含めて、誠実にそれらの価値に向き合い、道徳としての問題を考え続ける姿勢こそ道徳教育で養うべき基本的資質である」との答申を踏まえ、発達の段階に応じ、答えが一つではない道徳的な課題を一人一人の生徒が自分自身の問題と捉え、向き合う「考える道徳」、「議論する道徳」へと転換を図るものである。

（『中学校学習指導要領（平成二九年告示）解説　特別の教科　道徳編』「第一章　総説」「一　改訂の経緯」〈小学校も同様〉）

ここから、「答えが一つではない道徳的課題」を前に「考え続ける姿勢」が道徳教育で養われるべき基本的資質であるとの見解が読み取れるが、この基本的資質である「考え続ける姿勢」という文言は、『解説』の改訂主旨の説明に登場するのみで、学習指導要領上には登場しない。しかし、「答えが一つではない道徳的課題」に対峙する「考え続ける姿勢」の醸成という志向は、コンピテンシーベースで編まれた二〇一七（平成二九）年告示学習指導要領の教授学習観が集約されている文言であるし、道徳授業の方向性を変える（あるいは拡大する）キーワードであると筆者は考える。そのため、「基本的資質としての考え続ける姿勢」という文言を「特別の教科　道徳」の規定の中に組み込むことを提案したい。

なぜこれが重要であるのかといえば、「答えが一つではない課題」に対峙することは、従来の知識伝達型教授、正解探索型学習からの転換を端的に示すものだからである。これは道徳教育に限ったことではない。現代において「学習」とは、白紙の状態の学習者の頭の中に知識や情報をインプットすることだとは捉えられていない。すでに経験・知識・価値観をもち得る学習者の知識体系を再構成することが「学習」であり、そのため授業においては、学習者の既有知識の把握・修正・活用に注意が払われると共に、学習者の知識体系の変容――道徳においては「価値観の拡大」（髙宮 二〇二〇）という方が適切かもしれない――を目指すことになる。「後向きアプローチ（正解到達型）」授業から「前向きアプローチ（目標創出型）」授業（日本教育工学会 二〇一六：四八）への教授学習観の転換の発想が根本的に必要なのである。

そして特に道徳の学びにおいて「考え続ける姿勢」の醸成という目標は、道徳授業の役割を問い直し、新たな授業のゴール像を提示してくれる。従来の道徳授業に対しては、「わかりきったことをいわせたり書かせたりする授業」との批判があるが、これは往々にして「思いやりは大切だ」といった「〇〇の大切さがわかる」ことを授業のゴール像に据えた際に起こりやすい。「〇〇の大切さ」について子どもたちは生活経験の中ですでに直観的にわかっていることが多いため、表層的な大切さの理解にとどまると学びの少ない授業になってしまうのである。一方、「考え続ける姿勢」の醸成に必要なのは「わからなくなること」である。自分がわかっていると思っていたこと、自分が当たり前に正しいと思っていたこと――つまり自分の「準拠枠」――を問い崩し、自身の考えや価値観を批判的に捉える姿勢があって初めて他者の価値観を理解し受容しようとする窓口（すなわち「寛容」さ）が開かれる（松下 一九九四）。当たり前に思っていたこと、あるいは特に疑問にも思わなかったことを考え、議論し、わからなくなる。これを「授業としての」ゴール像の一つに据え、不断に続く日常生活に道徳的問いが波及し「考え続ける姿勢」に繋がることを目指したい。

提案3

（主旨）

道徳教育・道徳授業における知識学習、知的領域の学習の必要性を明確に位置づけるべきである。

（学習指導要領の主な関連個所）

- 第1における目標文の学習活動の一つに知的理解学習を加える。

（解説）

考えたり問うたりする際に、「考える材料」「問う材料」が必要なことはいうまでもない。その材料となるのが新しい「知識」や「情報」であろう。それがなければ、「現在の自分の考え・価値観」を越えた思考は難しく、はい回る学習が展開される。

しかし、道徳教育においては、「教え込み問題」に対峙する歴史的背景や徳目主義批判から知識教育という考え方は遠ざけられてきた。それだけではなく、そもそも道徳の学びにおいて必要な「知識」とはどのようなものかという問いは根深く、知行不一致の常を思い返すだけでも困難さが理解される。そのために知識学習という側面が後退しているが、「考え、議論する道徳」を推し進めるためには、知的領域の学習を適切に位置づけるべきであると考える。

道徳における「知識」の捉えを精緻に議論すれば尽きないだろうが、少なくとも、道徳的知識には、①道徳的価値それ自体の概念的知識（例：「自律」「平等」「自由」などの意味理解）と、②道徳的価値判断・行為実践に関わる状況の知識（例：「自然愛護」に関わる環境問題の知識、「友情」の実現に関わる状況依存的な文脈に関わる知識・情報）の二種類があることに異論はないだろう（足立 二〇二二a）。①は道徳教育の固有性を担保するものであり、②は「考え、議論する」道徳という実践志向型の道徳学習においては不可欠なものである。

②については、現在の道徳教科書にはこうした情報提示型の編纂も見受けられるようになった。様々な関連情報と紐づける学習は他教科連携のカリキュラムマネジメントの中で実現することもあり得るだろう。ただし、他教科連携の文脈に回収され過ぎると、「道徳の役割は心の教育だ」という従来の捉えから脱却しづらい。たとえそこに特質があるとしても、道徳教育全体として、道徳的な資質能力の一側面に知識理解も位置づけることが重要である。

①については、徳目主義（ひいてはそれが実践に繋がらない）との批判もあるが、「〇〇の大切さ」の表層的な理解から一段深めるためには、ある程度の概念的（倫理学的）知識も必要である。道徳教育の近接領域である人権教育を見てみると、人権教育の指導方法は「知識的側面」「価値的・態度的側面」「技能的側面」の三側面から整理され

ており、明確に知識学習が位置づけられている（人権教育の指導方法等に関する調査研究会議 二〇〇八）。このことを鑑みても、道徳の内容項目のうち、少なくとも自由、責任、平等、権利といった憲法的価値については、経験的理解を超えた概念的知識理解も必要になろう。ただし、実践の学である道徳教育としては、その概念的理解に目的があるのではなく、その理解を材料に自身の経験的理解や行為、あり方を批判的に省みることや、対話や議論を深める視点として活用することが望まれる。

提案4

（主旨）

「教え込み」問題に対し、抑制事項だけでなく対策を示すべきである。具体的には、学習目的の共有や心理的安全性が確保された学習環境の重要性などを明記する。これは、ひいては、「主体的・対話的な学び」の実現に必要な学習環境デザインの視点を取り込む積極策である。

（学習指導要領の主な関連個所）

- 第3－2－（6）、第3－3－（1）、第3－3－（2）ウにおいて、「複数の選択肢を提示すること」「教材開発の場合には複数の情報媒体を確認すること」「教員同士の積極的な意見交流」などを推奨する。
- 他者との安心・安全な意見交流を可能にする議論・対話の学習環境の整備を新設項として立て、明記する。
- 中学校学習指導要領第3－2－（3）の「共に考える姿勢」を小学校学習指導要領にも記載する。

（解説）

公教育における道徳教育にとって、教え込み問題、価値観の強制をいかに防ぐかという課題は向き合い続けるべき課題である。戦後日本の道徳教育が背負ってきた歴史的課題もまさにこの問題であった。日本国憲法下で内心の自由が保障されるべきであることはいうまでもない。しかし、グローバル化が進み価値多元社会に生きる今、「教育」という営みがいかに無色透明ではあり得ないかということも自覚されている。そうした中では、「教え込みはいけない」という漠然としたタブー感ではなく、自身が行っている暗黙の価値選択を自覚化・相対化する力や、価値観の多様性に目を向けること、多様な考えをもつ人々との共生を目指していくことが必要である。

そこで学習の場に求められるのが、自由で安心して意見を表明し対話ができる場を創出することである。これは主体的・対話的で深い学び、特に協働的な学びを実現する上では不可欠な課題であるが、特に、価値や価値観に直接触れる道徳の学習においては最重要課題であろう。心理的安全性の保障された学習環境づくりのため、学級内で対話のルールを共有したり、子ども同士の関係性、子どもと大人（学習者と教師）の関係性を信頼できるものにしていくことが道徳授業の成立基盤である。

あわせて、道徳授業の目的・目標を子どもたちと共有する視点もこれに関連させたい。[2] 繰り返しになるが、道徳授業の質的転換は、教師の指導技術の向上というレベルではなく教授学習観の転換を意味しており、これは教授者だけでなく学習者の学習姿勢（学習観）にも変化を求めるものである。「唯一解のない問い」「対話」「多面的・多角的なものの見方」「あなたの考え」がなぜ必要なのか、そもそもなぜ道徳を学ぶのか、道徳を学ぶとはどういうことなのか。こうした理解を教師だけでなく子どもたちと共有することで初めて、従来の道徳授業像を超える道徳の学びの場の実現が可能になる。「教え込み」問題に引きつけていえば、道徳授業においては教科書や先生の考え・判断だけが正しいわけではないことや価値の普遍性と価値観の多様性の意義を前提として共有する学習環境が、子どもたちを強い自律的学習者へと育て、「教え込み」構図を生じさせない最大の方策となろう。

提案5

（主旨）

一授業（一単位時間）で複数価値を扱う方向性をより一般化すべきである。また、内容項目の精選がなされない場合は、時間創出の観点から、複数学年をまたぐ内容項目の取扱いや、中心価値として複数の内容項目を並列させることも検討したい。

（学習指導要領の主な関連個所）

•第3-1において、内容項目の柔軟な扱いに言及する、単元学習に触れる。

（解説）

従来、一授業の中で一内容項目（一道徳的価値）を扱うことが基本とされてきたが、二〇一七（平成二九）年学習指導要領改訂によって、『解説』に「複数の内容項目を関連づけて扱う指導」との文言が加わり、内容項目間の連関の視点が取り入れられた。各教科書においても、教材に含まれる中心価値と関連価値を示すものが増え、実践上でも指導案に中心価値と関連価値を併記する形態が増えつつある。ただし、先の『解説』の記載は現代的な課題に関する指導の配慮事項の一部に登場するのみである。[3] また、教科書や実践上において関連価値が形式上併記されてはいるものの、その関連性を授業内容に具体的に生かしているかという課題が残るのではないだろうか。生活実践上は複数価値が複雑に絡み合っていることが常態であり、現実的・実践的な力を重視する上では複数の道徳的価値を同時に思考する力が必要である（問題解決的な学習に代表される）。内容項目間の連関の視点を維持・強化していきたい。

加えて、道徳の学びを深めるために、一つのテーマを掘り下げる時間の創出も実践的課題である。内容項目二二個（小学校低学年は一九個、中学年は二〇個）を一年間三五週の中で網羅的に扱うと、多くの授業は一授業一内容項目の扱いとならざるを得ない（「授業開き」や最後の「振り返り」などを丁寧に行えばなおさらである）。つまり、一内容項目を四五～六〇分で学習するのが現状である。筆者が授業実践を拝見する際に常々思うことは、グループトークなどを取り入れる実践がほとんどではあるが、それが「対話」として成り立つには圧倒的に時間が足りないということである。短い授業時間の中で「隣の人と話してみましょう。時間は一分で」というような場面や、グループトークをしていてもワークシートに書いたことを読み上げ、メモし、共有するだけで時間が終わってしまったりする光景もまま見られる。その中で、はたして本当に「人の意見を聞いてみてよかった」「人と話してみて自分のことがよりわかった」といった対話の成功体験が生み出せているだろうか。むしろ逆に、「色んな意見があるんだな」以上の深まりがもてず、話してみても特に変化を感じられないような潜在的失敗体験を積み重ねてしまっていないだろうか。そうだとしたら、それは効果がないだけでなく、逆効果を生んでしまう危険性もある。

道徳授業では、道徳的思考で問うことや「考え、議論する」ことによる成功体験を積ませたい。その成功体験があってこそ、授業の学びが生活へと繋がっていくはずである。本来、道徳教育における対話は、相手の価値観に触れることで、自身の価値観を見直す契機とするものである。単なる「意見」ではなく「価値観」に触れるには、その意見がどういう意味か、なぜその考えが生まれたのかなど、言葉の背景にあるものを探っていく必要がある。その深まりを生むには、適切な応答・問いかけ、そして絶対的に時間が必要である。

時間を創出するには、授業時間数を増やすか内容を精選するかが解決策となるが、どちらも現状のままとする場合に可能なことは、一授業で扱う内容項目を複数にすること（関連価値として添えるだけでなく、中心価値として同列に扱う）[4]、あるいは一年間ですべての内容項目を扱う方針を変更する（複数学年での配置を認める）ことであろう。ただし、すべての内容項目を一年間で扱う現在の方針は、全内容の確実な実施を推進し、道徳授業の内容の偏りを防ぐねらいがあると思われる。また、時間創出の工夫は、反転授業の採用や単元化、授業展開の時間配分の見直しなどの方策も考えられるため、これらを天秤にかけながら検討を続けたい。

提案6
（主旨）

> 抜本的改革のためには、教科書を含む教材開発及び教員の力量形成、教員研修の見直しと強化が必要である。

（学習指導要領の主な関連個所）

• 第３－２－（１）において、教師の協働的な実施体制の推進を奨励する。
• 第３－３－（１）において、指導法の幅広さに応える教材開発を強調する。

（解説）

方法論的観点から考える上で、内容を教材化した教科書のあり方、方法を選択し実践をつくる教師自身の力量形成の問題は切り離せないものであり、その改善・強化は常に求められるものであろう。特に、提案１で述べたように、多様な指導法の選択・活用を求める上では、これに応える教材・教科書の開発と選択・活用の主体である教師の力量強化が不可欠である。

教科書については本書第12章にて論じられるため詳細は省くが、本章で論じてきた主旨からは、道徳指導法のねらいの幅広さに応える教材の開発を期待したい。また、「特別の教科化」による教科書の誕生により自作教材の開発に抑制的な傾向も生じているようであるが、学習者中心の学びを進める上では、児童生徒自身の生活、家庭・学校・地域などの身近な現実、あるいは時事的な社会の出来事を反映した具体的なエピソードが重要な教材となり得る。状況と対話する教師にしかなし得ない自作教材（部分的なものも含む）の重要性を強調したい。

教師の力量形成・向上については、力点を二点挙げる。

一点目は、本章で繰り返し述べてきた教授学習観の転換（例えば、答えが一つではない課題に向かう学習観）の理解と共有をさらに推し進めることである。これがなければ、道徳授業像が変わることはない。「方法が目的化してはならない」という教訓は方法論を語る際の常套句ではあるが、当然だと聞き流せるほど容易なことでもない。「考え、議論する道徳」「対話」「問題解決的な学習」「体験的な活動」「振り返り」等々、当たり前に言葉にしている方法論の本質的意味について学び、教師自身が自分なりに腑に落ちる理解を得られる機会を増やしたい。

二点目は、教師同士の学び合い、協働を重視することである。一つの授業に複数の視点が入ることは、価値観の偏りを防ぎ多角的視点を提供することに繋がり、道徳授業の質向上に直結する方策でもある。教員研修については、講義型のＯｆｆ－ＪＴ式研修だけでなく、道徳授業実施形態として広まりつつあるローテーション方式やＴＴ方式での実践をＯＪＴ研修として機能させ、教員の負担軽減を考慮しながら教師の実際的な学びの場を設けることが重要であろう。

3　学習指導要領の改訂案

最後に、ここまで述べてきた主旨を実際の学習指導要領上の文言にどのように反映させることができるか、表13－1に可能性を示し、本章の提案とする。

表13－1　学習指導要領変更案（方法の観点から）

2017（平成29）年告示学習指導要領		改訂案（右欄は補足説明）	
第1　目標		第1　目標	
（小学校） 第1章総則の第1の2の⑵に示す道徳教育の目標に基づき、よりよく生きるための基盤となる道徳性を養うため、道徳的諸価値についての理解を基に、自己を見つめ、物事を多面的・多角的に考え、自己の生き方についての考えを深める学習を通して、道徳的な判断力、心情、実践意欲と態度を育てる。	（中学校） 第1章総則の第1の2の⑵に示す道徳教育の目標に基づき、よりよく生きるための基盤となる道徳性を養うため、道徳的諸価値についての理解を基に、自己を見つめ、物事を広い視野から多面的・多角的に考え、人間としての生き方についての考えを深める学習を通して、道徳的な判断力、心情、実践意欲と態度を育てる。	第1章総則の第1の2の⑵に示す道徳教育の目標に基づき、よりよく生きるための基盤となる道徳性を養うため、自己の価値観や行為の振り返り、道徳的諸価値と行為に関わる知的理解、物事を広い視野から多面的・多角的に考え、自己の／人間としての生き方についての考えを深める学習を通して、道徳としての問題を考え続ける基本的資質を醸成し、道徳的な判断力、心情、実践意欲と態度を育てる。	•現状では、「道徳的諸価値についての理解を基に」の解釈が2つ（※）存在し混乱を招いているが、その両者とも重要であるため、両者を区別して表現 ※解釈A＝授業以前に学習者が有している価値観をもとに学習する。 解釈B＝授業において道徳的価値理解学習を行いこれを学習基盤とする。 •道徳教育における知識学習（道徳的諸価値自体についての知識及び道徳的判断や道徳的行為・実践に関わる知識）の位置づけを明確化する【提案3】 •基本的資質としての「道徳としての問題を考え続ける姿勢」を明示する【提案2】
第2　内容（略）		第2　内容（略）	
第3　指導計画の作成と内容の取扱い		第3　指導計画の作成と内容の取扱い	
（小学校） 1　各学校においては、道徳教育の全体計画に基づき、各教科、外国語活動、総合的な学習の時間及び特別活動との関連を考慮しながら、道徳科の年間指導計画を作成するものとする。なお、作成に当たっては、第2に示す各学年段階の内容項目について、相当する各学年において全て取り上げ	（中学校） 1　各学校においては、道徳教育の全体計画に基づき、各教科、総合的な学習の時間及び特別活動との関連を考慮しながら、道徳科の年間指導計画を作成するものとする。なお、作成に当たっては、第2に示す内容項目について、各学年において全て取り上げることとする。その際、生徒や学校の実	1　各学校においては、道徳教育の全体計画に基づき、各教科、（小：外国語活動、）総合的な学習の時間及び特別活動との関連を考慮しながら、道徳科の年間指導計画を作成するものとする。なお、作成に当たっては、第2に示す内容項目について、（小：相当する）各学年において全て取り上げることとする。その際、児童／生徒や学校の実態に応じ、2（小）／3（中）	•今後、「（相当する）各学年において全て取り上げる」体制の見直しも検討したい

ることとする。その際、児童や学校の実態に応じ、2学年間を見通した重点的な指導や内容項目間の関連を密にした指導、一つの内容項目を複数の時間で扱う指導を取り入れるなどの工夫を行うものとする。	態に応じ、3学年間を見通した重点的な指導や内容項目間の関連を密にした指導、一つの内容項目を複数の時間で扱う指導を取り入れるなどの工夫を行うものとする。	学年間を見通した重点的な指導や内容項目間の関連を密にした指導、一つの内容項目を複数の時間で扱ったり、単元を組んだり、複数の内容項目を一単位時間で扱うなど、柔軟な指導を取り入れる工夫を行うものとする。	•「内容項目間の関連を密にした」という表現でも1授業での内容項目の扱いが柔軟になれば文言上十分ではあるが、1時間1価値の実態にあまり変化がないため、単元化も含め、複数価値を関連させて扱う授業のあり方に触れたい【提案5】
2　第2の内容の指導に当たっては、次の事項に配慮するものとする。 (1)校長や教頭などの参加、他の教師との協力的な指導などについて工夫し、道徳教育推進教師を中心とした指導体制を充実すること。	2　第2の内容の指導に当たっては、次の事項に配慮するものとする。 (1)学級担任の教師が行うことを原則とするが、校長や教頭などの参加、他の教師との協力的な指導などについて工夫し、道徳教育推進教師を中心とした指導体制を充実すること。	2　第2の内容の指導に当たっては、次の事項に配慮するものとする。 (1)児童／生徒の実態を把握する学級担任の教師が行うことを原則とするが、校長や教頭などの参加、道徳教育推進教師を中心とした指導体制を充実させ、TT方式、ローテーション方式など他の教師との協働的な実施体制を積極的に取り入れること。	•教師の協働的な実施体制の推進【提案6】
(2)（略）	(2)（略）	（変更なし）	
(3)児童が自ら道徳性を養う中で、自らを振り返って成長を実感したり、これからの課題や目標を見付けたりすることができるよう工夫すること。その際、道徳性を養うことの意義について、児童自らが考え、理解し、主体的に学習に取り組むことができるようにすること。	(3)生徒が自ら道徳性を養う中で、自らを振り返って成長を実感したり、これからの課題や目標を見付けたりすることができるよう工夫すること。その際、道徳性を養うことの意義について、生徒自らが考え、理解し、主体的に学習に取り組むことができるようにすること。また、発達の段階を考慮し、人間としての弱さを認めながら、それを乗り越えてよりよく生きようとすることのよさについて、教師が生徒と共に考える姿勢を大切にすること。	（小学校に追加） また、発達の段階を考慮し、人間としての弱さを認めながら、それを乗り越えてよりよく生きようとすることのよさについて、教師が児童と共に考える姿勢を大切にすること。	•道徳教育・授業においては、特に学習者自身の課題意識が重要となり主体的な学びが求められる。その際に教師には支援者的役割が求められることは、小学校においても共通である。【提案4】
(4)児童が多様な感じ方や考え方に接する中で、考えを深め、判断し、表現	(4)生徒が多様な感じ方や考え方に接する中で、考えを深め、判断し、表現	（共通） 児童／生徒が多様な感じ方や考え方に接する中で、考えを深め、	•「対話」においては聞くこと、質問すること

する力などを育むことができるよう、自分の考えを基に話し合ったり書いたりするなどの言語活動を充実すること。	する力などを育むことができるよう、自分の考えを基に討論したり書いたりするなどの言語活動を充実すること。その際、様々な価値観について多面的・多角的な視点から振り返って考える機会を設けるとともに、生徒が多様な見方や考え方に接しながら、更に新しい見方や考え方を生み出していくことができるよう留意すること。	判断し、表現する力などを育むことができるよう、自分の考えを基に話し合ったり書いたり、他者の考えを聞いたり（小）／他者の意見や考えを聞いて質問（中）するなどの言語活動を充実すること。 （小学校に追加） その際、発達の段階を考慮しながら、様々な価値観について多面的・多角的な視点から振り返って考える機会を設けるとともに、生徒が多様な見方や考え方に接しながら、更に新しい見方や考え方を生み出していくことができるよう留意すること。	による傾聴の側面も重要である【提案2・4】 • 多面的・多角的視点からの振り返りや、新しい見方や考え方を生み出すことは、小学校・中学校共通の道徳教育の目標である【提案2】
なし	なし	（新設） 多様な見方・考え方の交流を通した深い学びを実現するために、児童（小）／生徒（中）間や児童（小）／生徒（中）と教師間において、道徳学習の目的・目標を共有し、対話が可能な安心・安全な学習環境を整備すること。	• 学習環境デザインの視点から、学ぶ目的の共有や安心・安全な学習環境の構築について、項を新設し、明記すべきである【提案2・4】
(5)児童の発達の段階や特性等を考慮し、指導のねらいに即して、問題解決的な学習、道徳的行為に関する体験的な学習等を適切に取り入れるなど、指導方法を工夫すること。その際、それらの活動を通じて学んだ内容の意義などについて考えることができるようにすること。また、特別活動等における多様な実践活動や体験活動も道徳科の授業に生かすようにすること。	(5)生徒の発達の段階や特性等を考慮し、指導のねらいに即して、問題解決的な学習、道徳的行為に関する体験的な学習等を適切に取り入れるなど、指導方法を工夫すること。その際、それらの活動を通じて学んだ内容の意義などについて考えることができるようにすること。また、特別活動等における多様な実践活動や体験活動も道徳科の授業に生かすようにすること。	（案1） 指導のねらいに応じて、様々な学習形態を選択・活用・組み合わせ、指導方法を工夫すること。 （案2） 理想的なものから現実的なもの、人格的なものから行動的なものまで幅広くある道徳指導法の違いを活かし、授業のねらいに応じた適切な指導方法を選択・活用・組み合わせ、授業を工夫すること。	• 道徳指導法の幅広さとねらいの違いの理解に基づく指導法の選択の重要性を強調したい【提案1】 • 具体的な指導法名は『解説』に移行【本章第2節冒頭の前提を参照】 • 案2では道徳指導法の幅広さの具体について言及
(6)児童の発達の段階や特性等を考慮し、第2に示す内容との関連を踏まえつつ、情報モラルに関する指導を充実すること。	(6)生徒の発達の段階や特性等を考慮し、第2に示す内容との関連を踏まえつつ、情報モラルに関する指導を充実すること。	（略） なお、現代的諸課題は多様な見方や考え方のできる事柄が多くなるため、客観的情報や知識学習を取り入れたり、他教科での	• 特定の見方・考え方への偏りの防止は、抑止のみでなく対策にも触

また、児童の発達の段階や特性等を考慮し、例えば、社会の持続可能な発展などの現代的な課題の取扱いにも留意し、身近な社会的課題を自分との関係において考え、それらの解決に寄与しようとする意欲や態度を育てるよう努めること。なお、多様な見方や考え方のできる事柄について、特定の見方や考え方に偏った指導を行うことのないようにすること。	また、例えば、科学技術の発展と生命倫理との関係や社会の持続可能な発展などの現代的な課題の取扱いにも留意し、身近な社会的課題を自分との関係において考え、その解決に向けて取り組もうとする意欲や態度を育てるよう努めること。なお、多様な見方や考え方のできる事柄について、特定の見方や考え方に偏った指導を行うことのないようにすること。	学習と関連させるなどして、特定の見方や考え方に偏った指導とならないようにすること。	れる【提案4】 •現代的諸課題については、特に知識学習も重要である点が、本項目においても強調されるべきである【提案3】
⑺（略）	⑺（略）	（変更なし）	
3　教材については、次の事項に留意するものとする。 ⑴児童の発達の段階や特性、地域の実情等を考慮し、多様な教材の活用に努めること。特に、生命の尊厳、自然、伝統と文化、先人の伝記、スポーツ、情報化への対応等の現代的な課題などを題材とし、児童が問題意識をもって多面的・多角的に考えたり、感動を覚えたりするような充実した教材の開発や活用を行うこと。	3　教材については、次の事項に留意するものとする。 ⑴生徒の発達の段階や特性、地域の実情等を考慮し、多様な教材の活用に努めること。特に、生命の尊厳、社会参画、自然、伝統と文化、先人の伝記、スポーツ、情報化への対応等の現代的な課題などを題材とし、生徒が問題意識をもって多面的・多角的に考えたり、感動を覚えたりするような充実した教材の開発や活用を行うこと。	児童（小）／生徒（中）の発達の段階や特性、地域の実情、道徳指導法のねらいの違い等を考慮し、多様な教材の活用や開発に努めること。（略）教材の開発や活用を積極的に行うこと。教材開発の際には、複数の情報を確認することや、教員同士の積極的な意見交流などを行い、多様な見方や考え方のできる事柄について、偏った見方・考え方にならないよう工夫すること。	•指導法の幅広さに応える教材の開発を推進 •教材開発を積極的に推奨することを求める【提案6】 •特定の見方・考え方への偏りの防止は、抑止のみでなく対策にも触れる【提案4】
⑵（略）	⑵（略）		
ア（略）	ア（略）		
イ（略）	イ（略）		
ウ　多様な見方や考え方のできる事柄を取り扱う場合には、特定の見方や考え方に偏った取扱いがなされていないものであること。	ウ　多様な見方や考え方のできる事柄を取り扱う場合には、特定の見方や考え方に偏った取扱いがなされていないものであること。	多様な見方や考え方のできる事柄を取り扱う場合には、複数の選択肢を提示するなど、特定の見方や考え方に偏った取扱いがなされていないものであること。	•特定の見方・考え方への偏りの防止は、抑止のみでなく対策にも触れる【提案4】
4（略）	4（略）		

注：下線は主な改訂箇所（-----：改訂前、——：改訂後）。

注

（1）学習指導要領解説でも同趣旨のことが説明されている。

（2）二〇一七（平成二九）年告示学習指導要領においても第3－2－（3）で、児童生徒自身が「道徳性を養うことの意義」を理解することの必要性が説かれているが、本章の提案では、道徳授業成立基盤としての学習環境の構築という観点から、第3－2－（3）と第3－2－（4）の両方に関連する事項を新設項としてまとめている。

（3）改訂前より「指導計画の作成と内容の取扱い」第一項において「内容項目間の関連を密にした指導」との文言があるが、三／六年間のカリキュラム全体の構成の工夫についての文脈であることから、一授業内での複数価値の扱いではなく、一授業一価値を前提とした授業間の関連のことを指していると解釈した。

（4）一単位時間で複数の内容項目を扱えば、単純には一つの内容項目の理解が浅くなる危険性をはらむが、浅見（二〇二一）も指摘するように、学年段階が上がるほどに、一つの教材に複数の道徳的価値、内容項目が含まれることは「自然」であるし（ただし浅見は、結論としては一単位時間一内容項目の方針を維持している）、複数価値を扱い関連させた方が理解が深まることもあるため、単純に一つを扱えば理解が深まるとはいえないと考える。

参考文献

浅見哲也（二〇二一）『道徳科　授業構想グランドデザイン』明治図書出版。

足立佳菜（二〇二一）「道徳教育における『授業』の役割――戦後道徳授業の模索と今後の課題」道徳教育学フロンティア研究会編『道徳教育はいかにあるべきか――歴史・理論・実践』ミネルヴァ書房。

足立佳菜（二〇二二a）「指導法」道徳教育学フロンティア研究会編『続・道徳教育はいかにあるべきか――歴史・理論・実践・展望』ミネルヴァ書房。

足立佳菜（二〇二二b）「道徳教育授業論・学習論」岸本智典編著『道徳教育の地図を描く――理論・制度・歴史から方法・実践まで』教育評論社。

木原一彰（二〇二二）「道徳的諸価値の連関と内容項目の再編」道徳教育学フロンティア研究会『続・道徳教育はいかにあるべきか――歴史・理論・実践・展望』ミネルヴァ書房。

人権教育の指導方法等に関する調査研究会議（二〇〇八）「人権教育の指導方法等の在り方について［第三次とりまとめ］平

成二〇年三月」。https://www.mext.go.jp/b_menu/shingi/chousa/shotou/024/report/08041404.htm（最終閲覧日：二〇二三年一一月二四日）

髙宮正貴（二〇二〇）『価値観を広げる道徳授業づくり——教材の価値分析で発問力を高める』北大路書房。

道徳教育学フロンティア研究会（二〇二一）『道徳教育はいかにあるべきか——歴史・理論・実践』ミネルヴァ書房。

道徳教育学フロンティア研究会（二〇二二）『続・道徳教育はいかにあるべきか——歴史・理論・実践・展望』ミネルヴァ書房。

西野真由美（二〇一九）「道徳教育とカリキュラム」日本カリキュラム学会編『現代カリキュラム研究の動向と展望』教育出版。

日本教育工学会監修、大島純・益川弘如編（二〇一六）『学びのデザイン——学習科学』ミネルヴァ書房。

松下良平（一九九四）「〈他者〉との共生のための道徳教育——伝達と寛容の二元論を超えて」森田尚人・藤田英典・黒崎勲・片桐芳雄・佐藤学編『教育学年報三　教育のなかの政治』世織書房。

宮田丈夫（一九六八）『道徳教育全書一　教育の現代化と道徳教育』明治図書出版。

諸富祥彦編著（二〇一七）『考え、議論する道徳科授業の新しいアプローチ一〇』明治図書出版。

文部科学省（二〇二二）「令和三年度　道徳教育実施状況調査　報告書」。https://www.mext.go.jp/content/20220427-mxt_kyoiku01-000022136_02.pdf（最終閲覧日：二〇二三年一一月一八日）

文部科学省初等中等教育局教育課程科（年不明）「道徳教育の抜本的充実に向けて」（平成二九年度道徳教育指導者養成研修ブロック説明会行政説明資料）。https://doutoku.mext.go.jp/pdf/h29_block_training_materials.pdf（最終閲覧日：二〇二三年一〇月一一日）。

吉田誠・木原一彰（二〇一八）『道徳科初めての授業づくり——ねらいの八類型による分析と探究』大学教育出版。

第13章座談会——方法

【酒井】　本書第13章のご提案に対し、質問が二点ありまして相互に関連しているのですが、まず、わかることよりもわからないことの方が大事だというのはとても共感するのですが、アポリアーに追い込むような問答法みたいなものを想起させるので、成長する人がいる一方で、追い込まれて嫌になる児童生徒がいることも考えられると思います。なので、「わからなくさせる」ことが道徳の授業としてどのくらいのものを目標にすればいいのかが気になりました。二点目は、対話として成り立つには時間が圧倒的に足りない、さらにそこから成功体験が大事だということもその通りだと思います。ただ、成功体験を獲得することと「わからなくする」ことは、一見すると矛盾しているようにも捉えられるので、その関係性についてお尋ねしたいです。

【足立】　「わかる授業」「わからない授業」というのは少しキャッチーに表現しているところがあって、逆にわかりづらくなっているかもしれませんが、言い換えると「当たり前を砕く」とか「準拠枠を批判的に捉える」といったことを「わからなくなる」と表現しています。哲学的に迷宮入りするようなわからなさというよりは、「特に何も考えてなかった」「これが当たり前だと思っていた」というようなものが「あれ？　これって当たり前じゃないのかも？」と疑問が残るようなイメージです。そういうことが嫌になる子どももちろんいるかもしれませんが、それは必要な成長だと思います。二点目について、私のイメージする対話の成功体験は、単にグループで集まって意見が違うね、一緒だねで終わると次に繋がらないと思うのですが、話してみると意外と自分の考えが変わるんだなとか、話を聞いてみると意外と思っていたのと違うなとか、「次も話してみよう」という対話へのポジティブな感覚が残ることをイメージしています。また、道徳授業における成功体験と思うのは、やはり自分の価値観を理解できたり自分の考えに変化があったりといった自身の変容に繋がることだと思います。そのことは「わからなくなる」ことと非常にリンクしていて、自分が当たり前だと思っていたものが当たり前ではないと知り、理解が深まっていくので、確かに矛盾しているように見えるかもしれませんが、どちらも深い理解の先にあるものとして捉えています。

【酒井】　ありがとうございます。いずれも教師の力量が大事になってくると思います。わからなくなることにある意味で追い込むけれども、その後で子どもたちをモチベートしていくことなどはやはり教師がやるべきことでしょうし、成功体験の方もそうだと思うんですね。そういう教師の介入するところ／しないところをおさえて教育していくことが、とりわけこの二点においては大事なのかなと思いました。

【足立】　そうですね。なので、やはり今回の提案においても最後には教師の力量形成に触れざるを得ないところです。

【髙宮】　足立先生も「理解が深まる」とおっしゃっていますが、「わからなくなる」といっても、深い理解と本当にわからずに考え続けるものの両方があり、バランスかなと思います。「後ろ向きアプローチ」から「前向きアプローチ」というのも誤解を生む可能性もあるかなと思っていて、大事なのは「教師の視点」と「子どもの視点」のどちらで考えるかだと思います。子どもはわからなくなるのだけれども教師としては仕掛けている、むしろそこから一歩深い理解に誘っていることもある。そうすると、後ろ向きアプローチが悪いということでも必ずしもなくて、一定の幅の答えはやはりデザインしておく必要があると思っています。子ども主体の教育という時にも何でも良いというわけではないので、後ろ向きアプローチはある程度必要なんじゃないかと。二項対立に見えてしまうことに危険性もあると思いました。もう一点。内容項目を関連させることについて、それ自体は賛同するのですが、留保です。内容部会とも重なるので端的に申し上げますが、諸価値が本質的に関連していることと、特定の教材でたまたま複数価値が存在していることは、倫理学的に区別しないと現場の先生たちが混乱してしまうと思っています。内容項目（価値）を関連させなくてはいけない一つの条件は「汎用性」だと思います。例えば、勤労と家族愛をぶつけても仕事が大事、家族が大事というのは人それぞれなので、汎用性がなく、理解は深まらなくて衝突で終わってしまいます。でも、例えば寛容と公正であれば、「広い心といっても絶対許してはいけないこともあるよね」という場合は関連させる意味があると思います。もう一つの条件は、友情と家族愛を愛で「統合」するような場合。中心価値として同列に扱うことにも危険があって、何でもかんでも同列に扱っても意味がないと思います。ただ、生命倫理などの現代的な課題の場合は逆に、中心価値をつくらず同列に扱った方がよいと思うのです。このように内容項目によって性質が異なるので、留意点を書かないと何でもかんでも現実的な問題を考えましょうとなってしまい、汎用性がないだろうというのが私の意見です。

【足立】　ありがとうございます。提案5（本書第13章）は、私としても一番根拠が弱いところのように思っているので、ご指摘そのまま受け取らせていただきます。単純には、内容項目一つひとつを分節的に取り出せば理解が深まるかというとそうともいえないよねという発想があるのですが、その関連のさせ方、内容項目間の関係性などは、倫理学の知見による根拠基盤が必要だと思います。この議論が進めば、やはり提案5については、内容項目の精選の方が優先されるのかなとも思いました。前半の方については、主体性を重視することと放任することは違うというのは全くその通りで、教師のファシリテートがとても必要だと思います、あえていえば、もっと伝統的な意味での伝達的教授も部分的にはあっていいだろうと思います。徳目主義的云々と批判されるところで難しいですが、考えるためには材料が必要で、何か情報を知ることが不可欠ですので、部分的にはあって然るべきで、それらをすべて排除するということはおかしいと思います。ただ、大きな方向性として、最終的に目指したいのは「わからなくなる」方だということですね。

【走井】　髙宮先生に質問なのですが、価値そのものが関連することは検討されるべきだけれども、偶然に結びつくところは特段考えなくていいとおっしゃったように思うのですが、考えなくていいといえるのでしょうか。そういう具体的な状況においてどう振る舞うかを考えなくてよいといってしまうと、現在目指されようとしている自分の生き方についての考えを深めるというところからは遠ざかってしまうのではないでしょうか。真意をおうかがいしたいです。

【髙宮】　ありがとうございます。一人ひとりの選択基準をつくっていくことは大事だと思うので、先ほどの例でいえば、仕事と家族どっちが大事かということを問いとして扱うような、個別具体的な日常での選択を問う授業や教材がいらないといいたいわけではありません。ただ、内容項目の関連という際に、その関連の仕方について、研究者レベルでは区別しておかないといけないという趣旨です。

【走井】　ありがとうございます。では、足立先生に私見を含む質問です。学習指導要領の文言の提案の中で、「理想的、現実的、人格的、行動的」という文言があります（本書第13章の表内、第3-2-(5)）。これは吉田誠・木原一彰『道徳科初めての授業づくり――ねらいの八類型による分析と探究』（二〇一八年、大学教育出版）のねらいに基づく八類型という提案がもとになっていると思います。しかし方法としてこれらの軸によって違いを生むかというのが少し疑問に感じたところです。例えば「理想的なものから現実的なもの」といっても、現実的なものを考える時に当然理想的なものを考えざるを得ないわけですよね。そうすると同じ方法の中で両者が入り込んでくることは当然あり得るのではないでしょうか。吉田・木原（二〇一八）に掲載された図も一緒に提示すれば違いを読み取ることはできるかもしれないですが、ここだけ示しても方法としての差異は見えにくくなるのかなと感じました。

【足立】　なるほど……。『解説』には図も掲載するイメージではありましたが、確かに、方法論的に見えないといえば見えないですね……。先生は何か別案、ご提案はありますか？

【走井】　方法を例示することによって逆に方法を狭めてしまうという側面もあると思います。多様な方法があるということを示したいという先生の意図もよくわかるのですが、一方で気になるのは、例示された方法のもつ価値志向性に配慮する必要があると思います。学習指導要領で方法を例示すると、それが規範化されるという問題が生じるので、あえてここまでの記述をしなくてもいいのではないかというのが、私の意見です。

【木下】　「わからなくなる」。非常にキャッチーではありますが、大切なところですね。しかし、教育現場では、他教科等でも「わかる授業」を目指してきました。本書第13章提案2の「学習観の転換」が私は大切だと考えます。一方、本書第13章第一節で「『道徳』の『学習』としての見直し」と書かれています。先生の考えていらっしゃる「学習」とは、どのようなものでしょうか。今までの授業で方法論的に何が足りなかったのか、どのようにすればよいというご主張なのか、教えていただけたらと思います。

【足立】 まず「学習としての見直し」の「学習」の方は非常に単純な意味です。道徳授業を熱心にされてきた先生は違うと思いますが、現場の先生とお話ししていて「道徳の時間の時は、道徳って授業だと正直思っていなかった」というような表現が聞かれたりします。そうではなくて、ちゃんとねらい、目的、内容のある「学習」として、学習者の確実な成長と変容を目指す学習の場として道徳授業を捉えていきましょうという意味です。そして、その際の「学習」の意味は提案2の解説の中に書いてあります。ここに示しているのはおそらく社会構成主義的な学習観ということになるかと思いますが、何か情報をインプットするというだけではなくて自分自身の知識体系を再構成していく、道徳でいうと高宮先生の表現をお借りして「価値観の拡大」を目指していく、自分自身の変容を目指していくことが「学習」だという考えです。「わからなくなる」という言葉が先ほどから議論にもなっていますが、道徳の授業を受けることで、自分を知り、問うきっかけをつくる。自分の価値観を築いていくのは人生を通して行うことで、学校教育で行う道徳授業としては、自己変容を促すきっかけとしての「わからなくなる」授業を最終目標に据えることが大事だと思います。「わかる」ことを最終目標としてしまうと、授業の先に繋がるニュアンスが弱まってしまうのではないかなと思っています。

【木下】 「道徳の学習とは何なのか」、他教科等の学習とどう違うのか、明らかにする必要があると考えます。一般的な「学習」のキーワードは、経験とか獲得とか行動変容などがあると思うのですが、提案2のこれは道徳にかなり特化したものだと読み取れます。先生の「わかる」「わからない」という言葉に象徴されるように、認知面の知識の獲得といった部分がなかなか道徳の時間でトライしにくいとするならば、方法論としてそこに着目していきましょうというご主張になると考えます。概念形成の部分を大事にするならば、今回（二〇一七〈平成二九〉年告示）の学習指導要領で他教科で見方・考え方が定義されました。私は、学習観の転換ということをしっかり出していただけるとよいと考えました。今までの学習が学習として成立していなかったという印象に見えてしまうのは、惜しいと思いました。

【足立】 提案2の解説の話は、道徳に特化したものというよりはアクティブラーニングに代表されるような教育全般の話として書いています。従来学習として成り立っていなかったというのは、先生のように熱心にやられてきた先生には申し訳ないのですが、これまでの動向としては先ほど申し上げたような課題状況はいえるのではないかと思います。

【西野】　もしお役に立てれば、ということで申し上げます。これまで学習指導要領総則では、「問題解決的な学習」が示されてきましたが、今回（二〇一七〈平成二九〉年）の改訂では、「問題発見・解決能力」となっています。それによって、教科等では、事象から問題を見出す活動や、問題を解決して終わりではなく、次に繋がる問いを見つける振り返りが重視されるようになっています。足立先生のおっしゃる「わからなくなる」とは、子ども自身が新たな問いを発見することだ、と解釈すれば、学習指導要領の方向に沿ったものですし、これまでの道徳授業でも問いをもつことの大切さは指摘されてきたといえます。私自身もよく先生方に申し上げるのは、終末に子どもが書くワークシートに、「わかったこと」や「気づいたこと」を書く項目を設けることが多いのですが、わからなくなったことや疑問に思ったこともぜひ加えてください、ということです。学校では今までも問題解決的な学習を充実していらしたと思いますが、「わからないこと」に気づくのは、そうした学習の否定ではなく、問題解決からさらにステップアップしてほしい、そういう方向に向かうことだと思いました。ですから、私は、次のステージへ発展していくことと捉えています。

【荒木】　「わからなくなること」というのが一つキーワードになっているかと思います。その時の根拠資料として私が提示しているのが、学習指導要領の解説です。そこでは価値の実現が難しいということに子どもたちが気づくということも積極的に評価していきましょうと書かれていますよね。考えた結果、実現は難しいということに気づく、つまりわからなくなっていくということなので、そのあたりがいわゆる教科とは異なるところですよね。加えて、一般的な教科における教育方法と道徳における教育方法ということを考えた時に、やはり「特別の教科」なんだと感じることは沢山あります。例えば教師の指導言としての「説明」も道徳ではほとんどない。これはやはり知識の伝達というところが従来の道徳教育、道徳の授業はできていなかったゆえに、授業の中で「説明」という言葉そのものが教師から発せられることがあまりなかったのかなと思います。「発問」という言葉一つとっても教科学習におけるそれとは明確に違うところがあります。発問というのは基本的には「答えを知っている人が知らない人に対して発する問い」のことですが、道徳においてはたして先生は答えを知っていると言い切ることができるのかどうか。このような点からも、従来の教育学や教育方法そのものの概念枠組みが道徳の授業に通じるのか、改めて整理していく必要があるのかなと感じています。

【貝塚】　本書第13章における学習指導要領の改訂案を見ると、小学校・中学校同じ提案になっていますが、先ほど来の「わからなくなる」ことというのは、中学校であれば何となく理解できますが、小学校ではどうか。そのような発達段階の視点というのはどのように整理されているのか疑問でした。加えて、教師の力量形成については、提案6の二点目はよくわかるのですが、一点目の「教師自身が自分なりに腑に落ちる理解を得られる機会を増やしたい」というのは、やや抽象的で、具体的に何をいおうとしてるのわかりづらいように思います。また、教員研修の部分については、大学人の立場からすると教員養成の問題とはどのように関わるのかという点に触れられていないように思いました。

【足立】 発達段階の方は今回の改訂案ではあまり考慮していません。なので実際のものにする時にはもっと考えなくてはいけないだろうと思います。ただ、小学校低学年の授業を参観していても、その子たちなりの問いを生み出すこともよく見るので、それぞれの段階で目指せる「わからなさ」というものはあるのかなと思います。教員の力量形成に関しては、「機会」というのは私もあえてぼやかしたところで、一つには、先生のおっしゃる教員養成の話、例えば道徳に関する授業の単位を増やすことなども思いとしては込めています。

【小池】 道徳的知識を二分類して示してくださっていますが、道徳の教科化にあたってはいじめ防止の要となることが期待されています。そのスタンスとしては、いじめは絶対いけないということを大前提としているわけですが、それを様々な価値観から「〇〇だから駄目ですよ」と説明することも可能だとは思います。ただそうすると、「〇〇の条件を満たしてないからこれはいじめではないんだ」というような捉え方を子どもたちがしてしまう可能性もあったりする。いじめについては絶対駄目だというような大前提を道徳の中で扱っていくとなると、教え込み的な形、絶対的な価値だというふうなことで扱わなければならない部分も出てくるかと思ったのですが。どのようにお考えですか。

【足立】 もしかすると第13章で書いていることと矛盾するかもしれませんが……。今お聞きして思ったことは、「いじめは絶対にいけない」というようなことは、ルールとかマナーとか「薬物はダメ、ぜったい」みたいな標語のようなものにも近いと思うのですよね。もちろん、生命尊重というような価値をしっかり理解するというところでは道徳授業の役割になってくると思うのですが、「いじめはダメ、ぜったい」というところをただ表面的に「ダメダメ」と覚えるのではやはり道徳授業ではないかなと思います。いじめに見えるけどいじめじゃない場面、いじめじゃないように見えるけどいじめになってしまっている場面とか、色々ごちゃごちゃしているようなところを捉えていったりするのがやはり学習としては大事かなと思います。ただ、学校教育全体の道徳教育ということを考える時、それは純粋倫理学、純粋道徳ではなくて、そこには「学校」の役割として、安全教育とか非行防止とか様々な役割が含まれていると思うのですよね。その文脈の中で、「ダメ、ぜったい」的な教育があることは必要だし大事だと思います。ただ、その「ダメ、ぜったい」を授業で伝達することは、やはり違うかなと思います。

座談会を終えて

足立佳菜

育休中の私はＮＨＫのＥテレをつけながら編集作業をしていた。小学校理科の番組で、そのままの折り紙とちぎった折り紙の重さは違うのかなどの問題に対し「ちぎった方が多く見えるから重いと思う」など子どもたちが銘々に予想を立てていく。問いや仮説を大事にした学習なのだなと思って観ていたところ、様々な予想が並んで番組が終わり、思わず「答えまで説明してよ！」と思ってしまった。

私たちはどうしても早く「わかる」ことを求めてしまうものだ、と自戒したいわけではない。私がここで感じたことは、科学的正解のある分野での「わからなくなること・問い」と、道徳におけるそれはやはり性質の異なるものだということであった。もちろん科学の世界においてもわからないことは山ほどある。とはいえ、ここで「わからなさ」に直面させることは、多くの場合、興味関心や課題意識の醸成という目的下での方法論に位置づく。しかし、道徳授業における「わからなくなること」というのは、（少なくとも学校で）道徳を学ぶ目的そのものである。「自分で自分がわからなくなるほどに深い理解」（松下良平「〈他者〉との共生のための道徳教育――伝達と寛容の二元論を超えて」森田尚人ほか編『教育学年報三　教育の中の政治』一九九四年、世織書房：三七三）に至ることによって、自分で自分に問いかける姿勢が育成され、道徳的に学び続ける人が育成されるものと考える。

では、その「わからなくなること」にどのように向かうことができるのかという、より具体的な方法論の話題がやや座談会では薄くなった（木下先生や荒木先生が触れてくださっている）。「わからなくなる」ためには「わかる」ことは不可欠である。というより、両者は相互に行き来するものであろう。では、道徳授業では何を「わかる」（理解する・知る）ことが必要なのか。学習指導要領では、価値理解・人間理解・他者理解＋自己理解の側面が示されているが、筆者は次の四観点の整理を提示してみたい。すなわち、①価値を知る（道徳的価値の意味、意義理解）、②実践を知る（道徳的価値の実現方法、道徳的問題状況、実現の難しさ）、③多様性を知る（社会や他者の価値観の様々なありよう）、④自己を知る（自分自身のこれまで・これからの価値観）、である。これらの深い理解が「他者と共によりよく生きる」力に繋がるのではないだろうか。

座談会の中で、方法論的にこれまでの何が問題だったのかという質問に必ずしも明確には応えられていなかったが、改めて筆者が課題視するのは、「〇〇の大切さがわかる」ことを目標とする（心重視の）授業が多いことである。教科化の際に「わかりきったことをいわせたり書かせたりする授業」が批判されたが、「わかりきったこと」になってしまうのは、子どもたちがすでに経験的に獲得している「〇〇の大切さ」の理解を超える学びがあまり生じていないからであろう。ここにとどまってしまう背景には様々な要因があると思われるが、方法部会の議論においては知識や認知的領域の教授の脆弱性が再三にわたり話題になった。

「わからなくなること」「わかること」。この抽象的な表現の具体像を深く追究し、共通認識を築いていくことが今後の大きな課題である。

第14章 評価
――「評価」の課題と新たな方向性に向けて――

関根明伸

1 評価の現状

二〇一八（平成三〇）年から開始された「特別の教科　道徳」（以下、道徳科）は、二〇二四年度現在で小学校では七年目、中学校では六年目を迎え、教科化による検定教科書の導入と共に少なくとも年間授業時数は確保され、ほぼ着実に実施されている感がある。しかし、このことは必ずしも道徳科が我が国の教科教育の一つとして軌道に乗り、安定的に定着したことを意味してはいない。現在も育成すべき資質・能力の三つの柱は未整備なだけでなく、学習指導要領等が示す教科の目標、内容、方法、評価等のあり方には、引き続き検討を要すべき課題が少なくないからである。

とりわけ、評価は教科化の前後期には大きな関心と注目を集めたにもかかわらず、近年では通信簿や指導要録への援用が容易な「ハウ・ツー本」やパソコンソフトが巷に溢れる一方で、本質的で建設的な議論はやや低調といわざるを得ない。すでに、『道徳教育はいかにあるべきか』（関根 二〇二一）および『続・道徳教育はいかにあるべきか』（関根 二〇二二）でも指摘したように、評価概念への共通理解や教科目標との整合性、あるいは評価の「視点」の妥当性など、検討すべき点は少なくないと思われるが、こうした課題を俎上に載せようとする動きは必ずしも活発ではないからである。だが、ますます道徳科には「特別の教科」としてのアイデンティティの確立が求められている現在、こうした課題には引き続き向き合い、検討を重ねていく必要がある。

そこで本章では、関根（二〇二二／二〇二三）での議論に引き続き、次期学習指導要領における基本的な評価の方向性やそのあり方について提案を試みてみたい。まず、現在の評価に対する主な批判について概観し、対案としての基本的な方向性、そして具体的な学習指導要領等（「解説」を含む）の改訂案を示していくことにしたい。

2　現行の評価への主な批判

まず、あらためて二〇一七（平成二九）年告示の学習指導要領等（「解説」を含む）が規定する評価の概要について確認しておきたい。『小・中学校学習指導要領（平成二九年告示）解説　特別の教科　道徳編』（以下、『解説』）をもとに、その概要（抜粋）を示せば以下の通りである。

- 数値による評価ではなく、記述式とすること。
- 個々の内容項目ごとではなく、大くくりなまとまりを踏まえた評価とすること。
- 他の児童（生徒）との比較による評価ではなく、児童（生徒）がいかに成長したかを積極的に受け止めて認め、励ます個人内評価として行うこと。
- 評価は、学習活動において児童（生徒）がより多面的・多角的な見方へと発展しているか、道徳的価値の理解を自分自身との関わりの中で深めているかといった視点を重視すること。
- 発達障害のある児童（生徒）が抱える学習上の困難さの状況等を踏まえた指導及び評価上の配慮を行うこと。
- 調査書に記載せず、入学者選抜の合否判定に活用することのないようにすること。

他の教科等では、各教科目標の三つの柱に準拠して評価規準を定め、観点別学習状況の評価を進めていくわけだが、それに対して、道徳科ではかなり異なる評価方法がとられているのがわかる。個々の内容項目ごとには評価しないこと、数値化せずに記述式で評価すること、さらには「大くくりなまとまりを踏まえた評価」など、教科の目標に準拠しない独自の評価観に基づいた評価が示されているからである。つまり、道徳科ではどのように学んだのかという学習の結果や成果ではなく、どのように学んでいるのかという学習のプロセスそのものが評価の視点であり、かつ対象となっているのが特徴といえるのである（荒木 二〇一九：一二三）。

それについて『解説』では、「学習状況を分析的に捉える観点別評価を通じて見取ろうとすることは、児童（生徒）の人格そのものに働きかけ、道徳性を養うことを目標とする道徳科の評価としては妥当ではない」とし、「道徳性」の育成は「人格の全体に関わる」ことから、独自の評価方法をとるべき点が説明されている。確かに、個人の人格に関わる道徳性の育成を目標とする道徳科において、その評価のあり方に慎重であるべき点は尊重されなくてはならないだろう。だがその一方で、このように他の教科等と全く異なる評価方法がとられていることで、少なからず混乱と批判が生じている点は否定できない。すなわち、「道徳教育に係る評価等の在り方に関する専門家会議」（以下、専門家会議）および二〇一七（平成二九）年告示の学習指導要領（『解説』を含む）において、評価は、①教科目標やねらいに準拠しない、②把握する（測る）対象は道徳性ではなく学習活動の状況とする、という原則が示されているが、批判の多くはこうした評価観の転換に伴うわかりにくさへの問題提起として表出しているからである。

例えばその一つに、「指導と評価の一体化」が困難となってしまう点からの批判がある。中野は、二〇一六（平成二八）年七月の専門家会議による『特別の教科　道徳』の指導方法・評価等について（報告）』（以下、「報告」）を取り上げ、同「報告」では、「道徳科の評価においても、指導の効果を上げるため、学習状況や指導を通じて表れる児童生徒の道徳性に係る成長の様子を、指導のねらいや内容に即して把握する必要がある」と述べる一方で、「道徳性に係る成長の様子の把握」に関しては、評価規準の作成法や学習評価の事例が提示されていないため指導の改善が困難である点を主張している。改善に資するための評価方法が示されないため、道徳科では評価をもとに指導に繫げることが困難であるばかりか、このままでは「学習評価のガラパゴス化」が進展しかねない点を批判している（中野 二〇二一）。

また、関根はタイラー（R. W. Tyler）（一九七八）が提唱した本来の評価の語源である evaluation = 教育評価の概念、すなわち、「目標やねらいに基づいて実践する→実現度を把握する（測る）→資料化する→資料をもとに点検し改善する」という従来の古典的な評価の原則を示しながら、道徳科の目標やねらいと評価（ここでは測ること）との整合性の観点から問題点を指摘している（関根 二〇二一：二六六～二七〇）。従来の評価の原則から外れている道徳科では、目標に準拠してその実現度を測り、その資料を得ようとはしないことになる。したがって、授業者は「資料」をもとに授業改善に生かすことができないばかりか、事実上、指導と評価の一体化は困難となってしまう点を主張する。さらに、そもそも道徳性の育成のための手段と方法である（はずの）活動自体が評価の視点とされたことで、教科目標や授業のねらいは等閑視を余儀なくされるだけでなく、活動のみが目的化されてしまうという危うさも指摘している（関根 二〇二一：二八一）。

そしてもう一つは、道徳科教育学としての学問的構築を困難にする点からの批判である。例えば柳沼は、教科教育学としての道徳科教育学を構築するには、「目指すべき目標―内容―指導―評価」をセットにして相互に関連づけ、そこに一貫した趣旨で教育課程を編成・改善していくことの必要性を主張している（柳沼 二〇二二）。ところが、現行の評価方法では目標とする資質・能力が不明なだけでなく、それらと授業との関連性が不明瞭なため、道徳性の育成を目標とする授業の学習効果への検証は不可能な状態にあるという。つまり、他教科等では資質・能力論が明示され、目標に準拠した指導と評価が踏まれていくことで、学術的な見地から指導法の検証や実践の改善が可能となっているわけだが、道徳科ではこうした教科教育学的な研究の遂行が困難だというのである（柳沼 二〇二三）。

では、我々はこうした様々な批判に対してどのように検討し、改善していくべきだろうか。次に、対案としての新たな評価の方向性について示していきたい。

3　学習指導要領改善の方向性

関連用語に対する概念整理

関根（二〇二一）でも述べたが、まず評価に対する検討以前の課題として我々に求められるのは、評価とその周辺用語の概念に対する共通理解である。一般に戦後の我が国では、evaluation＝評価という用語に対して、歴史的に「測定」や「評定」、あるいは「アセスメント」としての解釈や用法が錯綜してきたため、本来の意味や意義から乖離してきたという事実がある（関根 二〇二一：二六五～二七〇）。すなわち、本来の evaluation＝評価とは、目標に対する実現状況を測定して資料を得て、それに基づいて教育活動の点検や反省をして改善していくという複合的な概念なのだが（石田 二〇二一：一〇）、戦後教育の中ではこれらの区別はきわめて曖昧にされ、評価は「測定」や「評定」、あるいは「考査」と同義で使用されるケースが少なくなかった。しかもそれは「道徳」においても例外ではなく、歴代の学習指導要領でさえ、評価という用語は本来の evaluation としてではなく、「測定」や「評定」の意味で使用されてきた場合が少なくなかったのである。

ただ、一方で特筆すべきなのは、一九五八（昭和三三）年の「道徳」の特設時には、「評価」と「評定」は概念的に明確に区別され、そのあり方は基本的に evaluation の原則に基づいて記述されていた点である（関根 二〇二一：二七二～二七三）。例えば、一九五八（昭和三三）年告示学習指導要領では、「児童の道徳性について評価することは、指導上大切なことである。しかし、道徳の時間だけについての児童の態度や理解などを、教科における評定と同様に評定することは適当でない」との記述があるが、ここでは「評価」と「評定」は概念的に明確に区別されていたのである。

評価をめぐる周辺の関連用語については、各概念の意味や意義について整理し直すことで、あらためて共通理解を図る必要があると考える。

方向目標と道徳教育及び道徳科の評価との関係

学校の教育活動全体を通した道徳教育（全面主義的な道徳教育）の評価と、道徳科（授業による道徳教育）の評価については、それぞれの意義やその関係性について、よりわかりやすく示す必要がある。

その意味では、道徳教育及び道徳科の目標は、到達目標ではなく方向目標であることを明確にしてはどうだろうか。到達目標とは、例えば、「二次関数が理解できる」「江戸時代の産業構造がわかる」など、何が子どもたちに獲得させなければならないかを実体的に明示した目標を指す。その目標と関連する諸目標との間には構造と系統があることで、評価はその目標を基準として到達度評価を行うことになるのである。これに対して方向目標とは、「身近にいる人に温かい心で接し、親切にすること」などのように、最低限の達成すべき到達点は示さず、目指す方向だけを示す形で設定される目標を指す（田中 一九九六：六四）。道徳科では、到達度評価で評価するわけではない点をより明確に示してはどうだろうか。

また周知の通り、特設道徳の時代には、道徳教育と「道徳の時間」にはそれぞれ異なる目標が示されていたことで、その両者の関係性や評価のあり方についてはやや理解しづらい側面があった。例えば道徳教育においては、道徳性の育成が目標とされる一方で、「道徳の時間」では道徳的心情、道徳的判断力、道徳的実践意欲・態度の育成等の、すなわち「道徳的実践力」（ここに道徳的行為や道徳的習慣は含まれない）の育成が目標とされており、両者の目標は微妙に異なっているため、やや混乱させた側面があったと言わざるを得ない。しかし、これに対して二〇一七（平成二九）年告示学習指導要領では、道徳教育と道徳科の目標いずれも「道徳性を養う」という表現に一本化したことで、かなりわかりやすくなったといえるだろう。

ところが、その評価の方法については両者は必ずしも一致していない点に注意したい。『解説』の「第五章　道徳科の評価」では、「一　道徳教育の評価の意義」と「二　道徳科における評価の意義」に分けられており、前者では、「道徳教育における評価も、常に指導に生かされ、結果的に児童の成長につながるものでなくてはならない……他者との比較ではなく児童一人ひとりのもつ良い点や可能性などの多様な側面、進歩の様子などを把握し、年間や学期にわたって児童がどれだけ成長したかという視点を大切にすることが重要であるとしている。道徳教育においてもこうした考え方は踏襲されるべきである」とある。しかし、後者では「授業における指導のねらいとの関わりについて、児童の学習状況や道徳性に係る成長の様子を様々な方法で捉えて、個々の児童の成長を促すべる一方で、道徳性は「数値などによって不用意に評価してはならない」と記述されることで、道徳科では評価はするが道徳性の評価はしない点が述べられている。つまり、前者では道徳性の成長を含む広い概念としての成長を把握する（測る）ことで子どものよさや可能性を伸ばすべき点を主張しながら、後者においては道徳性を除く、「学習状況や道徳性に係る成長」だけが評価（把握）の対象とされているのである。

道徳性を測ることはきわめて困難であり「児童の人格全体に関わるもの」であることから、前述したように、評価は慎重であるべきであり、不用意な到達度評価による評価は厳に慎むべきであろう。だが、道徳性の成長が容易に判断できないことが測らない（把握しない）理由にはならないのではないか。さらにいえば、容易に判断できないからこそ、これまでも特設道徳の時代には多様な評価方法を工夫し、evaluation の原則に基づいて資料を得ようとしてきたのではないだろうか（関根 二〇二一：二八〇）。

到達度を数値化して評価するためではなく、資料を得て本来の評価に生かすためにこそ、方向目標での伸びしろを測ることは必要となるのではないか。あくまでも測ろうとするのは人格ではなく、授業の目標やねらいの実現度であり、その目的は改善を図るための資料を得ることにある。道徳教育と道徳科の目標が、「道徳性を養う」点で一致した現在、授業では教科目標における道徳性の諸様相（道徳的判断力、心情、実践意欲と態度）の成長について、何らかの方法で測ることで把握する必要があると考える。そして、それらを資料化することによってこそ、「大くくり」で評価するための判断材料を準備することができるのではないだろうか。

二つの「評価活動」の場の設定

次に、道徳科の評価は、二つの「評価活動」で構成される点を提案したい。その一つは、①一単位時間の授業で

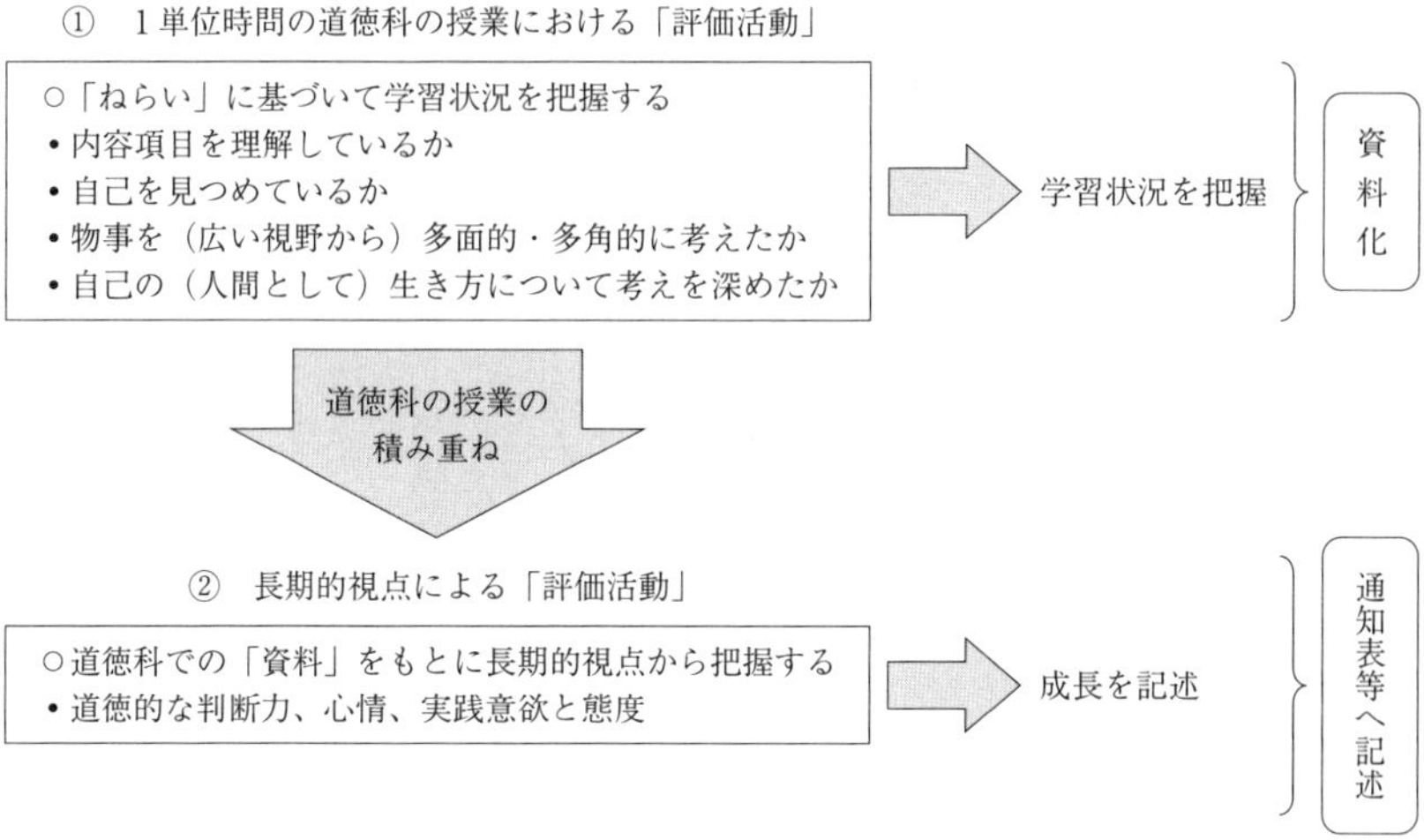
①　１単位時間の道徳科の授業における「評価活動」
○「ねらい」に基づいて学習状況を把握する
•内容項目を理解しているか
•自己を見つめているか
•物事を（広い視野から）多面的・多角的に考えたか
•自己の（人間として）生き方について考えを深めたか
学習状況を把握
資料化
道徳科の授業の積み重ね
②　長期的視点による「評価活動」
○道徳科での「資料」をもとに長期的視点から把握する
•道徳的な判断力、心情、実践意欲と態度
成長を記述
通知表等へ記述

図14－1　道徳科における二つの「評価活動」のイメージ

の道徳性の成長を見とるための「評価活動」であり、もう一つは、②各授業で得た資料をもとに長期的視点から「大くくり」で評価するための「評価活動」である（図14－1）。

まず①では、授業者は各授業での児童生徒の「学習状況」について、工夫して把握することになる。ただし、ここでの「学習状況」とは、あくまでも教師のねらいに基づいて展開された一単位時間の学習活動を指すことにしたい。二〇一七（平成二九）年告示学習指導要領の目標では、「道徳的価値の理解を基に、自己を見つめ、物事を広い視野から多面的・多角的に考え、人間としての生き方についての考えを深める学習」を通して、「道徳的判断力、心情、道徳的態度と意欲を育てる」とあり、評価の視点は、「一面的な見方から多面的・多角的な見方へと発展しているか」と「道徳的な価値の理解を自分自身との関わりの中で深めているか」の二点とされているが、見とろうとする「学習状況」には、教科目標で述べている観点はすっぽり抜け落ちている。

しかし、道徳科が学校教育活動全体を通した道徳教育の「要」であるならば、かつての特設道徳のように、あくまでもその授業はその道徳教育の学びを「補充、深化、統合」するような時間であるべきでないか。「要」としての位置づけや役割は、特設道徳の時代から大きく変わったわけではないからである。したがって授業では、教科の目標やねらいに基づいて、内容項目の道徳的価値に向き合い学習する時間と捉えるべきであり、それに沿った表現が望ましい。目標にも関わることだが、その際の「学習状況」とは、①内容項目について理解したか、②自己を見つめているか、③物事を（広い視野から）多面的・多角的に考えているか、④自己の（人間としての）生き方について考えを深めているか、へ捉え直し、その規準で把握することが求められる。一単位時間の教科目標とねらいに対する実現度を把握し、児童（生徒）の道徳性の成長を様々な工夫によって測ることで資料化するのである。

次に②について、現行の評価に関して『解説』では、「個々の内容項目ごとではなく、大くくりなまとまりを踏まえた評価」をするとされているが、実際には何をどのように評価（把握）すべきなのか、そして「大くくり」する範囲や方法についてはわかりづらくなっている。また前述したように、道徳教育と道徳科における評価の方法やその関係性も明確ではない。そこで、①の「評価活動」で把握した資料をもとにしながら、長期的視点から道徳性の成長の様子を「大くくり」で把握するための②の「評価活動」が必要と考える。道徳科の評価とは、これら二つの「評価活動」で支えられる点を明確にしてはどうだろうか。

授業評価と学習評価を明確に

授業の評価と学習の評価については、その意義と目的を明確に示す必要がある。特設道徳時代の「解説」においても、道徳教育における評価の意義と重要性は幾度にもわたって強調されてきたことだが、「道徳」は教科外の領域であったために、指導要録等のための学習評価や成績評価が俎上に上がることはほとんどなく、事実上、学習評価に関する課題や議論は等閑視されてきたといえる。しかし、二〇一七（平成二九）年告示学習指導要領においては、「指導の目標や計画」及び「指導方法の改善や充実」のための教師の授業評価の意義が示されただけでなく、評定の禁止には言及しつつも、児童生徒の学習状況に対する評価のあり方までが記されている。

一般に、教科の目標や授業のねらいに対する実現度を測ることで得られる学習評価の資料は、同時に教師が授業改善に資するための授業評価の資料にもなり得るものである。『解説』においても、「学習における評価とは、生徒にとっては、自らの成長を実感し意欲の向上につなげていくものであり、教師にとっては、指導の目標や計画、指導方法の改善・充実に取り組むための資料となるものである」と説明している。さらに、「第五章　道徳科の評価」では、「第二節　道徳科における生徒の学習状況及び成長の様子についての評価」と「第三節　道徳科の授業に対する評価」にあえて分けながら説明されている。次期学習指導要領においては、授業評価と学習評価の用語を使いながら、その観点から意義とその目的についてより明確に示してもよいのではないだろうか。

「道徳性に係る成長」から「道徳性の成長」へ

「道徳性に係る成長」は、かつての特設道徳の時代のように、継続的に把握していく（測る）べき対象として「道徳性の成長」へと変更してはいかがだろうか。

繰り返しになるが、道徳科の授業では、一単位時間の授業を通して教科目標やねらいがどのように実現し、児童生徒が成長したのか、何らかの形で成長の伸びを把握する（測る）ことが必須と考える。また、個人内評価をするためにも、他者との比較ではなく、個人の中での道徳性の成長も継続的に測ることで初めて可能となるはずである。ところが、二〇一七（平成二九）年告示学習指導要領では、評価（この場合は「測定」の意）すべきなのは、「道徳性の成長」ではなく、「道徳性に係る成長」となっている。そして、その成長を見とる視点は前述の二点のみなのである。その理由について『解説』では、「道徳性の諸様相である道徳的な判断力、心情、実践意欲と態度のそれぞれについて分節し、学習状況を分析的に捉える観点別評価を通じて見取ろうとすることは、生徒の人格そのものに働きかけ、道徳性を養うことを目標とする道徳科の評価としては妥当ではない」という。また西野によれば、「道徳性の成長」ではなく「道徳性に係る成長」を見とる理由は、「道徳性は、その全体をとらえることなど到底できないが、授業における学びの姿を継続的に見ていくことで、変容や成長をとらえることは工夫によって可能である」と述べている（西野ほか 二〇一七：一四八）。

しかしながら、「道徳性に係る成長」は、より直接的な表現である「道徳性の成長」とすべきではないだろうか。その理由の一つは、現状の評価の仕方では、学習状況の変容がはたして「道徳性に係る成長」に直結するのかという課題があるからである。現行のままでは、たとえ道徳性の諸様相としての「判断力」「心情」「実践意欲と態度」の成長とは無関係であったとしても、上記の二つの学習活動さえ充足していれば、「道徳性に係る成長」がなされたと評価されてしまうことになる。また、何より二〇一七（平成二九）年告示の学習指導要領においては、道徳教育と道徳科の目標は「道徳性を養う」ことに一致したのだから、それを工夫して把握する対象にすることは自然なことではないだろうか。

そしてもう一つの理由は、「道徳性の成長」を見とることはきわめて困難であろうが、できる限り見える化して資料化することで、ある程度の把握は可能と考えられるからである。例えば、特設道徳時代である二〇〇八（平成二〇）年告示の学習指導要領「解説」の「第八章第二節（二）評価の観点」においては、以下のように示されていた（傍線は筆者による）。

> 道徳性は本来、児童の人格全体にかかわるものであり、いくつかの要素に分けられるものではない。しかし、その理解や評価に当たっては、指導の目標、ねらいや内容をその窓口とするが、それとともに、道徳的心情、道徳的判断力、道徳的実践意欲と態度及び道徳的習慣などの観点から分析することが多い。
>
> 道徳的心情については、道徳的に望ましい感じ方、考え方や行為に対して、あるいは逆に、道徳的に望ましくない感じ方、考え方や行為に対して、児童がどのような感情をもっているか等を把握する必要がある。
>
> 道徳的判断力については、道徳的諸価値についてどのようにとらえているか、また、道徳的な判断を下す必要がある問題場面に直面した際に、児童がどのように思考し判断するか等を把握する必要がある。
>
> 道徳的実践意欲と態度については、学校や家庭での生活の中で、道徳的によりよく生きようとする意志の表れや行動への構えが、どれだけ芽生え、また定着しつつあるか等を把握する必要がある。
>
> また、道徳的習慣については、特に基本的な生活習慣をどの程度身に付け実践できているかを把握することになる。

ここには、評価する観点として、「道徳的心情」「道徳的判断力」「道徳的実践意欲と態度」「道徳的習慣」が例示されており、工夫して把握すべき方針が明確に打ち出されている。たとえ不十分であったとしても、何らかの方法で道徳性の成長を工夫して測ることは、年間や学期にわたってどれだけ成長したかを把握するための資料を得ることに繋がり、ひいては児童生徒を励ますことに繋がっていく。成長の伸びしろとして道徳性の成長を見とろうとすることは、資料を残し、根拠に基づいて肯定的な評価をするためには必要なことではないだろうか。

4　学習指導要領及び『解説』の改訂案

最後に、以上の改善の方向性に基づきながら、次期学習指導要領と『解説』の改訂案（いずれも一部のみ）を提案してみたい。

学習指導要領の改訂案

二〇一七（平成二九）年告示小・中学校学習指導要領において、道徳科の評価について直接的に規定している部分は、「第三章　特別の教科　道徳」の「第三　指導計画の作成と内容の取扱い」の四である。まず、これに対する改訂案を示せば、次の通りである。

二〇一七（平成二九）年小・中学校学習指導要領	改訂案
児童（生徒）の学習状況や道徳性に係る成長の様子を継続的に把握し、指導に生かすよう努める必要がある。ただし、数値などによる評価は行わないものとする。	授業評価として、児童（生徒）の学習状況や道徳性の成長の様子を継続的に把握し、指導に生かすよう努める必要がある。ただし、学習評価においては数値などによる評価は行わないものとする。

授業評価と学習評価という用語を示すことで、道徳科の評価においてもそれら両方の意義があることを示したい。また、「道徳性に係る成長」は「道徳性の成長」へ変更し、道徳性を養うための教科目標やねらいと、評価との整合性を確保したい。

『解説』の改訂案

『解説』の「第一節　道徳科における評価の意義」の「二　道徳科における評価の意義」においては、まず道徳科の教科目標とは、他教科等のように全体に対して達成すべき基準を設けるような到達目標ではなく、方向性を示している方向目標であることを明確にしたい。その上で教師の道徳科の評価とは、①各一単位時間の児童（生徒）の学習状況や道徳性の成長の様子について資料として把握するための「評価活動」と、その①の資料をもとに、長期的な視点から児童（生徒）の道徳性の成長について肯定的に励まし、記述するための「評価活動」で支えられる点を明確にしたい。

小・中学校学習指導要領（平成二九年告示）解説	改訂案
学習指導要領第三章の第三の四において、「児童（生徒）の学習状況や道徳性に係る成長の様子を継続的に把握し、指導に生かすよう努める必要がある。ただし、数値などによる評価は行わない」と示している。これは、道徳科の評価を行わないとしているのではない。道徳科において養うべき道徳性は、児童（生徒）の人格全体に関わるものであり、数値などによって不用意に評価してはならないことを明記したものである。したがって、教師は道徳科においてもこうした点を踏まえ、それぞれの授業における指導のねらいとの関わりにおいて、児童（生徒）の学習状況や道徳性に係る成長の様子	学習指導要領第三章の第三の四において、「児童（生徒）の学習状況や道徳性に係る成長の様子を継続的に把握し、指導に生かすよう努める必要がある。ただし、数値などによる評価は行わない」と示している。これは、道徳科の評価を行わないとしているのではない。道徳科において養うべき道徳性は、児童（生徒）の人格全体に関わるものであり、数値などによって不用意に評価してはならないことを明記したものである。したがって、教師は道徳科においてもこうした点を踏まえ、方向目標としての道徳科の目標とそれぞれの授業における指導のねらいとの関わりにおいて、授業の1単位時間

を様々な方法で捉えて、個々の児童（生徒）の成長を促すとともに、それによって自らの指導を評価し、改善に努めることが大切である。	における児童（生徒）の学習状況や道徳性の成長の様子を様々な方法で捉えることで資料を収集し、それをもとに長期的な視点から個々の児童（生徒）の全体的な道徳性の成長を把握するとともに、その成長を促すようにする。教師は、それらの評価活動によって自らの指導を評価し、改善に努めることが大切である。

「第二節　道徳科における児童の学習状況及び成長の様子についての評価」における「一　評価の基本的態度」では、道徳科では各一単位時間の授業の中で学習活動として児童（生徒）の道徳性を養い、その道徳性の成長を可能な限り見とることを明確にすると共に、評価は教師と児童（生徒）の人格的な触れ合いと共通理解を基盤にしていくことを示したい。また、個人内評価を進めることで、児童（生徒）の努力や成長を肯定的に認め、励ましていくことで、本人の意欲や自己調整力を大切にする姿勢を示したい。

小・中学校学習指導要領（平成二九年告示）解説	改訂案
道徳性とは、人間としてよりよく生きようとする人格的特性であり道徳的判断力、道徳的心情、道徳的実践意欲及び態度を諸様相とする内面的資質である。このような道徳性が養われたか否かは、容易に判断できるものではない。 しかし、道徳性を養うことを学習活動として行う道徳科の指導では、その学習状況や成長の様子を適切に把握し評価することが求められる。児童（生徒）の学習状況は指導によって変わる。道徳科における児童（生徒）の学習状況の把握と評価については、教師が道徳科における指導と評価の考え方について明確にした指導計画の作成が求められる。道徳性を	道徳性とは、人間としてよりよく生きようとする人格的特性であり道徳的判断力、道徳的心情、道徳的実践意欲及び態度を諸様相とする内面的資質である。このような道徳性が養われたか否かは、容易に判断できるものではない。 しかし、道徳性を養うことを学習活動として行う道徳科の指導では、その学習状況や道徳性の成長の様子を適切に把握し評価することが求められる。そのためには、道徳科における児童（生徒）の学習状況の把握と評価については、教師が道徳科における指導と評価の考え方について明確にした指導計画の作成が求められる。また、個人内における道徳性の成

養う道徳教育の要である道徳科の授業を改善していくことの重要性はここにある。	長については、様々な方法で把握し、教師と児童（生徒）との人格的な触れ合いによる共感的な理解を基盤にしながら、児童（生徒）の成長を見守り、努力を認めたり、励ましたりすることによって、児童（生徒）が自らの成長を実感し、更に意欲的に取り組もうとするきっかけとなるような評価を目指すことが求められる。

「二　道徳科における評価」では、道徳科の目標にも関わることだが、「道徳的価値の理解」を「内容項目の理解」へ変更し、授業では教科の目標とねらいに沿って学習する時間であることを明確にしたい。

改めて、道徳科では道徳性について分析的に数値化することはしないが、教科目標とねらいの観点から、各一単位時間の「学習状況」を把握することで道徳性の成長を測ることは、長期的な視点から「大くくり」で「評価活動」を行うために必要である点を示したい。

小・中学校学習指導要領（平成二九年告示）解説	改訂案
道徳科の目標は、道徳的諸価値の理解を基に、自己をみつめ、物事を広い視野から多面的・多角的に考え、人間としての生き方についての考えを深める学習を通して、道徳的な判断力、心情、実践意欲及び態度を育てることであるが、道徳性の諸様相である道徳的な判断力、心情、実践意欲と態度のそれぞれについて分析的に捉える観点別評価を通じて見取ろうとすることは、児童（生徒）の人格そのものに働きかけ、道徳性を養うことを目標とする道徳科の評価としては妥当ではない。	道徳科の目標は、内容項目の理解を基に、自己をみつめ、物事を広い視野から多面的・多角的に考え、人間としての生き方についての考えを深める学習を通して、道徳的な判断力、心情、実践意欲及び態度を育てることであるが、道徳性を数値化して評価することは、児童（生徒）の人格そのものに働きかけ、道徳性を養うことを目標とする道徳科の評価としては妥当ではない。 しかし、道徳性の成長について、教科目標とねらいの観点から工夫しながら把握することは、長期的な視点から評価を行うための資料を得るために必要である。

5　次期学習指導要領改訂へ向けて

何度も繰り返し述べてきたが、関根（二〇二二／二〇二三）に引き続き、本章においても筆者がずっと抱いてきたのは、教科化で導入された道徳科の評価のわかりにくさとその妥当性への疑問であった。教科目標は、「よりよく生きるための基盤となる道徳性を養うため、道徳的諸価値の理解を基に、自己をみつめ、物事を多面的・多角的に考え、自己の生き方についての考えを深める学習を通して、道徳的な判断力、心情、実践意欲と態度を育てる」である。道徳性を養うのが教科の目標であり、そのために上記の学習活動を通して育成する点が明確に示されているわけだが、一方でその道徳性の評価はしないばかりか、学習状況への評価の「視点」は、学習のプロセスとしての「一面的な見方から多面的・多角的な見方へと発展しているか」と「道徳的価値の理解を自分自身との関わりの中で深めているか」の二点だけである。現行の評価方法が、最終的な道徳性の育成にどのように結びつくのかという課題は、現在もなお困難な問いとして提起され続けているのではないだろうか。

本章では、次期学習指導要領等の改訂を視野に入れながら、「学習指導要領改善の方向性」として五点の提案を示した。十分な検討による提案とはいえないが、次期改訂では二〇一七（平成二九）年学習指導要領のよさを引き継ぎながらも、大胆に改善されるべき点は改訂され、効力のある道徳科へと進化することを強く望むものである。本章が、よりよい道徳科評価のあり方を検討する一つのきっかけになれば幸いである。

参考文献

荒木寿友（二〇一九）「特別の教科　道徳の評価」田中耕治編集代表『各教科等の学びと新しい学習評価（シリーズ学びを変える新しい学習評価　理論・実践編二）』ぎょうせい。
石田恒好（二〇一二）『教育評価の原理――評定に基づく真の評価を目指して』図書文化社。

関根明伸（二〇二一）「『特別の教科　道徳』の『評価』をめぐる課題――『評価』概念に対する再検討の必要性」道徳教育学フロンティア研究会編『道徳教育はいかにあるべきか――歴史・理論・実践』ミネルヴァ書房。

関根明伸（二〇二二）「評価」道徳教育学フロンティア研究会編『続・道徳教育はいかにあるべきか――歴史・理論・実践・展望』ミネルヴァ書房。

タイラー、R・W（金子孫市監訳）（一九七八）『現代カリキュラム研究の基礎――教育課程編成のための』日本教育経営協会。

辰野千壽・石田恒好・北尾倫彦監修（二〇〇六）『教育評価事典』図書文化社。

田中耕治（一九九六）『学力評価論入門』法政出版。

中野真悟（二〇二二）「『指導と評価の一体化』を実現する評価の在り方に関する一考察」『道徳と教育』第三四一号。

西野真由美・鈴木明雄・貝塚茂樹（二〇一七）『「考え、議論する道徳」の指導法と評価』教育出版。

柳沼良太（二〇二二）「道徳教育の現状と課題――道徳教育学の構築に向けて」『道徳と教育』第三四一号。

柳沼良太（二〇二三）「教育課程の基準（学習指導要領）を教科教育学としていかに分析・評価するか――『特別の教科　道徳』との関連を中心に」『教科教育学コンソーシアムジャーナル』第一巻第一号。

第14章座談会――評価

【小池】　本書第14章では、「道徳性の成長を見とることはきわめて困難だが、可能な限り見える化して資料化することで、ある程度の把握は可能なはずである」と示していまず。資料の目的のためではなく数値化に繋がってしまう懸念はないでしょうか。何のための評価なのか、資料化なのか、そのこと自体が目的化してしまわないような形でのアプローチが必要になってくると感じますが。

【関根】　数値化に繋がらないような注意は必要だと思います。ただ、一方で教師は通知表とか指導要録に評価を文章化しなくてはいけない。そうすると、教師は子どもたちの成長の度合いについてある程度客観的に把握して記述する必要があるし、そうしないと単なる主観的な記述になってしまいます。どの程度見える化するのかは今後の課題だと思いますが、個人の成長をしっかりと把握する意味でも資料化は必要ではないかと思っています。

【走井】　全く触れられてないので考えをお聞きしたいのは、「行動の記録」をどう整理するのかという問題です。道徳教育の全体の評価については、現状では「総合所見欄」に記載することになっていると思いますが、それらはきちんと整理されていないと思います。「行動の記録」についても検討すべきだと思いますが、いかがでしょうか。

【関根】　道徳教育と「行動の記録」の関係については、公的に明確に示されていないので、これをどう扱ったらいいのかはとても悩ましい課題だと思っています。今回ここで示したかったのは、あくまでも道徳科の授業では、教師が行う授業に対する評価だけではなく、もっと子どもの学習という視点からの学習評価についても明確にしたらどうかという提案でした。ご指摘の「行動の記録」については、その評価が全面主義的な道徳教育の評価としての意義をもつもので公式に明確に位置づけるのか、あるいはそうしないのかはあえて触れませんでしたが、今後は明確にしなくてはならない大きな課題ですね。

【走井】　「行動の記録」が現状では道徳教育の評価になっていませんが、実際には一〇個の項目が道徳科の内容項目に近い内容を含んでいますし、これまで誰も整理してこなかったという問題があると思います。それがまず一点です。もう一点は、「総合所見欄」では学校教育全体で行う道徳教育を評価することになっていますが、必須ではないから、書いているケースもあれば書いてないケースもあるわけです。教育活動を行う以上、その評価を行うことは必要ですから、学校教育全体で行う道徳教育についても必ず評価するべきだと考えています。そうすると、三つの点、つまり道徳教育を評価するということと、「行動の記録」、そして「総合所見欄」の関係を明らかにする必要があると思います。「行動の記録」は学習指導要領に記述がないので今回の提案には含まなかったということはよくわかりますが、評価については指導要録の参考様式をもとに考えることになるので、そこに記載されている「行動の記録」については踏み込んだ方がよかったのではないかと思います。未整理であることが問題であるという指摘だけでもしておいた方がよかったのではないでしょうか。

【足立】　一単位時間の授業の評価と、長期的な視点による評価に分けて考えることは私も必要だと思います。これら二つの評価活動について何かよい名称などご提案はあるでしょうか。また、授業の「ねらい」に即した評価になっていないことを改善したいという主張だと思いますが、そのことと道徳教育の目標が方向目標だと打ち出すことが、うまくイメージが合致していません。授業の「ねらい」に対しては到達しているかどうかをしっかり測定して資料化すべきというように聞こえるのですが、ということは、一単位時間の授業評価は方向目標ではないということなのでしょうか。そのあたりを少しご説明いただきたいです。それと、「測定」とか「資料」という言葉は、評価の概念からすると大事なのだと思いますが、測定というとやはり基準があって測るようなイメージに聞こえます。これも例えば、「分析」と「記録」など違う言葉にはできないでしょうか。

【関根】　一単位時間の授業のあり方や授業の仕方、そして「ねらい」に対する実現度の把握がないと、本書第14章の冒頭で述べたような批判に繋がってしまうのではないかと思っています。つまり、授業の成果や効果が検証できないし、学問的に道徳教育学というものが成り立たなくなるのではないかと思うのです。一単位時間の中で教師はどのような「ねらい」に基づいて実践し、それがどのように実現されたのか。それらを「資料」として把握する過程は、やはり必要ではないでしょうか。ですので、道徳科の評価は、個々の一単位時間の授業における「評価活動」と、その長期的な積み重ねによる「評価活動」という二つから捉えたほうがよいのではないでしょうか。名称はちょっと思いつかないですが、道徳科の評価はこれら二つの評価活動で支えられる点を明確にしたらよいのではという提案です。それと方向目標についてですが、道徳科の目標が目指すのは最終的に到達すべき目標としてではないものの、しかし実際の授業をする上で、まず教師は明確に「ねらい」を立て、それに基づいて授業を展開していくことになります。ですから、ある意味で授業には中立的な立場はあり得ない訳ですし、教師は授業を通じて子どもたちにどんな成長をさせてあげたいのか、一定の目指す理想像をもっていることになるかと思います。ただし、その目標は他教科のように全員に対して同じように到達点を示して当てはめ、そこまで引き上げるというイメージではなく、方向性としての一定の「ねらい」をもちながらも、評価活動としては、個人の出発点と到達点が一人ひとり異なることを前提にしながら、あくまでも個人の成長の度合いを「測る」ための活動を明確にしていくのです。確かに、「測定」というと数値化がすぐにイメージされますね。ですので、「把握する」とか「見とる」という言葉で、目標や「ねらい」に対する実現度を工夫して「測る」ことが望ましいのではないでしょうか。

【西野】　関根先生が「二つの『評価活動』のイメージ」図(図14－1)で示していらっしゃる「一単位時間の道徳科の授業における評価活動」を「長期的視点による評価活動」に繋ぐ評価は、教科等における観点別学習状況の評価と同じ構造ですね。教科では、単元や内容のまとまりごとの評価の積み重ねを総合して各観点別の評価を確定し、その観点別の分析的な評価をもとに評定を行います。この積み重ねを総合する評価は教科においても課題です。例えば、単元ごとの評価で、BBCCなどとBやCが同数だった場合や、CBBAのようにAやCが混在する場合にどうするか。その具体的な判断は学校の方針に委ねられています。

道徳科の場合、目標である道徳性を一単位時間の分析的評価の積み重ねで評価できるかという課題があります。現在では、学習活動の進歩を大くくりに評価することとしていますが、先生のご提案では、道徳性を評価することになります。図14－1の①の授業の評価の視点、「内容項目を理解しているか」「自己を見つめているか」等の把握の積み重ねから、②の長期的視点の道徳性の諸様相、「道徳的な判断力」「心情」「実践意欲と態度」が評価できるでしょうか。教科では、各観点の分析的評価がその教科の目標に繋がるように、目標も内容も三つの柱で構成されています。対して道徳科の学習指導要領では、目標と内容の繋がりが見えにくいです。個々の内容項目の評価を積み重ねていくと、道徳性の総括的な評価が見えてくるのでしょうか。

【関根】　確かにご指摘の通り、一単位時間の積み重ねが最終的に総括的な評価に直結していくのかは、なかなか断言できないことかも知れません。ただ、あの図14－1を示した意図としては、道徳科には一単位時間の授業の評価活動と、その積み重ねとしての長期的な視点から道徳性の成長について把握し、「大くくり」で記述するための、根拠となる資料を得るための活動が必要と考えたわけです。その両者の関係性をどこかで表現できないかという思いからのものでした。また、「大くくり」とする評価の内容と範囲、方法についてもある程度明確に示したいこともあります。ただ、矢印が書いてあるけど、その繋がりがちょっと見えづらいというご指摘はその通りかも知れません。

【木下】　その図14－1は、「ねらい」を掲げ、一単位時間の授業を確実に実施し、その授業を分析的に見ましょうということを示していると考えます。つまり、評価は「一気に大くくりで見とるのではない」ということですよね。授業の確実な積み重ねです。ただ、この場合は授業のみに特化して授業のみで評価するのではないかという誤解が生じるかもしれません。道徳教育は、全教育活動で行うものなので、矢印は一単位時間の授業だけではなく、もう少し大きな枠組みになるイメージを私はもっています。例えば、福祉を課題とする学習であれば、思いやりとか、勤労奉仕など、様々な道徳的価値を含む内容を検討し、子どもの意識を想定し、総合的な学習の時間等とユニットを組み、授業を実施して、総合的に評価していくイメージです。また、各教科ではどのように道徳教育を評価しているかという点についてお話しします。私は、小中一貫教育の義務教育学校にいましたが、各教科とどのように関連できるかという授業構想の時と、実際に授業を実施して評価する時には、各教科の先生とは情報を共有して検討していました。各教科では道徳に関する子どもたちのどのような姿が見られたのか、互いにもち寄って情報交換するのです。通知表、学習指導要録にある「行動の記録」を記述する際も同じです。ただそうはいっても、やっぱり「行動の記録」の位置づけは曖昧なのは否めません。これは、教育現場の課題ではないと考えます。

【関根】　道徳科の授業を実施し、それを改善にまで繫げていくためには、やはりどうしても授業での評価活動をしっかりと実施し、その積み重ねをふまえて通知表や指導要録に繫げていく必要があるかと思います。また、道徳科は道徳教育の「要」となっているので、それならなおさら道徳教育の評価と道徳科の評価の関係は明確にすべき課題ではないかと思うのです。

【西野】　一つだけ道徳科における評価の根幹に関わることをうかがいます。道徳科と他教科等における評価の一番の違いは、個人内評価か、目標準拠評価か、です。先生は、お話の中で何度も「ねらいに対する実現度」を測る、把握する、とおっしゃっています。教師が設定した「ねらい」の実現度を測るというのは、方向目標であれなんであれ、学級の子どもたち全員に一律の評価規準を設定するということです。それは、道徳科の評価を目標準拠評価に変えたいということですよね。でも、本書第14章では、現状で個人内評価にどんな課題があるのかは示されていません。個人内評価から目標準拠評価への方針転換を求めるのであれば、その理由をうかがいたいです。

【関根】　個人内評価については反対ではありません。個人の成長が一人ひとりの中でどんなふうに伸びたのかを把握することは大事だと思いますので。ただ、教師は授業で成長させたいという「ねらい」とする理想像を掲げて授業する以上、全員をそこに当てはめる必要はないですが、個人個人によってその違いはあったとしても、成長の度合いを把握する作業は必要になってくるのではないでしょうか。

【西野】　個人内評価は、一人ひとりのよさや進歩を捉える評価なので、各自が自分で目標を立てることとセットです。関根先生が取り入れたいとおっしゃるのは、全員が目指す理想を規準にして、子どもがそれにどのぐらい近づいたかを測る目標準拠評価ですね。指導要録では、学習状況の進歩や成長について個人内評価を行うので、教師は、個人内評価と目標準拠評価の二つの評価を行うことになるのでしょうか。第14章からは、個人内評価と目標準拠評価の関係が読み取れませんでした。

【荒木】　個人的には、現在の二〇一七（平成二九）年告示学習指導要領の評価の考え方は、ギリギリのラインで整合性を保っているのかなと思っています。『解説』では、「道徳性そのものは安易に評価できるものではない」と断った上で「道徳性は評価しない」ことを明確に出して、評価は「学習活動」に焦点を当てた形になっています。つまり、道徳性を養うのが道徳教育の目標だけれども、道徳性そのものは評価が難しいからそれは評価せずに、学習活動に焦点を当てましょうというのが現行の考え方なんですよね。そういう意味でギリギリのラインなんです。今回、そこにメスを入れるということは、「道徳性」と「学習活動」がどう結びつくのかという点、そして先生のいう「資料化」が「道徳性」と内面的にどう結びつくのかというところを明らかにしていく必要があるのではないでしょうか。一番の今の問題点は、「道徳性を養う」という目標を出しているのに、それを評価しないというところの矛盾だと思います。

【関根】　おっしゃる通り、やはり「道徳性を養う」という目標を立てているのにその評価はしないという、ある意味でねじれている部分があるため、授業として、あるいは学校教育として果たして成立し得るのかという問題を感じており、ある程度一致させた方がよいのではと考えています。当然ながら、子どもたちの人格や「道徳性」そのものを輪切りにして数値化することには反対ですが、ただ、このままだと教科としての道徳科が存在し、評価が授業の改善に役立てていけるだろうかと危惧しています。特に授業についてですが、現場の先生方にとっては、他教科で行っている目標や「ねらい」の立て方、あるいは評価の仕方に近づけていかないと、やはりやりづらいでしょうし、かなり難しいのではと思ってしまいます。

【貝塚】　今の荒木先生のご発言が、西野先生と関根先生の認識の違いをまとめてくださったと思います。それで、ちょっと西野先生にうかがいたいのですが、個人内評価では各個人が目標を設定するとおっしゃいましたが、その各個人はいつ目標を設定することになるのでしょうか。

【西野】　個人が目標を設定するというのは、私の意見です。個人内評価は、一人ひとり異なるよさや成長を把握する評価で、全員を一律のものさしで測らないということです。したがって、個人内評価を行うには、教師が一人ひとりの成長を把握しなければなりません。でも四〇人学級の授業で教師が一人ひとりの変化を見とるのは困難です。そこで、子どもの自己評価活動を生かしたい。子ども自身が自分の道徳学習の目標を設定し、学習状況を自ら評価する活動を充実すれば、教師の個人内評価に繋がります。それは子ども自身が道徳性を養う学習でもあります。単元の導入で自分なりの「めあて」を意識する、そして単元の最後では学びを振り返って自分の成長を実感できるようにする。それを教師による評価に生かす。そのようにして道徳の評価を教師と子どもの共同作業にしたいのです。

【貝塚】　とすると、実際に現状ではそれが成立していないわけですね。内容項目はある意味で目標準拠になっているかと思います。なぜなら、「○○すること」と書いてあるわけですから。内容項目があり、それに基づいて授業が行われることになるのに、評価だけは個人内評価で行うというのは、そもそもおかしいのではないでしょうか。

【西野】　内容項目は、そのようにすることを目指すように、という意味なのか、学習する「こと」を具体的に示したものなのかは解釈が分かれるところだと思います。

【貝塚】　でも内容項目は一つの目標であり、教科書も内容項目に基づいてきちんと検定されている教材を使っているわけですから、ある意味では目標準拠でやっているわけです。にもかかわらず、評価では「大くくり」でやるというのは、論理的に成り立つものなのでしょうか。ちょっとアクロバット的な構造になると思うのですが。

【西野】　個々の内容は生き方を考える手がかり、自分の生き方を探求するための視点であって、「このような姿を目指す」という目標ではないと私は理解しています。

【髙宮】　これは調停ではないですが、道徳性そのものを評価しないという話は残したとしても、貝塚先生がおっしゃるように、内容を項目で授業してるわけだから、内容項目自体についての理解は、方向目標であれ到達目標であれ、評価はできるから目標準拠型の評価は可能ではないでしょうか。

【西野】　価値に関する学習には、客観的な情報として示せるような理解すべき知識があると位置づけるなら、それをどの程度理解したか評価することはできるでしょう。でもそうした方がよいとは思いません。

【髙宮】　それは可能ですよね。一時間一時間の評価をちゃんと目標準拠型というか、（これを目標準拠型といっていいかどうかわからないですが）、内容項目の理解をしっかり見とっていく必要があるということ自体と、そのことと「道徳性」を評価しないというのは両立すると思います。

【西野】　社会科における評価を例にすると、今回の二〇一七（平成二九）年改訂での評価の考え方がわかりやすいです。社会科は、内容教科と呼ばれるように、個別的な事項に関する知識学習の比重が大きい教科です。歴史的分野の学習で、平安時代、鎌倉時代、とそれぞれの時代について学習していく。そこでは、個々の歴史的出来事について知ることから、歴史的な見方・考え方を働かせて、歴史学習で育てたい資質・能力を養うことが求められています。江戸時代のある出来事について、「何が起こったか」を知っても、その知識が、なぜ起こったのか、どのような影響を与えたのか、そして江戸時代とはどのような時代だったのか、といったその時代の特色の理解に繋がらなければ、資質・能力を育てる学びとはいえない。今回の二〇一七（平成二九）年学習指導要領改訂で、各教科では、育成を目指す資質・能力のもとで、内容の構成や示し方が検討されました。先行的に改訂された道徳科では、内容と目標を繋げるような整理が十分ではなかったと思います。そのことが評価の課題として学校の先生方や関根先生から提起されているということを受けとめて、道徳科の授業改善に繋がる評価のあり方を考えていかなければならないと思いました。

座談会を終えて

関根明伸

一九五八（昭和三三）年の「道徳」の特設以来、評価は古くて新しい課題とされてきたが、二〇一五（平成二七）年の教科化以降は、常に切実で新しい課題になったといえる。なぜならば、事実上、教科化で最も顕著な変更点として表出したのが評価であり、これまで授業実践者達を最も困惑させてきたのも、この評価だったと思われるからである。

それは具体的には、評価の対象が「道徳性」から「学習活動における具体的な取組状況」へと転換したことと、評価の「観点」ではなく、「視点」としての、①多面的・多角的な見方へ発展しているか、②道徳的価値の理解を自分との関わりの中で深めているかの二点に限定されたことに集約される。換言すれば、他教科等の評価方法と全く異なることにより、かなりわかりにくくなったからである。本書第14章での筆者の提案は、オーソドックスな evaluation の原則に立ち返ることで、わかりやすい「評価」を実現し、児童生徒の学習の改善と教師の授業改善に真に資する評価のあり方を目指そうするものであった。したがって、道徳科の「評価」は、根拠もなく単に「大くくり」とするのではなく、授業者の一単位時間における授業の「ねらい」とその実現度の把握を大切に積み重ねながら、道徳性の成長について根拠をふまえて把握し、評価することの重要性を指摘させていただいたつもりである。

一方、本座談会で明確になった点として、その一つは、改めて道徳教育（全面主義的な）と道徳科（授業としての）の評価の関係、あるいは評価と「行動の記録」や「総合所見欄」の関係性について整理すべき点がある。とりわけ、道徳教育の評価と通知表や指導要録にある「行動の記録」及び「総合所見欄」との関連性については、これまでも曖昧で明確な規定もないまま既成事実化されてきたわけだが、今後は明確な指針や方針への検討が急務であろう。

もう一点は、一単位時間の授業の「ねらい」や目標の実現度を「測る」ことで得られる「資料化」と、道徳性の成長との関係性についてである。道徳科の目標と評価では、教科目標に「道徳性を養う」ことを明示しながらも、その道徳性については評価しないという、いわばねじれの関係にあるわけだが、これに対してその解消を意図した筆者の提案では、逆に一単位時間の授業の「評価活動」の積み重ねが、はたしてどのように道徳性の成長に直結していくのかという疑問点も提起した。引き続き検証が求められる課題である。

ただ、そのためには、改めて道徳性とは何かという課題と共に、道徳科で育成すべき資質・能力とは一体何か、そしてその両者の関係性とは何か、追究していく必要があるだろう。そして道徳科では、何を対象にどのように測っていくべきなのか、さらに検討を進めていくことが明確になったと考える。

おわりに

本書を手にとっていただき、ありがとうございました。本書は、道徳教育学フロンティア研究会（以下、F研）の三冊目の著作です。『道徳教育はいかにあるべきか――歴史・理論・実践』（二〇二一年）、『続・道徳教育はいかにあるべきか――歴史・理論・実践・展望』（二〇二二年）の続編であり、完結編となるものです。

F研が発足するにあたって掲げた目標は、主に道徳教育学の理論構築と次期学習指導要領への提言をすることにありました。前者に関しては、本書を加えた三冊の著作で、合計四〇本の論稿を発表することができました。歴史、理論、実践に分類された論稿は、それぞれのメンバーの研究をベースにしたものであり、F研の研究会での発表を経たものです。これらすべてが、道徳教育学の理論的基盤となるものであると思います。また、次期学習指導要領への提言は、『続・道徳教育はいかにあるべきか』において課題を整理したものをもとに、本書第Ⅱ部「次期学習指導要領へ向けての提言」としてまとめることができました。次期学習指導要領の改訂作業は、二〇二四年末から本格化することが予想されますが、その前にF研としての提言を発表することができました。

本書第Ⅱ部の概説でも触れましたが、提言をまとめるまでの道のりは必ずしも簡単ではありませんでした。「目的・内容・教科書部会」と「方法・評価部会」の二つの分科会が、それぞれの研究会を行い、さらにそれを全体会で検討するという作業手順をとったことで、終盤の二〇二三年の夏からは毎週のように研究会を開催することとなりました（オンライン研究会だからこそ可能なことでした）。しかし、これだけのエネルギーを注ぎ、議論を重ねてもなお、メンバー相互の見解の「微妙な違い」を埋めることは簡単とは言えませんでした。これは、共同研究の難しさと同時に、何より道徳教育の難しさを身をもって実感するような経験でした。

それでも最終的には、一応の方向性を示すことができたと思います。特に、基本論文についての座談会を行ったことで、メンバーそれぞれの見解の「微妙な違い」を確認することができましたし、そのことで読者の皆さんに多様な見解と視点とを提示することができたと思えるからです。今は、本書の提言が次期学習指導要領の議論において少しでも参考となることを願っています。

本書の刊行によって、F研の主な目標は達成することができました。そのため、本書の刊行をもって、F研の活動を終了（休止）することとしました。実は、これまでがハードな研究会の日々でしたので、いざ終了となるといくばくかの虚無感や寂しさを感じるのではないかと思っていました。しかし、個人的にはそうした感情は湧きませんでした。一応の成果をまとめたという「満足感」や「達成感」が勝ったからかもしれません。おそらく、こうした思いはF研のメンバーも同じではないかと思います。

二〇一八年のF研発足から六年。三冊の著作を二年に一冊のペースで刊行しました。計画通りに成果を挙げる研究会は、私自身のこれまでの経験からしても、非常に稀な成功例ではないかと思います。年長というだけで会長の役回りをしてきましたが、三冊の著作を刊行できたのは、言うまでもなくメンバーの多大な協力のおかげです。この場を借りて、メンバーの皆さんに心より感謝申し上げます。

また、前著『続・道徳教育はいかにあるべきか』に引き続き、本書の刊行もミネルヴァ書房編集部の平林優佳さんにご担当いただきました。膨大な原稿を丁寧にお読みいただき、的確な指示をいただいたことで、本書も素晴らしい本に仕上げていただきました。本当にありがとうございました。

時間と共に「満足感」「達成感」が薄れ、白熱した議論が懐かしく感じた時、「第二のF研」が生まれるかもしれませんが、日本の道徳教育がさらに充実することを願いつつ、これでF研としての研究に幕を下ろします。

二〇二四年一〇月一〇日

貝塚茂樹

欧　文

な　行

は　行

ま　行

や　行

ら　行

さ 行

た 行

事項索引

※「道徳教育」は頻出するため省略した。

人名索引

あ 行

か 行

さ 行

た 行

な 行

は 行

ま 行

や・ら・わ行

西野真由美（にしの・まゆみ）　**第11章**

1961年　富山県生まれ。
1989年　お茶の水女子大学人間文化研究科博士課程単位取得退学。
現　在　国立教育政策研究所総括研究官。
著　作　『「考え，議論する道徳」の指導法と評価』共編著，教育出版，2017年。
　　　　『新訂　道徳教育の理念と実践』編著，放送大学教育振興会，2020年。

足立佳菜（あだち・かな）　**第13章**

1984年　茨城県生まれ。
2018年　東北大学大学院教育学研究科博士後期課程修了。
現　在　佐賀大学教育学部准教授。博士（教育学）。
著　作　『道徳教育の理論と方法（ミネルヴァ教職専門シリーズ９）』共著，ミネルヴァ書房，2020年。
　　　　『道徳教育の地図を描く――理論・制度・歴史から方法・実践まで』共著，教育評論社，2022年。

関根明伸（せきね・あきのぶ）　**第14章**

1964年　福島県生まれ。
2009年　東北大学大学院教育学研究科博士後期課程修了。
現　在　国士舘大学体育学部教授。博士（教育学）。
著　作　『道徳教育を学ぶための重要項目100』共編著，教育出版，2016年。
　　　　『韓国道徳科教育の研究――教科原理とカリキュラム』東北大学出版会，2018年。

酒井健太朗（さかい・けんたろう） **第４章**

1987年　長崎県生まれ。

2017年　九州大学大学院人文科学府人文基礎専攻博士後期課程単位修得退学。

現　在　環太平洋大学次世代教育学部講師。博士（文学）。

著　作　『アリストテレスの知識論――『分析論後書』の統一的解釈の試み』九州大学出版会，2020年。

『教育の思想と原理――古典といっしょに現代の問題を考える』晃洋書房，2024年。

小池孝範（こいけ・たかのり） **第５章**

1973年　山形県生まれ。

2008年　東北大学大学院教育学研究科博士後期課程修了。

現　在　駒沢大学総合教育研究部教授。博士（教育学）。

著　作　『仏教的世界の教育論理――仏教と教育の接点』共著，法藏館，2016年。

『教育の原理――子供・学校・社会をみつめなおす』共著，学術出版会，2019年。

走井洋一（はしりい・よういち） **第６章，第12章**

1970年　兵庫県生まれ。

2002年　東北大学大学院教育学研究科博士課程後期課程単位取得退学。

現　在　立教大学コミュニティ福祉学部教授。博士（教育学）。

著　作　『教育的思考の歩み』共著，ナカニシヤ出版，2015年。

『道徳教育の理論と方法（ミネルヴァ教職専門シリーズ９）』編著，ミネルヴァ書房，2020年。

髙宮正貴（たかみや・まさき） **第８章**

1980年　東京都生まれ。

2014年　上智大学大学院総合人間科学研究科教育学専攻博士後期課程修了。

現　在　大阪体育大学教育学部教授。博士（教育学）。

著　作　『価値観を広げる道徳授業づくり――教材の価値分析で発問力を高める』北大路書房，2020年。

『道徳的判断力を育む授業づくり――多面的・多角的な教材の読み方と発問』共著，北大路書房，2022年。

木下美紀（きのした・みき） **第９章**

1969年　福岡県生まれ。

2021年　放送大学大学院文化科学研究科文化科学専攻修士課程人間発達科学修了。

現　在　福岡県福津市立勝浦小学校主幹教諭。

著　作　『幼稚園，小学校における新しい道徳教育（新道徳教育全集第３巻）』共著，学文社，2021年。

執筆者紹介（執筆順）

江島顕一（えしま・けんいち）　はじめに，第１章

1981年　大分県生まれ。

2009年　慶應義塾大学大学院社会学研究科教育学専攻後期博士課程単位取得退学。

現　在　麗澤大学大学院学校教育研究科・経営学部教授。

著　作　『日本道徳教育の歴史――近代から現代まで』ミネルヴァ書房，2016年。

荒木寿友（あらき・かずとも）　序章，第７章，第10章

1972年　宮崎県生まれ。

2003年　京都大学大学院教育学研究科博士後期課程修了。

現　在　立命館大学大学院教職研究科教授。博士（教育学）。

著　作　『道徳教育はこうすれば〈もっと〉おもしろい――未来を拓く教育学と心理学のコラボレーション』共編著，北大路書房，2019年。
『いちばんわかりやすい道徳の授業づくり――対話する道徳をデザインする』明治図書出版，2021年。

緒賀正浩（おが・まさひろ）　第２章

1984年　北海道生まれ。

2019年　明星大学大学院人文学研究科教育学専攻博士後期課程修了。

現　在　明星大学，東京家政大学ほか非常勤講師。博士（教育学）。

著　作　「被占領期教育改革における教育勅語「処理」――政治過程的視点を用いて」（博士号学位論文明星大学），2019年。
『道徳教育の変遷・展開・展望（新道徳教育全集第１巻）』共著，学文社，2021年。

貝塚茂樹（かいづか・しげき）　第３章，第Ⅱ部概説，おわりに

1963年　茨城県生まれ。

1993年　筑波大学大学院博士課程教育学研究科単位取得退学。

現　在　武蔵野大学教育学部教授，放送大学客員教授。博士（教育学）。

著　作　『天野貞祐――道理を信じ，道理に生きる』ミネルヴァ書房，2017年。
『戦後日本と道徳教育――教科化・教育勅語・愛国心』ミネルヴァ書房，2020年。

《編者紹介》

道徳教育学フロンティア研究会

会　　長　貝塚茂樹
事務局長　江島顕一
会　　員　約30名（2024年９月現在）

新・道徳教育はいかにあるべきか
——道徳教育学の構築／次期学習指導要領への提言——

2024年11月10日　初版第１刷発行　〈検印省略〉

定価はカバーに
表示しています

編　　者　道徳教育学フロンティア研究会
発行者　杉田啓三
印刷者　坂本喜杏

発行所　株式会社　ミネルヴァ書房
607-8494　京都市山科区日ノ岡堤谷町１
電話代表　(075)581-5191
振替口座　01020-0-8076

冨山房インターナショナル・新生製本

ISBN 978-4-623-09842-2
Printed in Japan

道徳教育はいかにあるべきか
——歴史・理論・実践
道徳教育学フロンティア研究会 編
A5判三三二頁
本体五〇〇〇円

続・道徳教育はいかにあるべきか
——歴史・理論・実践・展望
道徳教育学フロンティア研究会 編
A5判三二〇頁
本体五二〇〇円

戦後日本と道徳教育
——教科化・教育勅語・愛国心
貝塚茂樹 著
四六判三四八頁
本体三八〇〇円

新時代の道徳教育
——「考え、議論する」ための15章
貝塚茂樹 著
A5判二四二頁
本体二八〇〇円

道徳教育の理論と方法
(ミネルヴァ教職専門シリーズ9)
走井洋一 編著
A5判二五六頁
本体二四〇〇円

天野貞祐——道理を信じ、道理に生きる
貝塚茂樹 著
四六判四七二頁
本体四〇〇〇円

村岡典嗣——日本精神文化の真義を闡明せむ
水野雄司 著
四六判二八二頁
本体三五〇〇円

ミネルヴァ書房
https://www.minervashobo.co.jp/